94. DEUTSCHER BIBLIOTHEKARTAG IN DÜSSELDORF 2005

94. DEUTSCHER BIBLIOTHEKARTAG IN DÜSSELDORF 2005

„GELD IST RUND UND ROLLT WEG, ABER BILDUNG BLEIBT“

Herausgegeben von
Daniela Lülfing und Irmgard Siebert
Bearbeitet von Kathrin Kessen

VITTORIO KLOSTERMANN · FRANKFURT AM MAIN

ZEITSCHRIFT FÜR BIBLIOTHEKSWESEN UND BIBLIOGRAPHIE
SONDERHEFTE
Herausgegeben von Georg Ruppelt

SONDERHEFT 89

Bibliographische Information Der Deutschen Bibliothek

Die Deutsche Bibliothek verzeichnet diese Publikation in der Deutschen Nationalbibliographie; detaillierte bibliographische Daten sind im Internet über *http://dnb.ddb.de* abrufbar.

Gedruckt auf alterungsbeständigem Papier. ∞ ISO 9706
Satz: Fotosatz L. Huhn, Maintal-Bischofsheim
Druck: Wilhelm & Adam, Heusenstamm
Printed in Germany
ISSN 1514-6364
ISBN 3-465-03455-4

Inhalt

BESTANDSMANAGEMENT

SONDERSAMMLUNGEN

LESEFÖRDERUNG UND INFORMATIONSKOMPETENZ

DIENSTLEISTUNGEN

Vorwort

„Geld ist rund und rollt weg, aber Bildung bleibt“. Das Motto des 94. Deutschen Bibliothekartags in Düsseldorf, ein Zitat von Heinrich Heine, ist ein passender Titel für ein gedrucktes, ein bleibendes Werk. Aus über 300 Vorträgen haben wir eine repräsentative Auswahl getroffen, die auch diejenigen, die nicht dabei sein konnten, nachträglich verlässlich über die wichtigsten Themen informiert.

Den Autorinnen und Autoren sind wir für die Bereitstellung ihrer Vorträge und die für den Druck erforderliche Überarbeitung sehr verbunden, dem Verlag Klostermann für die Aufnahme in sein Programm. Die Redaktion und Korrespondenz mit den Autorinnen und Autoren lag in den Händen von Kathrin Kessen; auch ihr sei hiermit herzlichst gedankt.

Daniela Lülfing
Irmgard Siebert

ERÖFFNUNG DES 94. DEUTSCHEN BIBLIOTHEKARTAGS

KLAUS-PETER BÖTTGER

Eröffnungsansprache

Im Namen der Veranstalter, dem Berufsverband Information Bibliothek BIB und dem VDB Verein Deutscher Bibliothekare darf ich Sie sehr herzlich zum 94. Deutschen Bibliothekartag begrüßen. An dieser Stelle möchte ich mich ausdrücklich bei der Universitäts- und Landesbibliothek Düsseldorf, ihrer Leiterin Frau Dr. Irmgard Siebert und ihren Mitarbeiterinnen und Mitarbeitern als Gastgeber dieser Tage bedanken. Sie haben es gemeinsam mit DüsseldorfCongress, verantwortlich für die Ausstellung, und in Zusammenarbeit u.a. mit den Stadtbibliotheken Düsseldorf, der Fachhochschulbibliothek und zahlreichen Spezialbibliotheken möglich gemacht, dass wir hier unsere Jahrestagung mit umfangreichem Programm abhalten können.

Zu denken hat mir eine Äußerung gegeben, die ich auf einer ähnlichen Konferenz eine Reihe hinter mir hörte: Warum sprechen bei Eröffnungen Bibliothekare immer über Bibliotheken, und sprechen über Dinge, die Bibliothekare wissen. Nun: Weil es nicht nur Bibliothekare sind, die zugegen sind und denen wir unsere Belange und Positionen vermitteln wollen; von daher möchte ich an dieser Stelle in Vertretung der Wissenschaftsministerin des Landes NRW, Frau Hannelore Kraft, den Staatsekretär Herrn Hartmut Krebs, den Stadtdirektor der Stadt Düsseldorf, Herrn Hans-Heinrich Grosse-Brockhoff, den Rektor der Heinrich-Heine-Universität, Prof. Dr. Alfons Labisch, den Festredner des heutigen Abends, den Philosophen und Präsidenten der Volkswagen-Universität Herrn Professor Walther Christoph Zimmerli begrüßen sowie Vertreter der Firmen 3M Deutschland GmbH und Dynix GmbH, die diesen Abend ermöglicht haben.

Ausgehend von dem Motto des diesjährigen Bibliothekartags „Geld ist rund und rollt weg, aber Bildung bleibt“ möchte ich Ihnen einige persönliche Gedanken zu Fragen der Bildung und des Geldes mitteilen; allerdings, so werden Sie sehen, wird daraus auch ein Dreieck. Das Geld ist vergänglich, die Bildung bleibt; das Geld ist unwichtig im Vergleich zum Langfristigen der Bildung. Die Wertigkeit dieser beiden Begriffe wird in dem Heine-Zitat deutlich. Und sicherlich wird heute weiterhin jeder zustimmen, dass dem Gut der Geisteskultur, wie es auch Ende des 18. Jahrhunderts hieß, ein höherer Stellenwert innewohnt als dem schnöden Mammon.

Bildung ohne Geld, in diesen Zeiten? Nein, so titelt auch bezeichnenderweise die Financial Times Deutschland am 23.11.2004 in einem Kommentar: „Sechs Prozent für die Bildung – Deutschland wird nur zu den Siegern der Pisa-Studie aufschließen können, wenn mehr Geld in das Bildungssystem fließt und dort marktwirtschaftliche Anreize geschaffen werden." Der Kommentator beklagt provokant gegenübergestellt die Bildungsarmut, nicht die Einkommensarmut. Investitionen in Bildung und Ausbildung werfen langfristig die besseren Zinsen ab.

In beeindruckender Weise hat dies ein Staat, vielleicht forciert durch die Tatsache, dass er über keine natürlichen Ressourcen verfügt, im vergangenen Jahrzehnt geschafft und ist mit seiner beeindruckenden Umsetzung im Bibliothekswesen zum Exkursionsziel von Bibliothekaren geworden. Es heißt in der programmatischen Schrift zum Lebenslangen Lernen seitens des Vorsitzenden des Nationalen Bibliotheksausschusses bereits vor 5 Jahren: „Unsere Regierung hat ihre Anstrengungen darauf konzentriert, in eine lernende Nation zu investieren. Lebenslanges Lernen stellt sicher, dass die Menschen mit dem richtigen Wissen und Knowhow ausgestattet sind, um in einer Wettbewerbsgesellschaft bestehen zu können." Das heißt, man hat – es ist offenbar, es handelt sich um Singapur – in die Köpfe der Menschen investiert. Die Herausforderung der Zukunft liegt eben in der Fähigkeit, Dinge schneller tun zu können, kreativer und innovativer zu sein, besser zu sein als andere.

Was hat dies mit Bibliotheken zu tun? Bibliotheken stellen in der Grundüberlegung zum Lernen, zum Lebenslangen Lernen neben der Schule und innerhalb eines Bildungssystems eine unverzichtbare und elementare Aufgabe dar, um Lernort zu sein, um Orte zu haben, die Wissensvermittler sind. Man bezeichnet dort in Singapur die Bibliotheken auch als Universitäten an der Straßenecke, was für manche hier despektierlich klingen mag, aber für mich eine hohe Wertschätzung von Bibliotheken verkörpert, dessen alltägliche, flächendeckende, selbstverständlich zum Leben gehörende Bedeutung damit herausgestellt wird. Im Übrigen kennt dieses Bibliothekssystem in der Gesamtstrategie keinen Unterschied zwischen Öffentlichen und Wissenschaftlichen Bibliotheken.

Eben aus diesem Grunde war Singapur neben Dänemark, Finnland, Großbritannien und den USA eines der fünf Länder, die im Rahmen des Projektes „Bibliothek 2007", von Bertelsmann Stiftung und Bibliothek Information Deutschland, im Rahmen einer internationalen Best-Practice-Recherche auf ihre Erfolgsfaktoren hin untersucht worden sind. Gemeinsam bei aller

Unterschiede ist diesen fünf Ländern und ihren Regierungen, dass es eine klare Definition von Auftrag und Rolle der Bibliotheken gibt, dass diese im Bildungssystem verankert sind, dass neben der gesetzlichen Grundlage und Absicherung ein starkes nationales Engagement der Regierung zu verzeichnen ist, ein Engagement, das man erst recht in Zeiten einer missglückten Föderalismus-Diskussion schmerzlich vermisst, zumindest aus bibliothekarischer Sicht.

Oder, wie lautet es in der Positionierung der finnischen Regierung: „Das Bibliothekssystem ist eine grundlegende Säule für die Bereitstellung von Dienstleistungen im Bereich der kulturellen Bildung, um die Bestrebungen für die gesamte Nation zu unterstützen zur Erreichung eines hohen Grades von intellektueller Entwicklung".

„Das hervorragende Abschneiden der Schülerinnen und Schüler bei der internationalen Pisa-Studie ist auch ein Beweis dafür, dass die Bibliotheken in Südtirol eine exzellente Arbeit leisten", so die Südtiroler Kulturlandesrätin zum Abschneiden in der PISA-Studie. Zuweilen scheint es mir, als versuchten Deutschland und seine 16 Länder den Weg in die Informations- und Wissensgesellschaft ohne den Eckstein Bibliothekswesen: Drastische Kürzungen bei den Erwerbungsetats wissenschaftlicher Bibliotheken, Schließungen von Büchereifachstellen im Saarland, Sachsen, Sachsen-Anhalt signalisieren eine äußerst geringe Wertschätzung und dokumentieren gleichzeitig ein Bild, das der Funktion einer Bibliothek moderner, aktueller Prägung nicht mehr entspricht. Was wir uns als Berufsstand möglicherweise vorzuwerfen haben ist die Tatsache, dass es uns nicht gelungen ist, ein modernes Bild vom realen und virtuellen Serviceunternehmen Bibliothek in den Köpfen verantwortlicher Politiker zu verankern. Ansonsten ist diese häufige Geringschätzung und die Begegnung mit traditionellen Bildern nicht zu verstehen, die gespickt sind mit Vorurteilen über die dort Arbeitenden, die Atmosphäre, die Funktion, das Leistungsvermögen. Wir sind aufgefordert, einen Bildertausch vorzunehmen, ihn permanent zu vermitteln, uns aufzudrängen mit dem, was wir leisten und können, in der Hoffnung, dass ein Erfolgsfaktor für erfolgreiche Bildungs- und Wissenschaftspolitik eine gute Bibliothek wird; nur damit Bildung bleibt, um auf das Heine-Zitat zurückzukommen, muss auch ein wenig Geld her. Der Vollständigkeit halber sei daher erwähnt, dass in den bereits genannten Bibliotheks-Erfolgs-Ländern das Drei- bis Neunfache von dem für Bibliotheken ausgegeben wird, was in Deutschland üblich ist.

Es ist einzugestehen und auf staatlicher Seite lobenswert, dass es ja durchaus Ansätze gibt, dass Projekte initiiert werden, die zum Beispiel die Partnerschaft der Institution Bibliothek mit der Einrichtung Schule fördern. Hier in NRW wurde soeben ein Projekt der Bertelsmann Stiftung und des

Ministeriums für Städtebau, Wohnen, Kultur und Sport abgeschlossen, „Medienpartner: Bibliothek und Schule", das das Ziel hatte, grundlegende und nachhaltige Strukturen zur systematischen Förderung der Lese- und Informationskompetenz zu entwickeln und zu implementieren – ein nicht leichtes Unternehmen zwischen zwei Partnern, die in aller Regel nicht genug voneinander wissen und sich gegenseitig in ausreichendem Maße verstehen, in ihren Rollen, Möglichkeiten und Rahmenbedingungen.

Beispielsweise findet man auch in den Bildungsstandards unter dem Aspekt der Vermittlung von Lesekompetenz, wie sie derzeit in Baden-Württemberg ausgearbeitet werden, durchaus die Bibliothek als Partner, als Ort. Dies ist nur zu begrüßen, auch wenn ich bei der Fragestellung nationaler Bildungsstandards damit befürchte, dass auf 16fache Weise ähnliche Arbeit unkoordiniert geleistet wird. Hier wären meines Erachtens Investitionen in nationale Programme effizienter. Allerdings, aus meiner Sicht ein Wermutstropfen, werden in diesem Kontext Schulbibliotheken der kommunalen Verantwortung zugeordnet und damit wahrscheinlich von vornherein sofort in das große Loch einer kommunalen Finanzkrise geschubst.

Nicht gelungen ist es mir, seriöse Formulierungen für das Gefühl zu finden, das mich beschleicht, wenn die historische Bibliothek brennend als kulturelles Desaster zum Gegenstand der Medien wird. So schlimm dieses Ereignis ist und eine Katastrophe mindestens nationalen Ausmaßes darstellt, weil mit unwiderruflichem Verlust von Werten verbunden; wie werden aber öffentlich die für das Bibliothekswesen ebenso großen Schäden, wie die Schließung einer Fachhochschulbibliothek, das zukunftsorientierte Sparen in Form der Eliminierung einer Stadtteilbücherei, reduzierte Etats in Universitätsbibliotheken in Relation wahrgenommen. Die täglichen Schäden und Beschädigungen, die das Bibliothekswesen zu erleiden hat, finden im öffentlichen Raum kaum statt. Auch wenn es zuweilen noch an der einen oder anderen Stelle Rationalisierungs- und damit Konsolidierungspotentiale geben mag, beschleicht mich die Befürchtung, dass aus rein monetären, finanztechnischen Gründen die inhaltliche Betrachtung nicht mehr in ausreichendem Maße vorkommt; möge die Bildung der Zukunft, die Investitionsbereitschaft der Forschungs- und Bildungspolitiker vorausgesetzt, und deren zugehöriger Eckpfeiler Bibliothek mich eines Besseren belehren.

Ich möchte daher zum Schluß den Bundestagspräsidenten Wolfgang Thierse mit seinem Appell aus dem Gesprächskreis Kultur und Politik am 21.10.2004 in Berlin zitieren: „Wenn wir über mehr Geld für Bildung und dann auch den Anteil für Bibliotheken reden, können wir dasselbe Geld nicht für Soziales ausgeben. Wir müssen es schaffen, Mehrheiten für diese

Umorientierung auf Zukunft hin zu gewinnen – und Bibliotheken sind ein wichtiger Teil dessen.“

Ich wünsche Ihnen und uns einen erfolgreichen Bibliothekartag, verbunden mit der Hoffnung, dass erkannt wird, dass Bildung ohne Bibliotheken nicht zustande kommt oder bleibt, dass für Bildung auch Geld rollen muss und dass dieses Industrieland nicht an einer Bibliotheks- und Bildungsarmut leiden möge, dass ein freier Zugang zu Information gewährleistet und damit Wissen und kulturelle Bildung ermöglicht wird.

IRMGARD SIEBERT

Weit entfernt vom Weltniveau?

Rede anlässlich der Eröffnung des 94. Deutschen Bibliothekartags am 15.3.2005

Sehr geehrter Herr Staatssekretär,
sehr geehrter Herr Stadtdirektor Grosse-Brockhoff,
Magnifizenz,
Sehr geehrter Herr Professor Zimmerli,
sehr geehrte Damen und Herren,
liebe Kolleginnen und Kollegen,

das Thema Bildung wird in den letzten Monaten in den großen überregionalen Zeitungen unseres Landes zunehmend häufiger unter den Rubriken Politik und Wirtschaft, weniger im Feuilleton behandelt. Entsprechend ist der Tenor der Überschriften, denen keinerlei Anleihen bei Goethe oder Humboldt anzumerken ist: „Bildung zahlt die besten Zinsen"[1], „Bildung ist der wichtigste Rohstoff Europas"[2] oder „Singapur macht Bildung zu einer Säule seiner Wirtschaft"[3].

Die endlich gewonnene Einsicht, dass Information, Wissen und Bildung Schlüsselfaktoren für Innovation und wirtschaftliches Wachstum sind, hat in Deutschland zur Folge, dass Vertreter der Wirtschaft die Aufgaben der Politik übernehmen und Untersuchungen zur strategischen Ausrichtung des deutschen Bildungssystems in Auftrag geben. Die von der Vereinigung der Bayerischen Wirtschaft initiierte Studie „Bildung neu denken" kommt zu dem Ergebnis, dass Deutschland jährlich 26,7 Milliarden Euro mehr für Bildung ausgeben müsse. Die Tatsache, dass die beim PISA-Test erfolgreichsten Länder zu den ersten zehn Wachstumsländern gehören, gilt nun endgültig als Beweis, dass die Investition in Bildung Voraussetzung für künftiges Wachstum ist.

Mehr Geld für Bildung – in diesem Punkt sind sich Politiker, Unternehmer und Bibliotheksmanager einig. In dem von der Bundesvereinigung Deut-

[1] FAZ 29.10.2004
[2] FAZ 19.10.2004
[3] FAZ 27.1.2005

scher Bibliotheksverbände und der Bertelsmann-Stiftung erarbeiteten und publizierten Strategiekonzept Bibliothek 2007 wird nachdrücklich auf die Bedeutung der Erfolgsfaktoren Wissen, Lernen und Information hingewiesen. „Hochwertige Informationen und schnelle Wissensvermittlung" heißt es dort, seien Voraussetzungen lebenslangen Lernens und folglich in unserer Gesellschaft unverzichtbar. Den Bibliotheken komme die Rolle des Managers und Anbieters analoger und digitaler Medien zu, eine Aufgabe, die von keiner anderen öffentlichen Institution geleistet werde. In Deutschland fehle es bisher allerdings an einer vorausschauenden Bibliothekspolitik und -planung.

An dieser Situation hat bisher auch die breite Bildungsdebatte nichts geändert. Alle reden von PISA, alle diskutieren über das Thema Bildung und Elite, niemand spricht von Bibliotheken. Dabei ist klar erwiesen, dass die Länder, die bei der PISA-Studie am besten abgeschnitten haben, nicht nur über gute Schulen, sondern auch über optimal ausgestattete und öffentlich anerkannte Bibliotheken verfügen. Oder anders ausgedrückt: Eine Universität, deren Bibliothek schon Anfang März für den Rest des Jahres kein Geld mehr für neue Bücher und neue Dienstleistungen hat, wird niemals eine Elitehochschule sein.

In der Regel zählen die wissenschaftlichen Bibliotheken zu den zentralen Einrichtungen einer Universität, aber nur wenige sehen, dass unsere Ausstattung, unser Niveau auch zentral ist für den Erfolg von Forschung und Lehre. Dabei spreche ich nicht nur von Geld für Bücher und neue Medien, sondern von Geld für Öffnungszeiten, Geld für Innovationen, Geld für Experimente, Geld für die Gestaltung des Ortes Bibliothek als Lern- und Kommunikationszentrum und Geld für die Weiterbildung unserer Mitarbeiterinnen und Mitarbeiter.

Trotz der schwierigen finanziellen, personellen und strukturellen Rahmenbedingungen haben wir wie kaum eine andere Einrichtung im letzten Vierteljahrhundert unser Dienstleistungsangebot zielgerichtet und maßgeschneidert auf die Wünsche unserer Kundinnen und Kunden hin ausgerichtet: Öffnungszeiten am Samstag und Sonntag bis 20, 22, 24 Uhr und länger sind keineswegs unüblich – selbst auf der Kö bekommen Sie um diese Zeit nichts mehr – ein großer Teil unserer Bestände und Dienstleistungen kann auf dem heimischen PC abgerufen werden. Selbstausleihe, Online Auskunft, elektronische Publikation, Digitalisierung, Komfortlieferdienste und Online-Fernleihe haben früher übliche Wartezeiten auf ein Minimum reduziert. Ohne Geld für Unternehmensberatungen verändern und modernisieren wir unsere Organisationsstrukturen, professionalisieren wir unsere Personalauswahl, optimieren unsere Geschäftsprozesse, entwickeln strategische Konzepte und experimentieren mit neuen Betriebsformen. Von vielen unbemerkt erledigen wir nebenbei auch noch das Alltagsgeschäft, das häufig ein Massengeschäft ist.

Gleichwohl ist unser Image in der Öffentlichkeit nicht gut, scheint das Bild von der verstaubten, antiquierten, kundenunfreundlichen Einrichtung unausrottbar zu sein. Ich will das an einem Beispiel verdeutlichen: Anlässlich der Eröffnung der Berliner Volkswagen-Universitätsbibliothek gab es in der Zeitung *Die Welt* einen Artikel mit der Überschrift „Weit entfernt vom Weltniveau". Darin führt der Autor aus, dass Bibliotheken mit Weltniveau, von denen es in Deutschland nur wenige gebe, über lange Öffnungszeiten, automatische Selbstausleihe, Wireless Lan und digitalisierte Bestände verfüge. Diese, eine Bibliothek nobilitierenden Dienstleistungen sind aber nicht nur in Berlin, sondern auch in Düsseldorf und anderswo schon lange Realität. Nun will ich nicht unbescheiden sein und behaupten, dass Düsseldorf eine Bibliothek von Weltniveau sei, auch bin ich weit davon entfernt, meinen Kollegen in Berlin dieses Lob zu missgönnen. Es geht mir vielmehr darum, klar zu machen, dass wir gegen dieses verquere Bild der Bibliotheken, dass in den Medien und der Gesellschaft noch immer existiert, gezielt durch eine professionelle Öffentlichkeitsarbeit vorgehen müssen. Die hohe Wertigkeit unserer Arbeit und unserer Bestände müssen wir noch stärker als bisher durch eine unseren Leistungen angemessene Form der Selbstdarstellung zum Ausdruck bringen.

Wie schon gesagt, ich bin davon überzeugt, dass es nur wenige Einrichtungen gibt, die sich in den letzten 25 Jahren so positiv verändert haben wie Bibliotheken. Dennoch sind wir noch nicht am Ende angekommen. Der Globalhaushalt fordert es, Technik und neue Medien ermöglichen es, dass wir weiter automatisieren, rationalisieren, Schwerpunkte setzen, Prozesse optimieren, Innovationen vorantreiben, unsere Kundenorientierung intensivieren und lieb gewonnene Positionen in Frage stellen. Es kann und wird kein einheitliches Konzept für die Bibliothek der Zukunft geben. Jede Bibliothek wird sich auf der Basis ihrer Ressourcen und Rahmenbedingungen sowie der Analyse der Bedürfnisse ihrer Klientel ein eigenes Konzept basteln müssen.

Zur Zeit scheint absehbar zu sein, dass wir wegen nicht hinreichender Etats und aufgrund der Dominanz unserer aktuellen Aufgabe, Triebwerke der Wissenschaft zu sein, den anderen Teil unseres Auftrags, zu bewahren für künftige Generationen, nicht mehr erfüllen können. Tonnenweise makulieren wir einst wertvolle wissenschaftliche Ergebnisse, lassen Millionen von Bänden zerbröseln, weil uns das Geld für Lagerung und Erhaltung fehlt. Unter dem Druck handlungsfähig zu bleiben, wird so manche radikale Idee geboren. Der eine überlegt, sämtliche Zeitschriftenabonnements auf einen Schlag zu stornieren, um endlich Ruhe zu haben vor dem alljährlich sich wiederholenden Abbestelldrama auf Raten, der andere beschließt, den gesamten Altbestand zu digitalisieren und die Originale vermutlich auf Nimmerwiedersehen in Salzstollen zu verfrachten. Auch die jüngste in Mainz entwickelte Idee, Literatur, die älter als 15 Jahre ist und in den letzten 15 Jahren nie ausgeliehen wurde, zu makulieren, stellt eine nette Provokation dar. Sie hat für Schlagzeilen gesorgt, die Hochschulleitung aufgeschreckt und die Zwangslage, in der die Bibliotheken sich befinden, deutlich gemacht.

Auf dem heute schon begonnenen, zum größten Teil aber noch vor uns liegenden Kongress, können Sie in über 300 Vorträgen, Workshops und Podiumsdiskussionen neue Projekte, Entwicklungen und strategische Überlegungen kennen lernen und für Ihr persönliches Innovationsmanagement einsetzen. Ich wünsche Ihnen allen einen angenehmen Verlauf der Tagung, viele anregende Gespräche, vor allem aber Zeit, Energie und Muße, die eine oder andere in Düsseldorf gewonnene Idee zu Hause umzusetzen, damit wir unsere Bibliotheken „nach Düsseldorf" dem Weltniveau ein Stück näher bringen können.

Dafür, dass der Bibliothekartag in Düsseldorf stattfinden kann, habe ich vielen zu danken: an erster Stelle der Heinrich-Heine-Universität und ihrem Rektor, Professor Labisch, sowie vielen Mitarbeitern des Dezernates 6 der Universität für die wohlwollende und tatkräftige Unterstützung während der gesamten Vorbereitungszeit, dem Oberbürgermeister Joachim Erwin für die sofortige begeisterte Aufnahme der Idee, den Bibliothekartag in Düsseldorf zu veranstalten,

Knapp 3000 Teilnehmerinnen und Teilnehmer finanzieren mit ihren Tagungsbeiträgen den Bibliothekartag. Der Löwenanteil kommt jedoch aus den Mieten der zahlreichen Aussteller und vor allem den Spenden einzelner Firmen und Einrichtungen. Ohne diese großzügige Unterstützung könnte der Bibliothekartag kaum stattfinden. Allen Sponsoren gilt daher mein besonderer Dank. Erlauben Sie mir namentlich einige Geschäftpartner der Universitäts- und Landesbibliothek hervorzuheben, die uns durch ihre sehr frühen Zusagen nicht nur Planungssicherheit gaben, sondern in vielen Gesprächen durch Anregungen und Ideen weiterhalfen. Ich danke der Firma 3M, die schon im Januar letzten Jahres die Mitgestaltung des heutigen Abends zugesagt hat, der Firma Dreier in Duisburg für die Finanzierung der Tagungstaschen, der Buchhandlung Stern für den Druck des Ausstellerverzeichnisses, der Firma Dynix für die Eröffnung der Firmenausstellung sowie der Buchhandung Sack und den Firmen IBM, Kühne, Sun, Ebsco und Imageware.

In der letzten Reihe des Parketts sitzt vereint das Team von Mitarbeiterinnen und Mitarbeitern der Universitäts- und Landesbibliothek, ohne deren großes Engagement der Bibliothekartag in Düsseldorf nicht hätte realisiert werden können: Ulrike Brunenberg-Piel, Ina Gedrath, Helma Kremer, Joachim Kreische, Max Plassmann, Jochen Riks.

Ihnen gilt mein vorzüglichster Dank.

STRUKTURWANDEL UND MANAGEMENT

THOMAS BÜRGER

Informationszentrum? Forschungsbibliothek? Dienstleister?

Zum Strukturwandel wissenschaftlicher Bibliotheken

Informationszentrum? Forschungsbibliothek? Dienstleister? Drei Fragezeichen in einer Überschrift sind eine Provokation oder banale Rhetorik. Aber wer lässt sich heute noch provozieren, wo doch fast alles im Wandel ist? „Der Strukturwandel der Öffentlichkeit“ ist seit jener gleichnamigen Studie von Jürgen Habermas von 1962 zu einem Begriff geworden, der unser Denken und Handeln tagtäglich begleitet.

Beschrieb Habermas damals den Wandel von der höfischen Geheimgesellschaft zur bürgerlichen Öffentlichkeit, so versuchen wir heute zu fassen, was das Ende des bürgerlichen Nationalstaats als politische Größe für uns bedeuten könnte und was die Folgen der Globalisierung für uns schon sind und noch sein werden.

Vor kurzem war zu lesen, dass die Hälfte der Kirchen in Deutschland in absehbarer Zeit schließen können. Was die kleinen Kaufläden also hinter sich haben, kommt auf die ungezählten Stadt- und Dorfkirchen noch zu? Die Veränderungswelle trifft nun also in ungewohnter Dimension auch Kultureinrichtungen, zu denen ich hier auch die Kirchen zählen möchte.

Nun sind die Bibliotheken vielleicht nicht ganz unschuldig an dieser Entwicklung, denn die Vielzahl der in ihnen aufbewahrten Bücher widerspricht ja dem religiösen Vertrauen darauf, dass alles in dem *einen* Buch – Bibel oder Koran – stünde, dieses also genüge und andere Bücher erübrige. Und nun treten einige Bibliotheken mit ihren Sonntagsöffnungen ähnlich wie die Museen auch noch in Konkurrenz zum sonntäglichen Kirchgang...

Bücher bringen Aufklärung in die säkulare Welt und haben spätestens seit dem 18. Jahrhundert das geistlich geprägte Abendland in Bedrängnis gebracht. Jüngst bedauerte Peter von Matt in der Neuen Zürcher Zeitung (18. April 2005), dass sich die umgebaute Zürcher Zentralbibliothek nicht über die benachbarte Predigerkirche erhebe und als Wissenschaftstempel das Bild der

Stadt präge. Längst suchen ja die Kirchen die Nähe der Bibliotheken, die wie säkularisierte spirituelle Orte Leser anziehen, um in ihnen lautlos zu arbeiten und zu meditieren. Nicht von ungefähr wurde das Jahr der Bibel 2003 im neu gebauten großen Lesesaal der Dresdner Bibliothek eröffnet.

Die Flucht der Kirchen nach vorn in die Öffentlichkeit ändert nichts daran, dass Kirchen und Klöster auf dem Rückzug sind und einige zu Kulturhäusern und Refugien für gestresste Manager mutieren. Erst Katastrophen und gesellschaftliche Umbrüche würden dann in der Lage sein, die in satten Zeiten leeren Kirchen wieder zügig zu füllen. Gegen all diese säkularen Transformationsprozesse kämpfen inzwischen Heilige Krieger, etwa die Islamisten, die dem westlichen Abendland und damit unserer Bildungsgeschichte den Krieg erklärt haben.

Dieser kleine Eingangsexkurs soll nicht von dem eigentlichen Thema, dem Strukturwandel der Bibliotheken, ablenken, sondern auf dieses hinführen. Ein Blick zurück in die Geschichte und über den schmalen Tellerrand unserer Institutionen hinaus ist dabei nützlich, weil sich mit etwas Verständnis für geschichtliche Dimensionen die schwierige Gegenwart leichter beschreiben und gestalten, aus historischer Erfahrung neue Kraft gewinnen lässt.

In den wissenschaftlichen und öffentlichen Bibliotheken erleben und prägen wir fortlaufend umfangreiche Veränderungsprozesse. Erinnert sei pars pro toto an die großzügige Öffnung von Bibliotheken durch Liberalisierung und Automatisierung. Freihandbereiche lösten die hermetischen Magazinbibliotheken ab, die Recherche im Rechner das eindimensionale Suchen in Karteikästen. Beide Entwicklungen waren nicht nur technische, sie waren vor allem kulturelle Prozesse, weil sie neue Dimensionen des autonomen Umgangs mit dem Vorrat an gespeichertem Wissen eröffneten.

Diese Entwicklungen werden nun weiter beschleunigt. Wir stehen am Beginn einer Digitalisierungsoffensive, deren Auswirkungen schwer abzuschätzen sind. Schon jetzt verfügen die meisten wissenschaftlichen Bibliotheken über mehr aktuelle elektronische als gedruckte Zeitschriften. Und nun kommen also neue Herausforderungen auf uns zu, die wir mitgestalten müssen, indem wir eine große imaginäre Bibliothek mit digitalen Büchern und Dokumenten füllen.

In der Süddeutschen Zeitung wurde die Ankündigung von Google, in Zusammenarbeit mit den namhaftesten amerikanischen Bibliotheken 15 Mio. Bücher, also täglich 5000, zu scannen, mit der lakonischen Bemerkung kommentiert, nun werde der europäische Etatismus sich gegen den amerikanischen Wirtschaftsliberalismus zu stemmen versuchen und dies natürlich erfolglos. Und zitiert wird der Chef der Bibliothèque de France, der eine europäische Digitalisierungsinitiative schon deshalb für erforderlich hält, weil die Information und das Wissen Europas ansonsten in der Zukunft ganz einseitig amerikanisch-angelsächsisch geprägt sein werde.

Werden angesichts virtueller Bibliotheken also bald Kirchen *und* Bibliotheksbauten schließen? Welche Folgen hat dies für unsere Einrichtungen, für unsere Leser, für uns selbst?

Die Bibliotheken stehen nicht nur deshalb mit dem Rücken zur Wand, weil Medien ihren Medienträger wechseln, die digitale Information also bald alles dominiert, sondern weil sich die Medienzahl und -vielfalt damit nochmals dramatisch erhöht, ohne dass erkennbar wäre, dass auf der Seite der konventionellen Schriftenproduktion eine spürbare Entlastung eintritt.

Es sieht also eher so aus, dass viel mehr Information und Wissen produziert wird, als wir uns finanziell leisten können. Dieses Phänomen verbindet uns mit der industriellen Überproduktion ebenso wie mit grenzwertigen Dienstleistungen anderer Berufe. Ich denke etwa an die Ärzte, die viel mehr Medikamente zur Verfügung haben, als sie verschreiben dürfen, und die angesichts unbegrenzter technischer und medikamentöser Ressourcen menschliches Leben verlängern können und dabei nicht selten ethische und ökonomische Fragen abwägen müssen, was den Arzt im Einzelfall in schwierige Konflikte stürzt.

Leisten die Bibliotheken auch mehr, als sich die Gesellschaft leisten kann und will?

Den Aufbau öffentlicher Bibliotheken verdanken wir der Reformation und speziell Martin Luther, der gefordert hatte, Schulen und Bibliotheken in den Städten zu errichten. Der Reformator hat mit seinem Wirken eine Bildungsoffensive gestartet, die bis heute über Deutschland hinaus die ganze Welt geprägt hat. Er hat geheimes, unverständliches Wissen öffentlich, verständlich gemacht. Die Schönheit der deutschen Sprache, die Klarheit des Ausdrucks, das Bekenntnis zur Bildung für alle hat Luther als ein Vermächtnis hinterlassen. 250 Jahre später folgte eine zweite Reformation, die Aufklärung. Sie hat die Bildung durch Bücher zu ihrem Programm erhoben und damit Europa politisch, wirtschaftlich und kulturell für die Moderne gerüstet.

Bildung zählt zu den Stärken des alten Europa, und mit diesen Pfunden können wir auch im 21. Jahrhundert unter veränderten Bedingungen und mit veränderten Methoden neu wuchern. Die Bibliotheken spielen dabei auch in Zukunft eine wichtige Rolle, wenn sie den Strukturwandel mitgestalten und dazu die politischen und wirtschaftlichen Rahmenbedingungen erhalten, die ihnen im Wettbewerb mit anderen die notwendige Handlungsfreiheit bieten. Eine weitere Voraussetzung ist ein kritisches Selbstverständnis und starkes Selbstbewusstsein. Die Bibliotheken sollten sich sowohl als Informationszentrum als auch als Studien- und Forschungsbibliothek und als Dienstleister verstehen. Nach meinem Verständnis von Bibliothek müssen die drei Fragezeichen im Titel meines kurzen Vortrages deshalb nur durch Ausrufezeichen ersetzt werden.

Das „nur" ist freilich leichter gesagt als getan. Angesichts der Fülle der Medien und ihrer Kosten sind allenthalben Gefährdungen von Kernaufgaben der Bibliotheken offensichtlich. Die einseitige Verschärfung des Urheberrechts, die Kostenspirale bei den Zeitschriften (Verdreifachung der Preise in kürzester Zeit), der Einbruch bei den öffentlichen Haushalten sind ganz konkret und wirken sich täglich aus.

Deshalb wird die Bereitschaft *der* Bibliotheken, die ihre Leistungen messen und öffentlich machen und sich damit bewusst dem Wettbewerb mit Partnern und Konkurrenten stellen, dann schnell gedämpft, wenn gute Wettbewerbsnoten im Ranking statt zu Belohnungen zu weiteren Kürzungen führen, nach dem Motto: „So schlecht seid ihr ja gar nicht, dann könnt ihr doch Mittel abgeben." Dahinter steckt dann tatsächlich schlechte Methode, Etatismus und ‚Subventionitis', die wir nicht brauchen können. Was wir aber dringend brauchen, sind Leistungsanreize und die Freiheit, im Wettbewerb mit Konkurrenten und Partnern selbst besser zu werden und im Netzwerk dieser Partner nachhaltig und verlässlich, kreativ und innovativ eine Rolle zu spielen.

Es ist unverkennbar, dass die Politik parteienübergreifend diese Notwendigkeit kennt, allerdings noch keinen Weg gefunden hat, wie diese Rahmenbedingungen grundlegend zu verändern und zu verbessern sind. Die Föderalismus-Gespräche waren leider kein ermutigender Anfang.

Immerhin hat die Anhörung der Bibliotheken durch die Enquetekommission „Kultur in Deutschland" des Deutschen Bundestages am 14. März 2005 gezeigt, dass sich die Politik für die Bibliotheken interessiert. Deshalb sollten wir die Zeit nutzen, unser Potential viel besser als bisher zu verdeutlichen – das Programm der „Bibliothek 2007" ist ein ermutigender weiterer Schritt auf diesem Weg – und uns nach innen reformieren, um nach außen um so überzeugender und geschlossener zu wirken.

Die sich kraftvoll entwickelnde Orientierung hin zum Leser, zum Nutzer, zum Kunden heißt nicht, dass die bibliothekarische Basisarbeit für eine nachhaltige, erfolgreiche Bibliothekspolitik um des schnellen Erfolges willen vernachlässigt werden darf. Ein intelligenter, kostenbewusster und vorausschauender Bestandsaufbau ist nach wie vor unverzichtbar, auch wenn er in Zukunft vermutlich noch kooperativer angelegt sein muss. Die Geschäftsgänge müssen weiter verschlankt, die Nutzung von Fremddaten noch weiter verbessert werden. So erhoffe ich mir insbesondere von der arbeitsteiligen Zusammenarbeit der Verbünde künftig erhebliche Verbesserungen für alle Bibliotheken, z.B. durch den weiteren Ausbau der Retrievalfunktionen, durch die

Integration nationalbibliographischer und anderer Spezialdatenbanken oder durch die intelligente Vernetzung mit verwandten Institutionen, zum Beispiel mit Archiven und Museen.

Da in Zeiten zunehmender Digitalisierung die Erhaltung der konventionellen Bestände vergessen werden könnte, muss hier vorgebaut werden. Die von der VolkswagenStiftung geförderte Studie zu einer nationalen Bestandserhaltungsstrategie sollte allen Bibliotheken Orientierung geben und Wege aufzeigen, wie die Erhaltung der Originale und die Digitalisierung von Beständen sinnvoll zu koordinieren sind. Da wir die Nachhaltigkeit der Langzeitarchivierung und vor allem deren Kosten noch nicht absehen können, ist um so mehr darauf zu achten, dass hier ein verantwortliches Miteinander für den aktuellen und den zukünftigen Bedarf erreicht wird. Bestandsschutz und Digitalisierung gehören zusammen, sie sind meines Erachtens zwei Seiten einer Medaille. Deshalb ist Uwe Jochums Antwort, Bibliotheken bräuchten keine Digitalisierung (Elektronischer Selbstbetrug, FAZ vom 15.3.2005), überzogen und einseitig. Bibliotheken müssen sich wie Katamarane auf den Kufen der konventionellen und elektronischen Ressourcen bewegen, um ihre Nutzer schnell und sicher an ihr Ziel zu bringen.

Die Anforderungen an unsere Bibliotheken sind groß, und die Dienstleistungen für Lehre und Forschung, für Bildung und Kultur, Ausbildung und Weiterbildung kosten viel Geld. Deshalb müssen wir der Politik im Allgemeinen und unseren Unterhaltsträgern im Besonderen noch besser verdeutlichen, was wir zu leisten imstande sind. Dazu brauchen wir mehr Freiheit, auch bei der Einnahme und Verwendung von Gebühren. So sollten die Bibliotheken noch stärker und aktiver als bisher die Schulen und Universitäten unterstützen können, um Informationskompetenz und Bildung dorthin zu bringen, wo sie besonders benötigt wird. Es gibt viele gute Ansätze, die weiterentwickelt werden sollten.

Die Bibliotheken in Deutschland sind eine Leistungsgemeinschaft und müssen als solche einzeln und zusammen noch stärker in Erscheinung treten. Dazu sollten wir uns wechselseitig ermutigen und stärken, indem wir unsere Ergebnisse professionell sichtbar machen und damit unser Image in der Öffentlichkeit profilieren. Überschriften wie „Elektronischer Selbstbetrug“ oder „Bibliotheken brauchen keine Digitalisierung“ sind insbesondere dann kontraproduktiv, wenn der ansonsten so klug schreibende Bibliothekar Uwe Jochum im bereits zitierten Artikel das Bild von der verstaubten Bibliothek reaktiviert.

Die Vielfalt ihrer Leistungen als Informationszentrum und Dienstleister, als Forschungsbibliothek und Kulturzentrum macht die Bibliotheken stark. Dennoch erscheinen sie in der Wahrnehmung von außen – trotz zahlreicher

Fortschritte – noch immer als eher schwach. Dies liegt wohl an ihrer Vielstimmigkeit, an der Neigung, lieber zu problematisieren als pragmatisch zusammenzufassen, sicher auch an der föderalen Zersplitterung und der damit zusammenhängenden Beobachtung, dass bei so wichtigen Diskussionen wie die über die Eliteuniversitäten Bibliotheken als zentrale Infrastruktureinrichtungen schlicht nicht vorkommen. Nach der dreistündigen Anhörung durch die Enquete-Kommission versicherte (angesichts des Kompetenzengerangels zwischen Bund und Ländern und zwischen den Ressorts Bildung, Wissenschaft und Kultur) eine der Abgeordneten, die Bibliotheken nicht in Schubladen stecken zu wollen, und wenn doch, dann nicht in die untersten. Unsere Antwort darauf kann nur sein: Raus aus den Schubladen!

STEFFEN WAWRA

Change Management: Neue Organisationsstrukturen an der Universitätsbibliothek Passau mittels neuer Instrumente von Mitarbeiterführung und Mitarbeiterbeteiligung

Ausgangslage

Um den gegenwärtigen und künftigen Anforderungen zu entsprechen, müssen sich die wissenschaftlichen Bibliotheken moderner Methoden des Bibliotheksmanagements, der Personalführung und -entwicklung und des Informationsmanagements bedienen. In einem stärkeren Maße muss zukünftig die Leitlinie des Handelns darin bestehen, in den Mitarbeiterinnen und Mitarbeitern die wichtigste und kostbarste Ressource zu sehen. Der Schlüssel unseres zukünftigen Erfolges oder Misserfolges wird vom Ausmaß unserer Fähigkeit bestimmt werden, in die Entwicklung unserer Mitarbeiterinnen und Mitarbeiter zu investieren. Unsere Mitarbeiterinnen und Mitarbeiter sind es, welche die Bibliotheken in die Zukunft führen. Die Herausforderungen der Zukunft sind nur mit hoch motivierten Mitarbeitern zu meistern. Mitarbeiter bleiben jedoch nur dann dauerhaft und nachhaltig motiviert, wenn ihnen Instrumente der aktiven Mitgestaltung von Arbeitsprozessen zur Verfügung stehen. Gleichzeitig müssen Anreizmechanismen greifen. Die qualitativen Anforderungen an die Führungskräfte, welche in einem komplexen Umfeld agieren, steigen: Neue technologische Entwicklungen müssen erkannt und realisiert werden, betriebswirtschaftliche Steuerungselemente werden eingeführt, die Aufgabenfelder erweitern sich, die Etats stagnieren oder sind rückläufig. Doppler geht von einer dramatischen Steigerung der Komplexität in der Gesellschaft aus: Die Zukunft sei „...turbulent, in sich nicht stimmig, ...sehr widersprüchlich." Alles ist mit allem vernetzt – und trotzdem müssen ständig Entscheidungen getroffen werden, die nicht nur kurzfristigen Bestand haben sollen[1].

Auf der anderen Seite stehen diesen Anforderungen in der modernen Gesellschaft auch Mittel und Methoden gegenüber, deren Beachtung und Anwendung den Erfolg sicherlich nicht garantierten, ihn aber doch als möglich erscheinen lassen. Folgt man Schelskys allgemeinem Gesetz einer wissen-

[1] Doppler, Klaus: Der Change Manager. Frankfurt/M. 2003, 11

schaftlichen Zivilisation, in welcher den Mitteln zielbestimmende Funktion zukommt, können wir sogar eine Dialektik zwischen Mittel und Ziel ausmachen: Bestimmte Anforderungen produzieren bestimmte Methoden, welche gleichzeitig wiederum erst die Wirklichkeit von Zielen ermöglichen.

Ein solches Instrumentarium steht mit der Methodik des Projekt- und Changemanagements bereit. Natürlich kommen diese Methoden mitunter in einem bunten Gewand daher, so wie das Neue stets sich sichtbar macht. Extrahiert man jedoch die Kernaussagen vom Mainstream, bleiben erstaunlich klare Botschaften bestehen. Selbst die wesentlichen Aussagen sind denen unter uns, welche sich letztlich in ihrem gesamten Berufsleben mit mannigfachen Veränderungen des Mikro- und Makrokosmos auseinanderzusetzen hatten, gleichsam vertraut, schärfen in ihrer strengen Diktion jedoch den bewussten Blick auf die zu beachtenden Komponenten und lassen an Deutlichkeit nicht vermissen, welche negativen Konsequenzen die Nichtbeachtung elementarer sozial-psychologischer Annahmen zeitigen kann.

1. Die Methode

Eine wesentliche Grundannahme des Projektmanagements besteht in seiner Fokussierung auf weiche Wirklichkeiten, nicht mehr die Technologie macht den Unterschied, sondern jene machen ihn, die sie beherrschen: das Projektteam und dessen soziale Interaktionen. Projektmanagement sieht sich als komplexes psycho-soziales und ganzheitliches System, stellt hohe Anforderungen an die Mitarbeiter, erfordert die uneingeschränkte Akzeptanz aller Beteiligten und muss jene Widerstände überwinden, die in der konservativen Grundstruktur sozialer Systeme begründet sind. Durch Projektmanagement versuchen „reife“ Organisationen, die Nachteile der hierarchischen Organisation zu kompensieren, welche den Herausforderungen immer weniger gerecht wird. Konsequentes Projektmanagement zeitigt zwei Wirkungen: Es ist effizientes Steuerungsinstrument zum Aufbrechen verkrusteter Strukturen und kann gleichzeitig Veränderungen in Organisationen nachhaltig manifestieren.

Für unseren Gegenstandsbereich von besonderer Bedeutung sind die unmittelbar miteinander verbundenen Anwendungsfelder „Personalmanagement“ und „Kommunikationsmanagement“. Geht es im Personalmanagement um einen möglichst effizienten Einsatz der Mitarbeiter, so umfasst Kommunikationsmanagement die Planung der Kommunikation und Informationsverteilung und die Effizienz und Effektivität der formellen und informellen Kommunikation. Aus Mitarbeiter-Sicht ist Projektmanagement dann erfolgreich, wenn aus „Betroffenen" Akteure werden und wenn die Angst vor Veränderungen in positive Gestaltungsenergie umgewandelt wurde. Die Kernanforderung an den Veränderungsmanager besteht hier im Merkmal „visionäres Denken" – als der Fähigkeit, Visionen in Strategien zu überführen und damit zusammenhängende Konflikte positiv und offen zu bewältigen. Mitarbeiter benötigen wiederum Chancen, ihre Fähigkeiten unter Beweis stellen zu können. Führen auf neuen Qualitätsebenen heißt, sich selbst und den Mitarbeitern die Komplexität der Bedingungen bewusst zu machen und dieses Bewusstsein an die Mitarbeiter heranzutragen. Dabei Elemente eines „natürlichen" (evolutionären) Managements zu verwenden, so z. B. Raum für Kommunikation, Feedback und Austausch zu schaffen und dabei Potentiale zu aktivieren, ist ein weiteres Merkmal dieses veränderten Herangehens. Eine konsequente Entwicklung eines der Kernpunkte neuer Führungs- und Kommunikationsmodelle – die Konzentration auf psychologische und emotionale Aspekte – finden wir bei modernen Autoren wie Goleman: So sind es nach Goleman die „Domänen der emotionalen und sozialen Intelligenz" mit den Bestandteilen Selbstwahrnehmung, Selbstmanagement und einem entwickelten sozialen Bewusstsein – welches empathisch die Emotionen anderer wahrnimmt, gleichzeitig aber ein hohes „übergeordnetes" Organisationsbewusstsein zum Ausdruck bringt, überzeugend lenkt und motiviert, verschiedene Taktiken einsetzt, um andere zu überzeugen, die Entwicklung der Mitarbeiter fördert, ein Netz von Beziehungen aufbaut und aufrechterhält – die über Erfolg oder Misserfolg eines Vorhabens entscheiden[2]. Von entscheidender Bedeutung für die Erzeugung von Resonanz sind die möglichen Führungsstile. Goleman beschreibt die Stile visionär, coachend, gefühlsorientiert und demokratisch als solche, die leistungssteigernd wirken und rät von den Stilen „fordernd" und „befehlend" als kontraproduktiv ab[3]. Hier wird eine Überhöhung sichtbar: Diese beiden Stile passen nicht in den Mainstream der „weichen Wirklichkeiten". Meines Erachtens sollte das Führungsmanagement „bewusster" als dies in der Vergangenheit der Fall war, den Führungsstil anwenden, welcher in Bezug auf eine konkrete Situation die größte Aussicht auf Erfolg verspricht. Hierzu zählt der befehlende Stil sicher nicht, der fordernde schon[4]. Abzuraten ist in jedem Fall von der Verwendung dissonanter Stile, damit wird die Unternehmenskultur „vergiftet". Eine emotional intelligente

[2] Goleman, Daniel: Emotionale Führung. München 2002, 58

[3] ebenda, 79

[4] So hängt die Förderung der Entwicklung von Mitarbeitern auch unmittelbar mit gestellten Anforderungen zusammen oder wie Joachim Rex (Direktor der Akademiebibliothek zu Berlin 1971–2003) es stets ausdrückte: „Förderung hat immer etwas mit Anforderungen – und zwar erhöhten – zu tun."

Organisation ist nämlich nach Goleman erst dann erreicht, wenn die entscheidende Wende – die von der „Dissonanz zur idealen Vision“ – realisiert ist, wobei die Vision im Einklang auch mit den individuellen Hoffnungen und Erwartungen der Mitarbeiter stehen muss[5].

Veränderungsprozesse sollten dabei in bestimmten Abschnitten realisiert werden. Doppler beschreibt als ersten Schritt die Forderung, zunächst einmal das bestehende System aus seinem inneren Gleichgewicht zu bringen. Das Gefühl der absoluten Unzufriedenheit mit dem bestehenden Zustand muss deutlich sichtbar werden, eine Ungeduld nach Veränderung – vor allem Unzufriedenheit mit den von den Mitarbeitern bisher wahrgenommenen Rollen. Diese Phase des Ungleichgewichts darf erst dann beendet werden, wenn klare Signale dafür kommen, dass die Energien in die richtige Richtung fließen, Schritt 2 beinhaltet dann die Forderung, Ideen zu konkretisieren und zu realisieren. Allgemeine Aufbruchstimmung reicht dabei aber nicht aus, um einen Veränderungsprozess wirklich in Gang zu setzen. Sie vergeht schneller, als sie entstanden ist, wenn sie nicht genutzt wird. Der Druck des Alltagsgeschäftes wird dafür sorgen. Entscheidend ist, nicht nur über allgemeine Ideen und einige wichtige Schlüsselpersonen zu verfügen, sondern zu zielgerichtetem Organisations-Handeln zu gelangen. Es muss „tatsächlich etwas geschehen“. Im nächsten Schritt muss das Neue „selbstverständlich“ gemacht und verankert werden. Solange das Neue vor dem Hintergrund des zumindest mental immer noch vorhandenen Alten antritt, ist es in ständiger Gefahr, wieder zu kippen oder gekippt zu werden. Zwei Arten von Anker sind nötig, um das Neue so selbstverständlich zu machen, wie es das Alte einmal war: den kognitiven (wie funktioniert das Neue, was bewirkt es) und den emotionalen Anker aus den Bereichen Bedürfnisbefriedigung, Glück, Wunscherfüllung und persönliche Sicherheit. Und wenn all dies geschafft ist, wenn wichtige Veränderungen gelungen sind, darf man sich nicht beruhigt zurücklehnen, sondern muss mit einer Art „heiterer Besessenheit“ für ständige schöpferische Unruhe sorgen.[6]

2. Der Reformprozess im Freistaat Bayern

Mit Beschluss vom Februar 1992 forderte der Bayerische Landtag die Staatsregierung auf, eine Kommission „Zukunft des Öffentlichen Dienstes“ einzuberufen. Diese wurde im September 1992 gebildet und setzte sich aus Vertretern der Staatsverwaltung und der Personalvertretungen und aus externen Experten zusammen und formulierte im Januar 1994 Eckpunkte einer

[5] Goleman, Daniel: Emotionale Führung, 249
[6] Doppler, Klaus: Der Change-Manager, 102–107

Verwaltungsreform mit den Teilgebieten Aufgabenkritik und Erfolgskontrollen, Aufgabenverlagerung auf nachgeordnete Behörden, vereinfachte Verwaltungsabläufe, eine verbesserte Informations- und Kommunikationstechnologie sowie Maßnahmen zur Erhöhung der Mitarbeitermotivation.

Die Motivationssteigerung ist dabei ein wesentlicher Eckpfeiler im bayerischen Modernisierungskonzept. Bestandteil eines „20-Punkte-Aktionsprogramms" der Bayerischen Staatsregierung ist das im Jahre 1996 beschlossene Instrument „Mitarbeiterbefragung im öffentlichen Dienst des Freistaates Bayern". Erklärtes Ziel dieser Mitarbeiterbefragung ist es, konkrete Veränderungs- und Verbesserungsprozesse in den staatlichen Einrichtungen anzustoßen. Neu und interessant ist der Ansatz, dass dieser Veränderungsprozess außerhalb der üblichen Regelkommunikation abläuft, nämlich von „unten nach oben".

Die Fragebögen enthalten 81 standardisierte Fragen zu den Themenbereichen „Mein Arbeitsbereich", „Kollegenbeziehung", „Vorgesetztenverhalten", „Zusammenarbeit", „Behördenklima und Organisation" und „Berufliche Entwicklung und Anerkennung".

Die Funktionen der Mitarbeiterbefragung bestehen in der Diagnose von Stärken und Schwächen der Organisation, der Einbindung aller Mitarbeiterinnen und Mitarbeiter in Diagnose und Entwicklung von Verbesserungen, der Förderung der Teamentwicklung und des Dialogs zwischen den Mitarbeiterinnen und Mitarbeitern, der Motivation der Mitarbeiterinnen und Mitarbeiter durch die Einbindung in Diagnose und Maßnahmenentwicklung für die Umsetzung und der Kontrolle durch weitgehende Steuerung des Umsetzungsprozesses durch die Mitarbeiterinnen und Mitarbeiter selbst.

3. Der Veränderungsprozess an der Universitätsbibliothek Passau

Im Jahre 2002 führte die Universität Passau eine solche Mitarbeiterbefragung unter allen Beschäftigten durch. Die Rücklaufquote lag dabei bei den Mitarbeitern der Zentralen Universitätsverwaltung und des Rechenzentrums bei jeweils 71 %, bei den Mitarbeitern der Universitätsbibliothek bei 63,4 %. Ein wesentlicher Aspekt der Mitarbeiterbefragung bestand in der Anonymität der Befragung. In einer landesweiten Pilotbefragung wurde dieses Merkmal erfolgreich getestet. Der Bayerische Landesbeauftragte für den Datenschutz und der Hauptpersonalrat beim Bayerischen Staatsministerium für Wissenschaft, Forschung und Kunst hatten daraufhin ihre Zustimmung zur Mitarbeiterbefragung erklärt.

Die Befragungsergebnisse der jeweiligen Organisationseinheiten wurden mit deren Mitarbeitern ohne deren Vorgesetzten unter Leitung einer Moderatorin oder eines Moderators diskutiert. Die Ergebnisse der Diskussion wurden an die Hochschulleitung weitergegeben.

Zu den Ergebnissen der Mitarbeiterbefragung an der Universitätsbibliothek im Einzelnen: Die im Vergleich zur Gesamtuniversität unterdurchschnittliche Rücklaufquote erklärt sich mit einer relativ geringen Beteiligung der Mitarbeiter des Einfachen Dienstes: Hier wurde eine Rücklaufquote von 32,35 % erzielt. Die Beteiligung aller anderen Dienstarten stand auf dem Niveau des universitären Durchschnittes oder darüber (Mittlerer Dienst: 71,42 %, Gehobener Dienst: 78,57 %, Höherer Dienst: 71,42 %).

Zur Beantwortung wurde eine 5-stufige Antwortskala gewählt, die von „stimme voll zu" oder „gut" (Note 5) bis „stimme überhaupt nicht zu" oder „schlecht" (Note 1) reicht und auch eine mittlere Antwort „teils/teils" (Note 3) möglich macht.

Schauen wir zuerst auf die 10 Fragen, welche Stärken der Organisationseinheit Universitätsbibliothek sichtbar machten und auf jene 10 Fragen, welche Schwächen aufzeigten – bezogen auf alle ausgewerteten Dienstarten[7] – und gehen danach auf den Moderationsprozess ein.

[7] Eine Auswertung und Moderation erfolgte im Höheren Dienst nicht: Grund hierfür ist die landesweite Vorgabe gewesen, bei einer zahlenmäßigen Besetzung < 10 aufgrund nicht mehr zu gewährleistender Anonymität von diesen Mechanismen abzusehen.

– *Einfacher Dienst in der Universitätsbibliothek*

Auswertung der 10 besten[8] und der 10 schlechtesten Ergebnisse in absteigender Reihenfolge (5 = gut, 4 = eher gut, 3 = teils/teils, 2 = eher schlecht, 1 = schlecht)

Die 10 Fragen mit den „besten“ Ergebnissen:

Frage-Nummer	Text der Frage	Wertung	Zahl der verarbeiteten Frage-Bogen
31	Mein Vorgesetzter mischt sich in Details meiner Aufgaben ein.*	4,70	11
12	Die derzeitige Arbeitszeitregelung entspricht meinen Bedürfnissen.	4,64	11
17	Ich werde mit meinen Vorschlägen von meinen Kollegen und Kolleginnen ernst genommen.	4,09	11
18	Die Kolleginnen und Kollegen unterstützen sich gegenseitig, ihre Aufgaben besser zu meistern.	4,00	11
20	Probleme werden gemeinsam angegangen.	4,00	11
29	Mein Vorgesetzter informiert klar, so dass ich meine Arbeit zielgerecht ausführen kann.	3,91	11
69	Ich sage auch in meinem Bekanntenkreis gerne, wo ich arbeite.	3,91	11
68	Die Darstellung unserer Arbeit durch unsere Behörde nach außen ist positiv.	3,78	11
9	Die für meine Arbeit notwendigen Hilfsmittel sind verfügbar.	3,73	11
21	Konflikte werden bei uns offen ausgetragen.	3,73	11

* Hier vermutet der Verfasser eine Fehlinterpretation: Ein hoher Wert hat hier zustimmende Funktion, demzufolge würde diese Frage und ihre Beantwortung dem Bereich „Schwächen“ zuzuordnen sein.

[8] Der Verfasser übernimmt hier die sprachliche Diktion der Auswertung. Die Ergebnisse sind natürlich weder „gut“ noch „schlecht“, sondern einfach objektiv vorhanden. In der sprachlichen Diktion der Auswertung meint der Terminus „10 beste Fragen“, dass hier „gut“ bewertet wurde, also Stärken sichtbar geworden sind, der Terminus „die 10 schlechtesten Fragen“ drückt aus, dass hier „schlechte“ Bewertungen erfolgt sind, also Schwächen sichtbar geworden sind.

Die 10 Fragen mit den „schlechtesten" Ergebnissen:

Frage-Nummer	Text der Frage	Wertung	Zahl der verarbeiteten Frage-Bogen
78	Es gibt für mich gute Möglichkeiten der Fort- und Weiterbildung.	1,40	11
70	Über offene Stellen werde ich rechtzeitig informiert.	2,00	11
74	Bei entsprechender Mobilität habe ich gute Chancen, beruflich weiterzukommen.	2,00	11
7	Ungünstige räumliche Bedingungen erschweren die funktionsgerechte Erledigung der Aufgaben.	2,09	11
34	Mein Vorgesetzter kümmert sich gezielt um meine Qualifizierung.	2,09	11
62	Es kommt häufig vor, dass wir vor vollendete Tatsachen gestellt werden.	2,11	11
81	Aufgrund dieser Befragung werden sich bei uns positive Veränderungen ergeben.	2,20	11
6	Ich kann Neues erproben, ohne Nachteile erwarten zu müssen.	2,27	11
61	Über wichtige Vorgänge, die die Entwicklung unserer Behörde betreffen, werden wir ausreichend informiert.	2,33	11
77	Die Kriterien für mein berufliches Fortkommen sind transparent.	2,33	11

– *Mittlerer Dienst in der Universitätsbibliothek*

Auswertung der 10 besten und der 10 schlechtesten Ergebnisse in absteigender Reihenfolge (5 = gut, 4 = eher gut, 3 = teils/teils, 2 = eher schlecht, 1 = schlecht)

Die 10 Fragen mit den „besten" Ergebnissen:

Frage-Nummer	Text der Frage	Wertung	Zahl der ver-arbei-teten Frage-Bogen
12	Die derzeitige Arbeitszeitregelung entspricht meinen Bedürfnissen.	4,55	20
69	Ich sage auch in meinem Bekanntenkreis gerne, wo ich arbeite.	4,21	20
9	Die für meine Arbeit notwendigen Hilfsmittel sind verfügbar.	4,15	20
10	Selbst für die kleinsten Beschaffungen, die für meine Tagesarbeit notwendig sind, muss ich bürokratische Hürden nehmen.	4,15	20
31	Mein Vorgesetzter mischt sich in Details meiner Aufgaben ein.	4,00	20
47	Mitarbeiter aus anderen Arbeitsbereichen mischen sich unangemessen in unsere Angelegenheiten ein.	3,95	20
2	Bei der Durchführung der mir übertragenen Aufgaben habe ich genügend Entscheidungsspielraum.	3,80	20
8	Die äußeren Arbeitsbedingungen wirken sich ungünstig auf meine Gesundheit aus.	3,80	20
1	Die mir übertragenen Aufgaben sind eine interessante Herausforderung.	3,75	20
13	Ich werde meinen Fähigkeiten entsprechend eingesetzt.	3,75	20

Die 10 Fragen mit den „schlechtesten" Ergebnissen:

Frage-Nummer	Text der Frage	Wertung	Zahl der verarbeiteten Frage-Bogen
70	Über offene Stellen werde ich rechtzeitig informiert.	1,68	20
76	Für das berufliche Fortkommen kommt es bei uns auf Leistung an.	1,84	20
77	Die Kriterien für mein berufliches Fortkommen sind transparent.	1,89	20
71	Personalentscheidungen sind für mich nachvollziehbar.	1,95	20
74	Bei entsprechender Mobilität habe ich gute Chancen, beruflich weiterzukommen.	1,95	20
34	Mein Vorgesetzter kümmert sich gezielt um meine Qualifizierung.	2,00	20
61	Über wichtige Vorgänge, die die Entwicklung unserer Behörde betreffen, werden wir ausreichend informiert.	2,10	20
62	Es kommt häufig vor, dass wir vor vollendete Tatsachen gestellt werden.	2,16	20
81	Aufgrund dieser Befragung werden sich bei uns positive Veränderungen ergeben.	2,18	20
24	Bei uns braut man lieber in der Gerüchteküche, als offen zu informieren.	2,21	20

– *Gehobener Dienst in der Universitätsbibliothek*

Auswertung der 10 besten und der 10 schlechtesten Ergebnisse in absteigender Reihenfolge (5 = gut, 4 = eher gut, 3 = teils/teils, 2 = eher schlecht, 1 = schlecht)

Die 10 Fragen mit den „besten" Ergebnissen:

Frage-Nummer	Text der Frage	Wertung	Zahl der verarbeiteten Frage-Bogen
69	Ich sage auch in meinem Bekanntenkreis gerne, wo ich arbeite.	4,73	22
31	Mein Vorgesetzter mischt sich in Details meiner Aufgaben ein.	4,60	22
12	Die derzeitige Arbeitszeitregelung entspricht meinen Bedürfnissen.	4,59	22
10	Selbst für die kleinsten Beschaffungen, die für meine Tagesarbeit notwendig sind, muss ich bürokratische Hürden nehmen.	4,57	22
54	Unsere Arbeit wird dadurch erschwert, dass wir auch bei unwichtigen Dingen die Entscheidungen übergeordneter Behörden einholen müssen.	4,42	22
2	Bei der Durchführung der mir übertragenen Aufgaben habe ich genügend Entscheidungsspielraum.	4,38	22
9	Die für meine Arbeit notwendigen Hilfsmittel sind verfügbar.	4,35	22
8	Die äußeren Arbeitsbedingungen wirken sich ungünstig auf meine Gesundheit aus.	4,32	22
13	Ich werde meinen Fähigkeiten entsprechend eingesetzt.	4,19	22
72	Meine Beurteilung empfinde ich als gerecht.	4,19	22

Die 10 Fragen mit den „schlechtesten“ Ergebnissen:

Frage-Nummer	Text der Frage	Wertung	Zahl der verarbeiteten Frage-Bogen
42	Mein Vorgesetzter kümmert sich darum, wie ich mit dem Bürger umgehe.	2,20	22
81	Aufgrund dieser Befragung werden sich bei uns positive Veränderungen ergeben.	2,20	22
66	Initiativen zur Verbesserung vorn Außenkontakten werden bei uns gefördert.	2,24	22
74	Bei entsprechender Mobilität habe ich gute Chancen, beruflich weiterzukommen.	2,38	22
34	Mein Vorgesetzter kümmert sich gezielt um meine Qualifizierung.	2,40	22
77	Die Kriterien für mein berufliches Fortkommen sind transparent.	2,47	22
61	Über wichtige Vorgänge, die die Entwicklung unserer Behörde betreffen, werden wir ausreichend informiert.	2,52	22
43	Für die reibungslose Zusammenarbeit mit anderen Arbeitsbereichen bekommen wir rechtzeitig genügend Informationen.	2,57	22
70	Über offene Stellen werde ich rechtzeitig informiert.	2,67	22
37	Mein Vorgesetzter setzt sich gerne mit neuen Ideen auseinander.	2,70	22

3.1 Interpretation und Moderation der Ergebnisse

Es wurde sichtbar, dass generell eine hohe Identifikation mit dem Beruf vorhanden ist, schwere Defizite in den Bereichen Führung, Fortbildung und interne Kommunikation identifiziert worden sind, es für die Mitarbeiter scheinbar keinen sichtbaren Zusammenhang zwischen Leistung und beruflichem Fortkommen gibt und der Glauben an die Veränderbarkeit der Zustände in einem positiven Sinn zum Teil deutlich verloren gegangen ist.

Zur Auswertung der Ergebnisse der Mitarbeiterbefragung wurden auf den Dienstebenen einfacher, mittlerer und gehobener Dienst Moderationen realisiert, welche den Zweck erfüllen sollten, klare verbale Einschätzungen zu formulieren und Lösungswege aufzuzeigen.

In der Moderation im Bereich Einfacher Dienst wurde angeregt, dass – wenn schon keine Beförderungsstellen vorhanden sind – die Leistungen durch Gewährung von Prämien bzw. Zulagen gewürdigt werden sollten. Diese Verteilung sollte unbedingt transparent erfolgen, eine „gerechte" Verteilung kann so verfolgt werden.

Deutlich wurde, dass sich der einfache Dienst von seinen Vorgesetzten nicht ausreichend anerkannt fühlt.

Im Bereich Mittlerer Dienst wurde im Moderationsprozess ein Maßnahmenkatalog erarbeitet, der zum Bereich „interner Kommunikationsfluss" Verbesserungsvorschläge zum Inhalt hatte und im Bereich „Führung" Fortbildungen und Kontrolle der Führungskräfte in Bezug auf Mitarbeiterführung (Supervision) anregte.

Im Bereich Gehobener Dienst wurden aus den 10 Fragen mit den „schlechtesten Antworten" zwei Fragen ausgewählt und in Gruppenarbeit diskutiert. Es ist davon auszugehen, da eine Verständigung auf zwei Fragen erfolgte, dass diese Themenbereiche als sehr wichtig angesehen werden.

Bei der Erörterung zur Frage Nr. 37 („Mein Vorgesetzter setzt sich gerne mit neuen Ideen auseinander") wurde das Verhältnis zwischen Gehobenem und Höherem Dienst analysiert. Dieses sei vielfach gekennzeichnet durch ein Desinteresse der Vorgesetzten, das sich durch deren mangelndes Interesse für Neuerungen (im IT-Bereich z. B.) und durch ein teilweise extremes Desinteresse gegenüber den Tätigkeiten des Gehobenen Dienstes und des Delegierens von Arbeiten „auf Teufel komm raus" ausdrückt. Des Weiteren wurden Informationsmängel festgestellt (kein Informationsfluss von „oben nach unten", keine Protokolle von Beratungen) und Defizite im Bereich Führung durch den Höheren Dienst ausgemacht.

Bei der Erörterung zur Frage Nr. 77 („Die Kriterien für mein berufliches Fortkommen sind transparent") wurde festgestellt, dass nachvollziehbare Beförderungskriterien fehlen, was negativ reflektiert wurde.

3.2 Das Instrument Jahresgespräche

Entsprechend des im Abschnitt 2 beschriebenen Reformprozesses im Freistaat Bayern kommt der Steigerung von Motivation, Arbeitszufriedenheit und Förderung der Entwicklung der Mitarbeiter eine enorme Bedeutung zu.

Ein strukturiertes Instrument, welches für die Kommunikation zwischen Führungskraft und Mitarbeitern entwickelt wurde, steht im Freistaat Bayern in der Form des „Jahresgespräches" zur Verfügung. Das Jahresgespräch kann auf zwei Ebenen eingesetzt werden: Die ursprüngliche Intention besteht darin, ein Instrument für den Dialog zwischen Mitarbeiter und der/dem unmittelbaren Leiter/in anzubieten. Fehlt doch im täglichen Geschäft häufig die Gelegenheit, ein ausführliches persönliches Gespräch zu führen und so die gegenseitige Bezugnahme zu intensivieren, Vertrauen zu schaffen oder zu verstärken. Auf der anderen Seite realisiert das Vorhandenseins des Instruments zwei Botschaften: Der Führungskraft wird mitgeteilt: „Nutze dieses Instrument, nutze die Chance in einer gut strukturierten Art und Weise mit deinen Mitarbeitern ins Gespräch zu kommen, du wirst sehen, dass die Zeit, die du dafür aufbringst, dir und dem gesamten System einen Gewinn realisiert." Der Mitarbeiter wiederum erhält die Botschaft: „Hier steht ein Instrument bereit, dass hervorragend dafür geeignet ist, auf einer anderen Ebene, als es die tägliche Aufgabenbewältigung erlaubt, mit deiner/deinem Leiter/in in einen Austausch zu treten. Du hast das Recht, deutlich zu bekunden, dass dir an einem solchen Gespräch gelegen ist, nutze dieses Recht nachhaltig."[9]

Neben der Intention „Jahresgespräch als Kommunikation zwischen Mitarbeiter/in und unmittelbarem Vorgesetzten" kann dieses Instrument auch dafür genutzt werden, ein strukturiertes Gespräch auf die gesamte Organisation – initiiert von der Leiterin oder dem Leiter der Organisation – abzubilden[10]. Damit können die Nachteile auch von gut aufgestellten hierarchisch strukturierten Organisationen ausgeglichen werden, in welchen auch bei gut funktionierenden Informations- und Kommunikationsstrukturen es doch der Fall ist, dass sich der/die Leiter/in und einzelne Mitarbeiter über sehr lange Zeiträume hinweg nicht sehen und sich somit auch nicht direkt wahrnehmen.[11]

[9] Abstrakt kann konstatiert werden, dass das Recht und die Pflicht, ein solches Jahresgespräch zu führen, auf Führungskraft und Mitarbeiter/in gleich verteilt sind. Die Gründe dafür, dass dieses Instrument noch nicht überall die gewünschte Anwendung und Verbreitung erfährt, sind vielfältig. Die meist genannten Verhinderungsgründe („keine Zeit", „demnächst") liegen meines Erachtens nur auf der Erscheinungsebene der Problematik. Im Wesen scheint es darum zu gehen: Wie geht man konstruktiv mit Kritik an der eigenen Person um, wie positioniert man sich gegenüber Veränderungswünschen, wie kann man die freigesetzte Energie positiv sublimieren. Streng hierarchisch aufgebaute Systeme haben hier nicht die besten Voraussetzungen, all das konstruktiv zu steuern.

[10] In diesem Falle muss dafür Sorge getragen werden, dass trotzdem Jahresgespräche in den einzelnen Struktureinheiten geführt werden.

[11] Theoretisch ist es möglich, dass ein/e Mitarbeiter/in ein Jahresgespräch ablehnt. Für den Verfasser wäre dies ein Grund mehr, ein Gespräch zu suchen. Dieses würde dann allerdings nicht als Jahresgespräch firmieren, anders geführt und nicht protokolliert werden.

Der Verfasser hat diese Option des Instruments Jahresgespräch bei seinem Dienstantritt an der Universitätsbibliothek Passau wahrgenommen.

Der im Abschnitt 3 beschriebene Befund aus den Mitarbeiterbefragungen wurde ihm seitens der Universitätsleitung zur Verfügung gestellt – diesen galt es zu verifizieren. Bevor Veränderungen in einem bestehenden System herbeigeführt werden, muss ein dichter Kontakt zu diesem hergestellt werden – und

vor allem zu den handelnden Personen, die dieses System mit Leben erfüllen.

Das Jahresgespräch mit seinen Inhalten „Arbeitsaufgaben", „Arbeitsumfeld", „Zusammenarbeit und Führung", „Veränderungs- und Entwicklungsperspektiven", „Rückblick und Analyse", „Zielvereinbarungen" und „Vertrauliches Protokoll" ist dafür hervorragend geeignet.

Die Durchführung der Jahresgespräche realisierte zwei wesentliche Ergebnisse: In den Gesprächen mit den einzelnen Mitarbeiter/innen, welche sich natürlich hinsichtlich ihrer Intensität und Dauer voneinander unterschieden, wurde relativ durchgängig eine von beiden Seiten als positiv bewertete Nähe zu den handelnden Personen und „ihren" Problemen, Vorstellungen und Ideen erreicht. Natürlich waren einzelne Gespräche nicht frei von negativen Emotionen – die mitunter recht lange keine Möglichkeit hatten, sich zu entäußern. Aber zu einer lebendigen, lernenden Institution gehören auch diese dazu, es wird sie immer dort geben, wo soziale Interaktionen stattfinden, wo es einen Wettbewerb um hochwertige und sozial anerkannte Tätigkeiten und Aufstiege gibt. Die in den Gesprächen erzielte mentale Nähe hat mit dazu beigetragen, die im Nachfolgenden beschriebenen Veränderungen, die mitunter für den Einzelnen mit grundlegenden Veränderungen verbunden waren, positiv einzuordnen und zu verstehen.

Das zweite Ergebnis bestand in der eindeutigen Bestätigung der Erkenntnisse aus der Mitarbeiterbefragung.

Die notwendigen Veränderungen konnten somit auf der Grundlage einer gesicherten Erhebungsbasis realisiert werden.

4. Diskussion der Organisationsstruktur

Um den zukünftigen Anforderungen zu entsprechen, muss sich die Universitätsbibliothek Passau intern neu aufstellen. Dabei bedarf es moderner Methoden des Bibliotheksmanagements, der Personalführung und -entwicklung und des Informationsmanagements.

Die Universitätsbibliothek Passau steht dabei in einer guten Ausgangsposition: Sie verfügt über hoch qualifiziertes und motiviertes Personal und einen in der Universität anerkannten Stand als Kompetenzzentrum der Literatur- und Informationsversorgung und der Digitalen Bibliothek.

Um diese Potentiale nachhaltiger auszuschöpfen, bedarf es einer grundlegenden Neuausrichtung auf folgenden Gebieten:

1. *Inhalt:* Die Leitlinie des Handelns wird künftig darin bestehen, die Mitarbeiterinnen und Mitarbeiter der Universitätsbibliothek als die wichtigste und kostbarste Ressource anzusehen. In allen wissenschaftlichen Bibliotheken herrschen im Wesentlichen die gleichen systemtechnischen und technologischen Bedingungen – unsere Mitarbeiter sind es, welche den Unterschied ausmachen müssen und ausmachen werden, um den Standort Passau im landesweiten und nationalen Vergleich noch attraktiver zu gestalten.

2. *Struktur:* Die Organisationsform der Universitätsbibliothek Passau basierte in der Vergangenheit auf der strukturellen Ebene der traditionellen Linienorganisation. Diese Struktur weist gegenüber modernen Organisationsformen eine Reihe von Eigenschaften auf, die einer zukünftigen Realisierung von Aufgaben zum Teil kontraproduktiv gegenüberstehen. Die neue Organisationsstruktur muss so angelegt sein, dass transparente Führungs-, Entscheidungs- und Arbeitsabläufe ermöglicht werden.

3. *Kernaufgabe:* Deutlicher als in der Vergangenheit muss sichtbar werden, dass im Mittelpunkt unserer Arbeit die Nutzerinnen und Nutzer stehen. Diesem Anspruch muss künftig nachhaltig über die Verlagerung des Einsatzes von hoch qualifiziertem Personal in den Benutzungsbereich entsprochen werden, um die erhöhten Ansprüche unserer Nutzer adäquat bedienen zu können.

4. *Methode „Verantwortung weiter fassen“:* Im Bereich des Personalmanagements ist ein gezielter Ausbau von Kompetenz, Motivation und Mitarbeitereinflussnahme anzustreben.

5. *Methode „Verantwortung enger fassen“:* Gleichzeitig wird es eine in Teilbereichen der Universitätsbibliothek deutlich straffere Führung der Mitarbeiter geben, da die unklare Vergabe von Verantwortlichkeiten weder der Erfüllung der Aufgaben noch einem konstruktiven Betriebsklima dienlich ist.

6. *Methode Informationsmanagement:* Die Tatsache, dass die Universitätsbibliothek Passau der Kundenseite ein durchdachtes Informationsmanagement

anbietet, hat nicht zwangsläufig dazu geführt, diese Instrumente für die interne Organisation zu verwenden. Die Schaffung einer Vertrauensatmosphäre im Wissen darum, dass die künftigen Aufgaben nur gemeinsam und in einem Klima eines die Abteilungen übergreifenden Vertrauens zu bewältigen sind, ist dabei sowohl Ziel als auch Voraussetzung. Hierfür sind die technischen Möglichkeiten einer internen Kommunikationsplattform ebenso einzusetzen wie regelmäßige Arbeitsberatungen auf allen Ebenen.

Im Januar 2004 wurde vom Verfasser allen Mitarbeitern der Universitätsbibliothek das Dokument „Struktur, Organisation und Ziele der Universitätsbibliothek Passau" zur Verfügung gestellt. Dieses Dokument fungierte als Grundlage und Rahmen der internen Diskussionen, welche innerhalb einer temporären Arbeitsgruppe „Struktur" stattfanden. Neben dieser Arbeitsgruppe arbeiteten eine Anzahl von Untergruppen, welche die abteilungsspezifischen Ableitungen diskutieren und umsetzen. Grundsätzlich erhielt jedoch jede Mitarbeiterin und jeder Mitarbeiter der Universitätsbibliothek die Möglichkeit, sich in die Strukturdiskussion einzubringen. Die Arbeitsgruppe „Struktur" modifizierte die vorgeschlagene Organisationsstruktur und erarbeitete den dieser neuen Struktur entsprechenden Geschäftsverteilungsplan. In diesem Geschäftsverteilungsplan wurden eine Reihe von neuen Stellen beschrieben. Diese Stellen wurden bibliotheksintern ausgeschrieben, es sei denn, die damit verbunden Tätigkeiten wurden bereits faktisch von einer bestimmten Mitarbeiterin oder einem bestimmten Mitarbeiter ausgeführt und/oder es war aus fachlicher Sicht keine Alternativbesetzung möglich oder sinnvoll. In diesen Fällen erfolgte eine Einsetzung in die neue Funktion durch den Leiter der Universitätsbibliothek. Aufgrund der angespannten Stellensituation waren in der Regel Beförderungen oder Höhergruppierungen zum Zeitpunkt der Übernahme von Funktionsstellen nicht möglich, aber als deutliche zukünftige Option benannt. In keinem Falle hat diese Tatsache dazu geführt, dass eine Funktionsstelle nicht „angenommen" wurde.

Eine kritische Phase durchlebte der Veränderungsprozess, als sich herausstellte, dass auf eine Reihe von intern ausgeschriebenen Stellen keine Bewerbungen erfolgten. Waren doch alle im Allgemeinen davon überzeugt, dass die Besetzung dieser Stellen notwendig war, so wurde doch ein Aspekt sichtbar, mit dem jeder Veränderungsprozess konfrontiert wird: Mit der Aufgabe von gewohntem Terrain, mit der Verpflichtung, sich auf neue Gebiete einzuarbeiten, dem Verlassen von gewohnten sozialen Gruppen bewegt man sich auf einem Boden, der statt der bisherigen Sicherheit erst einmal Unsicherheit beinhaltet. Aus diesem Grunde war es unumgänglich, eine Reihe von Umsetzungen vorzunehmen.

5. Die neue Organisationsstruktur

Das bisher an der Universitätsbibliothek Passau verwendete Strukturmodell ist die „Linienorganisation“. Es ist die bisher am häufigsten in Bibliotheken anzutreffende Form der Organisation. Gleichartige Funktionen („Verrichtungen“) werden dabei in Struktureinheiten zusammengefasst.

In Bezug auf wissenschaftliche Bibliotheken hat sich in der Vergangenheit die Dreiteilung in Erwerbung, Katalogisierung und Benutzung herausgebildet. Dieses war zu Zeiten der nicht-rechnergestützten Arbeit zwar eine adäquate Widerspieglung der bibliothekarischen Prozesse, weist aber aus betriebswirtschaftlicher Sicht eine Reihe von Merkmalen auf, die gegenüber modernen Instrumenten von Prozess- und Personalmanagement erhebliche Nachteile besitzen: mehrstufige Hierarchien, eine strenge Laufbahnorientierung bei den zugewiesenen Tätigkeiten, autoritäre Entscheidungsprozesse und eine geringe Mitarbeiterbeteiligung. Der Entscheidungsweg fließt innerhalb der Linie von „oben“ nach „unten“. Weitere Merkmale sind ein unterdimensioniertes Kommunikationssystem und lange Kommunikationswege. Eine direkte Koordination von hierarchisch gleichrangigen Dienststellen ist bei diesem Modell nicht vorgesehen. Die positionsbezogene Autorität wird gegenüber der fachlichen Autorität überbetont.

Die Vorteile der Linienorganisation bestehen dabei in einer klaren Aufgaben- und Kompetenzverteilung.

Eine moderne Form der Organisation ist das Projektmanagement. Es wird in Öffentlicher Verwaltung, Wissenschaft und Wirtschaft zunehmend dort eingesetzt, wo die Komplexität der Aufgaben stark zunimmt und eine hohe Vernetzung der Strukturen in organisatorischer und technischer Hinsicht gegeben ist. Innovative Aufgaben werden in wissenschaftlichen Bibliotheken der Gegenwart häufig über das Instrument Projekt realisiert. Hauptmerkmal des Projektmanagements ist die Erhöhung der Flexibilität in Bezug auf den Einsatz von Personal – für ein bestimmtes Projekt werden immer nur die dafür am besten geeigneten Mitarbeiterinnen und Mitarbeiter herangezogen, das Projektpersonal kann wechseln. Meist ist ein Projekt aus Teilen der bestehenden Betriebsorganisation und zusätzlichen projektspezifischen Elementen zusammengesetzt.

Ebenfalls weit verbreitet ist die „Stab-Linienorganisation“, welche eine Modifikation der Linienorganisation darstellt. Die Linienorganisation wird hier prinzipiell beibehalten, aber es kommt zu einer Einführung zusätzlicher Organisationselemente, die mit Spezialisten (= Stäbe) zur Unterstützung bei der Entscheidungsvorbereitung oder zur Ausführung von speziellen Fach- oder Führungsaufgaben besetzt sind. Entscheidungs- und Anordnungskompetenzen verbleiben dabei in der Regel bei den Linienstellen.

Wenn man unter der Organisation einer Institution die Gesamtheit aller planmäßigen Maßnahmen, die auf das Erreichen von bestimmten Zielen ausgerichtet sind, versteht, muss daraus folgen, dass eine Struktur die Zieldefinition der Institution abbilden muss. Da mit relativer Sicherheit davon ausgegangen werden kann, dass zukünftig die Gesamtheit aller Maßnahmen aus einer Kombination von verschiedenen Methodenansätzen besteht, wird die Struktur der Universitätsbibliothek Passau unter Einbeziehung des integrierten Geschäftsganges aus einer Kombination von Linien-[12], Stabs- und Projektorganisation gebildet.

6. *Ausblick*

Die gegenwärtige und zukünftige Entwicklung wird durch zwei Tendenzen begleitet werden: Zum einen muss eine Nachhaltigkeit des eingeschlagenen Weges erreicht und gesichert werden[13]. Darüber hinaus ist als begleitende Maßnahme geplant, für die weitere Entwicklung der Fähigkeit „Arbeiten in Teams" die Dienste einer Unternehmensberatung in Anspruch zu nehmen.

Von wesentlicher Bedeutung werden die neuen Instrumente wie ein leistungsbezogenes Bezahlungssystem sein, die mit den Elementen Leistungsstufen und Leistungsprämien Anreize setzen werden[14].

Wie eingangs beschrieben, werden sich die Anforderungen an die Führungskräfte auf allen Dienstebenen erhöhen. Lassen Sie uns dabei der allgemeinen in Deutschland herrschenden Tendenz, dass offensichtlich weder Mitarbeiter noch Führungskräfte in ihrer Arbeit ausreichend genug motiviert sind[15], gemeinsam entgegenwirken – und dabei uns selbst und unseren Mitarbeitern in „heiterer Besessenheit" noch mehr abverlangen...

[12] In der Besetzung der Leiter der Referate wurde konsequent die Besetzung vorgenommen, welche sich durch die höchste Fachkompetenz auszeichnet. So ist im Ergebnis der Neustrukturierung zu konstatieren, dass zwei der insgesamt vier Referate – das Referat Medienbearbeitung und das Referat IT / Virtuelle Bibliothek – durch Mitarbeiter des gehobenen Dienstes geleitet werden.

[13] So werden die Mitarbeitergespräche auf der Ebene Leiter der Universitätsbibliothek – Mitarbeiter/in im Mai 2005 erneut geführt werden, es wird ein 2-jähriger Turnus angestrebt.

[14] s. „Neue Wege im öffentlichen Dienst" – Eckpunkte für eine Reform des Beamtenrechts – http://www.bmi.bund.de

[15] Gallup-Umfrage: nur 12 % der Arbeitnehmer in Deutschland sind engagiert bei der Arbeit. Dagegen machen 70 % der Deutschen nur „Dienst nach Vorschrift", 18 % haben bereits innerlich gekündigt. Innerhalb Deutschlands seien Arbeitnehmer im Süden tendenziell motivierter als im Rest des Landes. In Bayern und Baden Württemberg empfinden der Umfrage zufolge 14 % der Mitarbeiter ihre Arbeit als befriedigend. In der Mitte und im Norden Deutschlands liegt der Anteil bei 12 %. In den ostdeutschen Bundesländern durchgängig bei 10 %. Quelle: dpa v. 19.01.2004

CORNELIA VONHOF

Qualitätsmanagement in Bibliotheken: Zukunftsorientiertes Handeln im Spannungsfeld von Kundenorientierung, Mitarbeiterorientierung und Finanzkrise

Qualitätsmanagement ist in Bibliotheken schon lange kein Fremdwort mehr. Es ist jedoch noch die Ausnahme, Qualitätsmanagement zum umfassenden Leitkonzept für das Management der Organisation zu machen. Dieser Beitrag stellt mit dem *Common Assessment Framework* (CAF-Modell) ein Vorgehenskonzept vor, mit dem Bibliotheken und Informationseinrichtungen die Steuerung der Organisation auf zentrale qualitative Anforderungen ausrichten können. Dabei geht das zugrunde gelegte Qualitätsverständnis über die Frage der Fehlervermeidung weit hinaus.

Es bietet praktikable Lösungsansätze, um die Gestaltungsspielräume und Gestaltungsnotwendigkeiten in der täglichen Arbeit im Spannungsverhältnis von Kundenorientierung, Mitarbeiterorientierung und Ressourcen sichtbar und umsetzbar zu machen: Qualitätsmanagementmethoden werden genutzt, um Leistungs- und Effizienzsteigerungen zu planen und zu realisieren. Illustriert wird das Konzept am Beispiel einer Bibliothek, die sich mithilfe des CAF-Modells in einen umfassenden Veränderungsprozess begeben hat.

Ganzheitliches Qualitätsverständnis als Grundlage

Betrachtet man die Entwicklung des Qualitätsmanagements, so ist festzustellen, dass dieses Management-Konzept einerseits eine beachtliche Tradition hat, es sich andererseits jedoch immer wieder neuen Rahmenbedingungen angepasst hat. Rahmenbedingungen, die – zuerst in der Industrie, zunehmend aber auch in Organisationen der öffentlichen Hand – die gestiegenen Anforderungen der Kundinnen und Kunden widerspiegeln.

So entwickelt sich das Qualitätsverständnis in verschiedenen Stufen: von der technik- und mengenorientierten Endkontrolle, die Qualität am Ende des Produktionsprozesses anhand definierter Prüfkriterien feststellt oder fehlerhafte Produkte aussortierte, über die Kontrolle im Herstellungs- und Entwicklungsprozess, mit der Qualitätsverbesserung durch Vorbeugung erreicht werden sollte, zu einer produkt- und organisationsorientierten Qualitätsverbesserung durch durchgehende Prozesssicherung und mitarbeiterorientierte Instrumente wie Qualitätszirkel, bis hin zu kunden- und dienstleistungsorientierten „Total Quality Konzepten".

Qualitätsmanagement als ganzheitliche Managementphilosophie stellt den Kunden in den Mittelpunkt des Handelns. Die alleinige Ausrichtung auf Kundenzufriedenheit greift jedoch zu kurz. Eine hohe Qualität kann dauerhaft nur erreicht werden, wenn es gelingt, alle Aspekte und Handlungsfelder, die den Erfolg einer Organisation bestimmen, ausgewogen zu berücksichtigen. Deshalb muss es das Ziel sein, Anforderungen von Kunden, gesellschaftlichem Umfeld und Mitarbeitern mit optimal ablaufenden Geschäftsprozessen und Organisationsstrukturen sowie mit Restriktionen durch Finanzen und Ressourcen in eine Balance zu bringen.

In diesem Prozess kommt es darauf an, den Mitarbeiterinnen und Mitarbeitern die Schlüsselrolle zuzuweisen. Qualität in Dienstleistungseinrichtungen wie einer Bibliothek entsteht an der Schnittstelle zwischen Kunden und Mitarbeitern. Ohne die intensive Einbeziehung des Wissens der Mitarbeiter über Kundenbedürfnisse sowie über die Stärken und Schwächen von Geschäftsprozessen und Organisationsstrukturen, wird Qualitätsmanagement als ganzheitliches und den gesamten Betrieb erfassendes Handlungskonzept nicht die erforderliche Durchschlagskraft erzielen.

Ein Konzept, das diese beiden Säulen eines ganzheitlichen Qualitätsverständnisses aufnimmt und praxisorientiert aufbereitet, ist das *Common Assessment Framework*. CAF wurde als „Gemeinsames Europäisches Qualitätsbewertungssystem" für öffentliche Verwaltungen in Europa entwickelt. Dabei wurden wesentliche Inhalte des Qualitätsmodells der *European Foundation for Quality Management* (EFQM) zugrunde gelegt.

EFQM als Basis-Konzept

Ein umfassendes und detailliertes Selbstbewertungsmodell hat die European Foundation for Quality Management[1] Ende der 80er Jahre als Grundlage für die Vergabe des europäischen Qualitätspreises entwickelt. In der EFQM hatten sich zunächst 14 führende europäische Unternehmen zusammengeschlossen, um durch den Einsatz eines umfassenden Qualitätsmanagements Wettbewerbsvorteile zu erzielen. Inzwischen hat die EFQM über 600 Mitgliedsunternehmen aus den meisten europäischen Ländern und aus nahezu

[1] Ausführliche Hinweise und weiterführende Literatur: http://www.efqm.org und http://www.deutsche-efqm.de

allen Wirtschaftszweigen. Seit 1994 gibt sie eigene Richtlinien für den öffentlichen Sektor heraus, um den Prozess der Selbstbewertung in der öffentlichen Verwaltung zu unterstützen und das Modell für die staatliche Verwaltung zu adaptieren. Die Kriterien des EFQM-Modells wurden beispielsweise im Rahmen des Projekts „Benchmarking im öffentlichen Sektor am Beispiel der Suchtberatungsstellen in Niedersachsen“ verwendet. Auch das Statistische Bundesamt und weitere statistische Ämter Europas nutzen das Selbstbewertungsmodell der EFQM. Im Projekt „Swiss Libraries for Excellence“ der Hochschule für Technik und Wirtschaft in Chur wurden Ansätze entwickelt, die auf dem EFQM-Modell aufbauen.

Das Modell besteht aus neun Themenfeldern, unterschieden nach Ergebnissen (z. B. gemessene, belegbare Kundenzufriedenheit) und so genannten Befähigern (z. B. Führung, Mitarbeiterorientierung als Potenzialfaktoren). Die verschiedenen Aspekte werden mit Prozentzahlen gewichtet. Die Befähiger-Kriterien erfassen, wie die Organisation bei jedem Unterpunkt eines Kriteriums vorgeht, die Ergebnis-Kriterien beziehen sich darauf, was die Organisation erreicht hat und gegenwärtig erreicht.

In den Richtlinien der EFQM werden verschiedene Methoden der Selbstbewertung beschrieben, wobei die umfassendste die Selbstbewertung mittels Simulation einer Bewerbung um den Europäischen Qualitätspreis ist. Bei diesem Ansatz wird eine vollständige Bewerbungsdokumentation erstellt, die einen besonders hohen Grad an Genauigkeit im Bewertungsprofil aufweist. Alle Bewerber erhalten von der Jury einen so genannten Feed-back-Bericht. Er gibt für jedes Teilkriterium des EFQM-Modells die wichtigsten Stärken und Verbesserungsbereiche an, enthält eine generelle Beurteilung der Organisation oder des Unternehmens und einen Vergleich mit den durchschnittlichen Punktzahlen der anderen Bewerber. Oftmals ist dieser Feed-back-Bericht die eigentliche Motivation einer Organisation für die Bewerbung.

Common Assessment Framework

„*Common Assessment Framework*“ (CAF) übersetzt als „Gemeinsames Europäisches Qualitätsbewertungssystem“ ist eine Initiative der EU-Mitgliedsstaaten. Bereits 1988 haben die Generaldirektoren für die öffentliche Verwaltung der EU eine Steuerungsgruppe damit betraut, die Zusammenarbeit der Mitgliedstaaten und der Kommission auf dem Gebiet der Entwicklung der öffentlichen Verwaltung zu koordinieren. Diese Gruppe unterstützte u. a. die Entwicklung des CAF. Dieses Qualitätsbewertungssystem ist eine Kombination wesentlicher Inhalte des Qualitätsmodells der EFQM und des Qualitätsmodells aus den Speyerer Qualitätswettbewerben[2]. Die Struktur wurde in Zusammenarbeit mit der European Foundation for Quality Management (EFQM), der Deutschen Hochschule für Verwaltungswissenschaften Speyer[3] und dem Europäischen Institut EIPA, Maastricht, 2000 fertig gestellt und erstmals getestet. Auf der 1. Europäischen Qualitätskonferenz 2000 in Lissabon haben die für den öffentlichen Dienst zuständigen Minister der europäischen Mitgliedsstaaten beschlossen, den Verwaltungen ihrer Länder den CAF zur Anwendung zu empfehlen. Mittlerweile liegt seit 2002 eine weiter entwickelte zweite Version vor.

Das gemeinsame europäische Qualitätsbewertungssystem wurde mit dem Ziel konzipiert, den Verwaltungsbehörden der EU-Mitgliedsstaaten ein Instrument zur Verfügung zu stellen, um das Verständnis und die Anwendung von Qualitätsmanagement-Strategien in der öffentlichen Verwaltung zu fördern. Es ist als Basis für standardisierte und damit vergleichbare Selbstbewertungen aller öffentlichen Verwaltungen und ihrer Teilbereiche – also auch von Bibliotheken – gedacht. Mit relativ geringem Aufwand lässt sich mithilfe des CAF eine Stärken-Schwächen-Analyse der eigenen Organisation erstellen, die Anstöße zu Verbesserungen gibt und die die Option bietet, den Beteiligten zu zeigen, welchen Platz sie im nationalen und internationalen Vergleich einnehmen. CAF soll als einfacher und leicht handhabbarer Rahmen für eine Bewertung der Leistungsfähigkeit einer Organisation dienen. Das CAF unterliegt keinem Copyright und ist unentgeltlich nutzbar. Organisationen können das Instrument an die individuellen Bedürfnisse anpassen.

Die EU sieht das Modell darüber hinaus als Bindeglied zwischen den verschiedenen Modellen und Methoden des Qualitätsmanagements, die in der öffentlichen Verwaltung der EU-Mitgliedstaaten eingesetzt werden. So soll es auch einen gewissen Grad der Vergleichbarkeit der Bewertungsergebnisse sicherstellen. Neben dem leichten Einstieg ins Qualitätsmanagement ist die Einführung von leistungsvergleichenden Untersuchungen (Benchmarking) von Einrichtungen des öffentlichen Sektors das zentrale Ziel des CAF.

Im Vergleich zum EFQM-Modell ist der CAF weniger umfassend und kann damit als Grundstufe angesehen werden, von der aus eine Organisation schrittweise weiter in die Tiefe gehen kann. Das gemeinsame europäische Qualitätsbewertungssystem entspricht in besonderer Weise dem Charakter

[2] Weitere Informationen zum Internationalen Speyerer Qualitätswettbewerb: http://www.hfv-speyer.de/Qualitaetswettbewerb/

[3] Die Deutsche Hochschule für Verwaltungswissenschaften in Speyer koordiniert im Auftrag des Bundesministerium des Innern das deutsche CAF-Netzwerk: http://www.dhv-speyer.de/qualitaetswettbewerb/caf.htm

von Verwaltungsorganisationen. Dies wird vor allem in der Auswahl der zu beurteilenden Kriterien und Indikatoren erkennbar.

Das Modell des Common Assessment Framework

Das Modell beruht auf Selbstbewertung (Self Assessment). Das ist eine umfassende und systematische Beurteilung von Tätigkeiten und Ergebnissen der eigenen Organisation durch die eigenen Mitarbeiter und Führungskräfte. Das Ziel ist neben der Überprüfung und Bewertung der eigenen Leistung das Initiieren der ständigen Verbesserung aller Aktivitäten. Nach dem Offenlegen von Stärken und Verbesserungspotenzialen werden Veränderungsmaßnahmen projektartig geplant und umgesetzt. Der Fortschritt wird beim nächsten Assessment, das typischerweise nach 1–2 Jahren erfolgt, überprüft.

Im CAF-Modell sind neun Themenfelder definiert, die mit ihren zugeordneten Kriterien und Indikatoren die Faktoren beschreiben, die die Qualität einer Organisation bestimmen.

Die Themenfelder 1 bis 5 werden bezeichnet als die *„Befähiger-Kriterien"*:

- Führungsebene
- Organisationspolitik und -strategie
- Personalmanagement
- Externe Partnerschaften und Ressourcen
- Prozess- und Veränderungsmanagement

Die Themenfelder 6 bis 9 sind die *„Ergebnis-Kriterien"*:

- Kunden- und Nutzerorientierte Resultate
- Mitarbeiterzufriedenheit
- Gesellschaftsbezogene Ergebnisse
- Leistungsergebnisse der Organisation

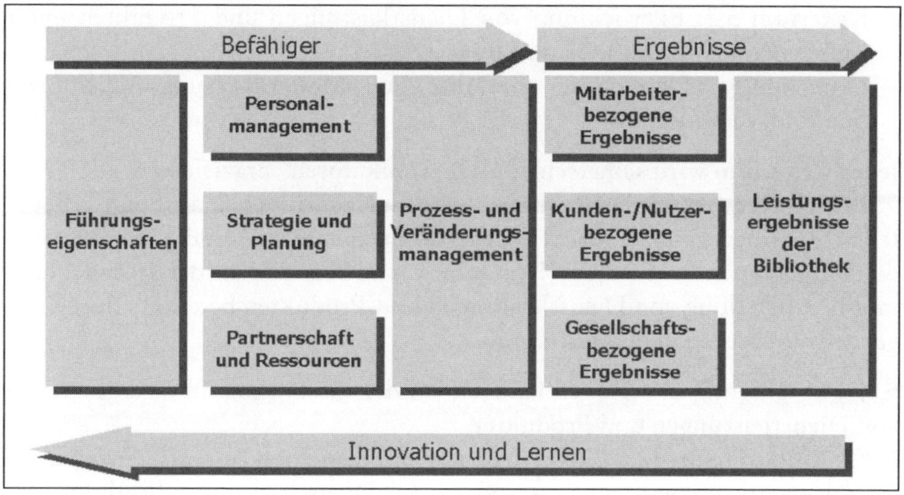

Abbildung 1: CAF-Modell im Überblick

Jedes Themenfeld ist durch verschiedene Kriterien und Indikatoren näher beschrieben. Als Beispiel sei das Themenfeld Prozess- und Veränderungsmanagement näher betrachtet:

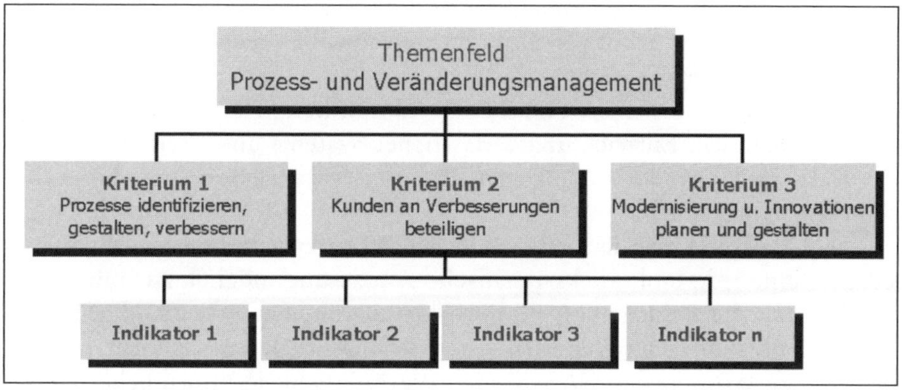

Abbildung 2: Kriterien und Indikatoren des CAF-Modells

Das Themenfeld 5 „Prozess- und Veränderungsmanagement“ wird anhand von drei Kriterien näher beschrieben:

- Kriterium 5.1: Identifikation, Gestaltung und Verbesserung von Prozessen

- Kriterium 5.2: Entwicklung von Dienstleistungen und Produkten unter Einbeziehung der Kunden und Bürger
- Kriterium 5.3: Planung und Gestaltung der Modernisierung und Innovation und Veränderung

Jedes Kriterium wird seinerseits durch „Indikatoren“ präzisiert:

Im Selbstbewertungsarbeitsbogen ist zum Kriterium 5.2. die Frage: „Beurteilen Sie anhand von Beobachtungen und Erfahrungen, wie die Organisation die Bürgerinnen und Bürger/Kundinnen und Kunden an der Entwicklung und Bereitstellung von Dienstleistungen und Produkten beteiligt“ durch folgende Indikatoren näher bestimmt:

5.2.1: Beteiligung der Bürger/Kunden bei der Gestaltung und Verbesserung von Dienstleistungen und Produkten
5.2.2: Einbeziehung von Bürgern/Kunden und anderen Interessengruppen in die Entwicklung von Qualitätsstandards für Dienstleistungen, Produkte und Informationen
5.2.3: Entwicklung klarer, einfacher und leicht verständlicher Rechtsvorschriften
5.2.4: Einbeziehung der Bürger/Kunden bei der Entwicklung und Gestaltung von Informationsquellen und -kanälen
5.2.5: Bereitstellung geeigneter und verlässlicher Informationen sowie zuverlässige Hilfe und Unterstützung der Bürger/Kunden
5.2.6: Nutzerfreundliche Erreichbarkeit der Organisation (z. B. flexible Öffnungszeiten und Angebot von Dokumenten sowohl in Papierform als auch in elektronischer Form)
5.2.7: Förderung der elektronischen Kommunikation und Interaktion mit Bürgern/Kunden. Entwicklung verlässlicher Systeme und Verfahren für die Behandlung allgemeiner Anfragen (Response-Management) und ein Beschwerdemanagement.

Diese Beispiele aus dem allgemeinen CAF-Arbeitsbogen zeigen, dass es bereits ohne jede bibliotheksspezifische Anpassung möglich ist, mit diesen Indikatoren die Belange von Bibliotheken abzubilden. Wo die allgemeinen Indikatoren oder auch Kriterien für eine Bibliothek jedoch nicht passend erscheinen, eröffnet das CAF-Modell die Möglichkeit, sprachliche Anpassungen und Präzisierungen vorzunehmen sowie Indikatoren oder Kriterien zu ergänzen oder vorgeschlagene zu streichen.

Im Rahmen der Selbstbewertung werden strukturiert durch den Arbeitsbogen, die Themenfelder, Kriterien und Indikatoren bewertet. Dieses Vorgehen stellt zum einen sicher, dass alle Aspekte, die die aktuelle Qualität bestimmen, systematisch und konsequent erfasst werden und dass zum anderen das Wissen der Mitarbeiter und Führungskräften über die Stärken und Schwächen der Organisation in die Bewertung einfließt. Diese intensive und kritische Analyse kann bereits vorhandene Analysen, Überlegungen und Konzepte (Nutzerbefragungen, Ergebnisse von Qualitätszirkelarbeit, Zielsysteme, Leitbild) problemlos aufnehmen. Zugleich werden bereits in diesem Analyse- bzw. Selbstbewertungsprozess eine Vielzahl von Ideen zur Qualitätssteigerung entwickelt.

Aus der Selbstbewertung werden konkrete Maßnahmen für den nun anstehenden Verbesserungsprozess abgeleitet, priorisiert und mit einem Umsetzungsplan hinterlegt. Ein externer Leistungsvergleich (Benchmarking) kann ein weiterer Schritt nach einer Selbstbewertung sein. Der Austausch von Ergebnissen und Erfahrungen mit einer vergleichbaren Organisation kann ein sehr wirkungsvoller Weg sein, um gemeinsam bessere Wege zur Erreichung von Zielen zu finden. Diese vergleichbare Organisation zu finden, die ebenfalls mit dem Instrument des CAF gearbeitet hat, kann aufwändig sein. Organisationen, die eine Selbstbewertung durchgeführt haben, können deshalb auf der Website des European Institute of Public Administration (EIPA)[4] ihre Daten anonym in eine Datenbank eingeben und erhalten ein Feedback, dem der Durchschnitt der anderen Organisationen zugrunde liegt, die CAF verwendet haben und im selben Land oder im selben Geschäftsbereich angesiedelt sind. Diese Datenbank kann auch zur Suche nach geeigneten Benchmarking-Partnern verwendet werden.

Das CAF-Konzept ist darauf angelegt, es grundsätzlich ohne externe Begleitung aus eigener Kraft durchzuführen. Das nachfolgend dargestellt Qualitätsmanagementprojekt an der Südtiroler Landesbibliothek Dr. Friedrich Tessmann in Bozen zeigt jedoch, dass es sinnvoll sein kann, externes Knowhow zur Unterstützung einzubinden.

Anwendung des CAF-Modells in einer Bibliothek

Die Südtiroler Landesbibliothek in Bozen hat sich im letzten Jahr das Ziel gesetzt, die Qualität ihrer Arbeit und Leistungen zu überprüfen, zu festigen und – wo notwendig – zu verbessern. Bei diesem Qualitätsmanagementprozess strebte die Landesbibliothek keine formale Zertifizierung an, sondern verfolgte den Einstieg in einen kontinuierlichen Prozess der Qualitätsverbesserung. Die zu entwickelnden Qualitätsnormen sollten sich deshalb pragmatisch auf die Arbeitsbedingungen der Landesbibliothek beziehen, so die Vorgabe des Ver-

[4] European Institute of Public Administration (EIPA): http://www.eipa.nl

waltungsrates der Landesbibliothek. Der erste Schritt war die Nutzerbefragung im Herbst 2003. Diese Ergebnisse sollten die Grundlage sein für ein Projekt, in dem die Bibliothek analysiert werden sollte. Mit der Betreuung dieses Qualitätsmanagementprojektes wurde die Autorin beauftragt.

Die Südtiroler Landesbibliothek versteht sich als deutschsprachige Landesbibliothek für Südtirol und sammelt schwerpunktmäßig deutschsprachige Medien sowie Tirolesien (Literatur aus und über Südtirol). Sie hat einen Bestand von rund 320.000 Medien und erbringt ihre Dienstleistungen mit 18 Personalstellen. Für das Jahr 2008 ist in Bozen ein Bibliothekszentrum geplant, in dem unter einem Dach die Südtiroler Landesbibliothek, die Italienische Landesbibliothek sowie die Stadtbibliothek Bozen zusammengefasst werden sollen. Dabei kann die zukunftsgerichtete Auseinandersetzung mit Qualitätsfragen für die Profilbildung im Hinblick auf die Positionierung der Südtiroler Landesbibliothek im Bibliothekszentrum Bozen und für die anstehenden Weichenstellungen bei der Zusammenarbeit der drei Bibliotheken wesentliche Impulse liefern.

Die Einführung eines ganzheitlichen Qualitätsmanagementkonzeptes hat tief greifende Auswirkungen auf eine Organisation und ihre Mitarbeiterinnen und Mitarbeiter. Erfahrungsgemäß sind Veränderungsprozesse jedoch nicht nur gekennzeichnet von Begeisterung und breiter Zustimmung, sondern durchaus auch durch Phasen des Zweifels, des Widerstandes und der Angst.

Das zentrale Kennzeichen erfolgreicher Veränderungsprozesse ist, dass der „organisatorische Wandel" und der „individuelle Wandel" jeder einzelnen Person als gleichrangig nebeneinander stehende Faktoren verstanden werden. Nur die angemessene Berücksichtigung beider Elemente schafft die Voraussetzungen, die Ziele des Veränderungsprozesses zu erreichen.

Hier kann die externe Beratung[5] unterstützen und das Projekt durch kreative Ideen, neue Impulse, professionelles Projektmanagement und die intensive Einbindung der Mitarbeiter und Entscheidungsträger zu einer breiten Zustimmung und Akzeptanz führen.

Aufgabe einer Beraterin ist es deshalb, sowohl fachliche als auch soziale und methodische Kompetenz in ein Projekt einzubringen. Folgende Faktoren sind entscheidend für den Erfolg eines Veränderungsprojektes:

- Umfassende, frühzeitige und intensive Einbindung aller Interessengruppen (Mitarbeiterinnen und Mitarbeiter, Führungskräfte, Verwaltungsrat, ggf. Personalvertretung)

[5] Vonhof, Cornelia: Externe Beratung: Unterstützung von Veränderungsprozessen, in: Erfolgreiches Management von Bibliotheken und Informationseinrichtungen, hg. von Hans-Christian Hobohm und Konrad Umlauf, Hamburg, 2004, Abschnitt 3/6.3

- Gliederung des Projektes in überschaubare, subjektiv und objektiv im laufenden Betrieb zu bewältigende Arbeitsschritte
- Anpassung der Geschwindigkeit des Veränderungsprozesses an die Möglichkeiten der Mitarbeiter und an die Rahmenbedingungen
- Steuerung des Prozesses so, dass schnell erste Erfolge sichtbar werden, die zur weiteren Mitarbeit motivieren
- Berücksichtigung der unterschiedlichen Interessen und Zielsetzungen der beteiligten Personen

Vor diesem Hintergrund wurde für das Projekt der Südtiroler Landesbibliothek das bereits skizzierte ganzheitliche Qualitätsverständnis zugrunde gelegt, das alle Handlungsebenen der Bibliothek einbezieht sowie den Mitarbeitern eine Schlüsselrolle zuweist. Das CAF-Modell schien geeignet, um diese konzeptionellen Anforderungen für die Landesbibliothek zu erfüllen und gleichzeitig flexibel genug zu sein, um die bibliotheksspezifischen Besonderheiten im erforderlichen Maß berücksichtigen zu können.

Das konkrete Vorgehenskonzept für das Projekt wurde in sechs aufeinander aufbauenden Schritten konzipiert, um eine klare und für alle Beteiligten transparente Projektstruktur zu entwickeln. Das Ergebnis sollte ein umsetzungsfähiges Handlungskonzept mit Maßnahmen- und Zeitplänen sein, das in der Folge ohne externe Begeleitung in der Landesbibliothek schrittweise umgesetzt werden kann.

Schritt 1: Projektvorbereitung
Hier erfolgte eine umfassende Dokumentenanalyse, um die Landesbibliothek und ihre bisherige Entwicklung kennen zu lernen. Die schriftlichen Informationen wurden ergänzt durch teilstrukturierte persönliche Interviews mit Mitarbeiterinnen und Mitarbeitern aus allen Bereichen der Bibliothek.

Schritt 2: Auftakt-Workshop mit allen Mitarbeiterinnen und Mitarbeitern
In einem Tagesseminar wurden die Mitarbeiter der Bibliothek in das Qualitätsmanagementkonzept sowie die bevorstehenden Tätigkeiten eingeführt. Der gemeinsame Auftakt für das Projekt, an dem alle Mitarbeiter teilnahmen, war wichtig, um ein gemeinsames Verständnis dafür zu erarbeiten, welche Aspekte für die Qualität einer Bibliothek von besonderer Bedeutung sind. Außerdem wurden die Mitarbeiter auf ihre aktive Rolle in der Projektphase der Selbstbewertung vorbereitet. So konnte sich jeder Mitarbeiter und jede Mitarbeiterin einer der drei Arbeitsgruppen anschließen, um die Themenfelder des CAF zu bearbeiten und sich dabei nach persönlichem Interesse für das jeweilige Thema zu entscheiden.

Schritt 3: Erste Selbstbewertungsrunde
In dieser Phase wurde mit hohem Engagement die Hauptarbeit von den Mitarbeiterinnen und Mitarbeitern geleistet. Anhand des für die Landesbibliothek entwickelten Selbstbewertungsarbeitsbogens musste die eigene Bibliothek im Hinblick auf die einzelnen Aspekte der neun Themenfelder eingeschätzt werden.

So war z.B. im Themenfeld „Strategie und Planung“ u.a. zu bewerten, „was die Landesbibliothek unternimmt, um Informationen über aktuelle und zukünftige Bedarfe der Kundengruppen zu gewinnen“ oder im Themenfeld „Kunden- und Nutzerbezogene Ergebnisse“ zu untersuchen, „welche Ergebnisse die Landesbibliothek dabei erzielt hat, die Bedarfe und Erwartungen ihrer Kunden zu erfüllen“. Dabei ging es darum, nicht bei einer spontanen Einschätzung stehen zu bleiben, sondern die Mitglieder der Arbeitsgruppen mussten Belege in Form von Dokumenten oder auch Gesprächen mit den jeweiligen Experten im Haus zusammentragen.

Diese Projektphase war so konzipiert und vorbereitet, dass die Arbeitsgruppen ohne externe Begleitung arbeiten konnten. Auftretende offene Fragen, zum Beispiel zum Vorgehen, zum Verständnis einzelner Indikatoren oder zur Dokumentation, wurden mittels E-Mail und Telefon geklärt.

Die Selbstbewertungsrunde innerhalb der drei Arbeitsgruppen verlief – unterstützt durch detaillierte Handreichungen – nach einem vorgegebenen Verfahren:

Erste Runde der Selbstbewertung
Schritt 1: Einstieg und Herstellen eines einheitlichen Verständnisses der Arbeitsgruppe über die Arbeitsweise, die Zeitplanung und vor allem die inhaltliche Bedeutung der zu bearbeitenden Kriterien und Indikatoren

Schritt 2: Erste vorläufige Einschätzung der AG-Mitglieder zum aktuellen Grad der Erfüllung der einzelnen Indikatoren

Schritt 3: Austausch der individuellen Einschätzungen

Schritt 4: Klärung möglicher Abweichungen und Herstellung eines Konsens oder – wenn dies nicht möglich ist – Dokumentation der abweichenden Einschätzungen

Wäre bei der Bearbeitung des Selbstbewertungsbogens festgestellt worden, dass wesentliche Indikatoren fehlen oder Indikatoren für die Landesbibliothek nicht relevant sind, so hätten diese ergänzt bzw. gestrichen werden können, um die Selbstbewertung – auch im laufenden Prozess – möglichst exakt auf die Situation der Bibliothek anzupassen. Nach dieser ersten noch sehr spontanen und von Einschätzungen geprägten Runde der Selbstbewertung erfolgte eine kritische Reflektion und Fundierung dieser ersten Bewertungen, indem die Mitglieder der Arbeitsgruppen „Belege" (Dokumente, Informationsmaterial etc.) ermittelten, die ihre Bewertung stützten. Dabei sollten auch die jeweiligen Experten in der Landesbibliothek einbezogen werden. Ziel war es, die erste Einschätzung zu bestätigen oder zu revidieren.

In der zweiten Runde der Selbstbewertung erfolgte innerhalb der Arbeitsgruppen eine erneute Diskussion der Bewertungen auf Grundlage der nun vorliegenden Informationen. Dabei wurde ein besonderes Gewicht auf die zuvor unterschiedlich bewerteten Punkte gelegt. Ziel war es nun, einen Konsens in der Gruppe zu erreichen. Wichtig war es, die Diskussionsergebnisse sowie die verwendeten und verworfenen Belege zu dokumentieren, um das Gruppenergebnis nachvollziehbar zu machen. Es bestätigte sich, dass bereits im Verlaufe der Selbstbewertung viele Ideen zu Verbesserungen und Veränderungen von den Mitarbeitern entwickelt wurden. Auch diese wurden dokumentiert, um sicher zu stellen, dass sie im weiteren Projektverlauf nicht verloren gingen.

Schritt 4: Bewertungs-Workshop und Umsetzungsplanung
In der letzten Projektphase trafen sich die Arbeitsgruppen nochmals zu zwei intensiven Workshop-Tagen, in denen die Arbeitsergebnisse zusammengetragen wurden und in denen vor allem darüber nachgedacht wurde, welche Verbesserungspotenziale sich gezeigt hatten. Unter Moderation der Beraterin erarbeiteten die Mitarbeiterinnen und Mitarbeiter einen umfangreichen Katalog an Verbesserungsmaßnahmen, die geeignet sind, das Ziel des Projektes, nämlich die nachhaltige Sicherung und Steigerung der Qualität der Landesbibliothek, zu erreichen. Um die Umsetzung des Qualitätsmanagement wirksamer zu gestalten, wurde die Priorisierung der Ziele, Ideen und Handlungsfelder durch die Mitarbeiter veranlasst. Dabei rangierten die Beteiligung der Mitarbeiter an der Entwicklung der zukünftigen Bibliothek und die Festlegung eines Besprechungssystems an erster Stelle.

Schritt 5: Implementierung
Mittlerweile hat die intensive Arbeit an der Umsetzung der festgelegten Maßnahmen begonnen. Dies ist umso bemerkenswerter, als durch den anstehenden Wechsel in der Bibliotheksleitung die Umsetzungsverantwortung bei den Mitarbeiterinnen und Mitarbeitern liegt, die dabei vom Verwaltungsrat der Landesbibliothek unterstützt werden. Diese Motivation und die Energie,

nicht nur Qualitätsverbesserungen zu fordern und zu planen, sondern auch konkret umzusetzen, ist ein Ergebnis der intensiven Einbindung der Mitarbeiter in dieses Projekt. Die Arbeitsergebnisse sind „ihre“ Ergebnisse, die sie aus der ganzheitlichen Betrachtung ihrer Organisation abgeleitet haben und für deren Umsetzung sie sich nun verantwortlich sehen. Die Chancen stehen gut, dass das Qualitätsmanagementprojekt die Südtiroler Landesbibliothek nachhaltig verändern wird.

URSULA GEORGY/UTE ENGELKENMEIER

Imageanalyse einer Universitätsbibliothek als Basis zur Kundenbindung

Das Thema Image steht bei Bibliotheken mehr und mehr im Mittelpunkt. Zunehmender Konkurrenzdruck und elektronische Zugriffsformen auf die Angebote der Bibliotheken lassen Imageanalysen zu einer unverzichtbaren Basis für Marketingmaßnahmen werden. Der folgende Beitrag beschreibt die theoretischen Hintergründe, die Entwicklung eines Fragebogens für die Imageanalyse der Universitätsbibliothek Dortmund (UB Dortmund) und die ersten Auswertungen der Befragung.[1]

Einleitung

„Die neuen Konsumenten sind nie zufriedene Konsumenten." „Many people believe we have entered the ‚Age of the Internet'. Actually, it's more accurate to say we're living in the age of the customer." Spiegeln diese beiden Aussagen von Regis McKenna (1997: 76) und Anne Busquet (1999: 146) die Realität wider oder sind sie Provokation? Inzwischen darf kein Zweifel mehr daran bestehen, dass der Kunde im Mittelpunkt allen strategischen Handelns stehen muss – unabhängig davon, ob es sich um ein privatwirtschaftliches Unternehmen oder eine öffentliche Einrichtung wie z. B. eine Hochschulbibliothek handelt.

Bisher gehen Bibliotheken – vor allem viele Hochschulbibliotheken – davon aus, dass es zu ihnen eine gewisse gegebene Verbundenheit gibt, die aus der Zugehörigkeit zu einer Hochschule resultiert. Tatsächlich befinden sich Hochschulbibliotheken in einer außergewöhnlichen Situation, denn sie bekommen mit den Studienanfängern[2] jedes Jahr eine ziemlich genau vorhersehbare Anzahl an Neukunden, ohne dass sie für diese Neukunden besonders großen Akquiseaufwand betreiben müssen. In ähnlich exponierten Situationen befinden sich nur wenige Unternehmen und Einrichtungen. Viele Hochschulbib-

[1] Stand Mitte März 2005

[2] Aus Gründen der besseren Lesbarkeit wird im Text nur die maskuline Form verwendet, sie schließt die feminine Form mit ein.

liotheken haben sich jahrelang auf ihrer Quasi-Monopolposition ausgeruht, doch das Internet und andere digitale Medien haben die Situation für die Bibliotheken schlagartig geändert, denn das Zugehörigkeitsgefühl zu einer Bibliothek wurde durch sie drastisch reduziert und wird weiter reduziert werden. An dem Beispiel Vascoda[3] soll diese Situation verdeutlicht werden. Wessen Kunde ist man, wenn man das Angebot von Vascoda nutzt?

- von Vascoda selbst?
- einer Bibliothek?
- einer virtuellen Fachbibliothek?
- eines Hosts?
- eines Volltextlieferanten / Verlags?
- des Internet?
- oder: Empfindet man sich überhaupt als Kunde von jemandem?

Die Aufgabe eines Dienstleisters ist es, aus dem Nutzer einer Dienstleistung einen Kunden zu machen. Den idealen Ansatz hierfür stellt die interne Kundenorientierung dar. Nach Manfred Bruhn definiert sie sich wie folgt: „[Sie] ist die Fähigkeit eines Unternehmens und seiner Mitarbeiter, die innerbetrieblichen Voraussetzungen durch die Ausrichtung am internen Kunden dafür zu schaffen, dass eine kontinuierliche, an den Erwartungen der externen Kunden (Anspruchsgruppen) ausgerichtete Unternehmensstrategie am Markt umgesetzt wird." (Bruhn, 2002: 27) Damit ist das Unternehmen gefordert, die innerbetrieblichen Voraussetzungen für die Kundenorientierung zu schaffen, d. h. alle Mitarbeiterinnen und Mitarbeiter müssen den Gedanken der Kundenorientierung verinnerlichen, wobei gleichermaßen die Erwartungen der externen Kunden berücksichtigt bzw. erfüllt werden müssen. Bruhn definiert die externen Kunden auch als Anspruchsgruppen, woraus deutlich wird, dass sie künftig diejenigen sind, die bestimmte Forderungen an Dienstleistungen und Produkte stellen. Werden diese nicht erfüllt, wird sich der Kunde schneller denn je anderen Anbietern zuwenden, stellt man doch eine zunehmende Abwendung von traditionellem Verhalten wie z. B. Treue gegenüber Marken oder Anbietern fest. Für den Kunden wird zunehmend wichtig, dass seine Wünsche in jeder Lage und zu jedem Zeitpunkt erfüllt werden. Das Einkaufsverhalten „von Aldi bis Aral" verdeutlicht diesen scheinbaren Widerspruch deutlich. Ein und derselbe Kunde kauft beispielsweise tagsüber kostengünstig bei einem Discounter ein, benötigt er dagegen am späten Abend noch dringend Lebensmittel o. ä., ist er bereit, an einer Tankstelle das Mehrfache des Preises zu zahlen. Zu diesem Zeitpunkt steht für ihn ausschließlich die Verfügbarkeit

[3] www.vascoda.de

des Angebotes rund um die Uhr im Mittelpunkt, der Preis spielt eine untergeordnete Rolle. Je vielschichtiger das Verhalten von Kunden ist, umso wichtiger ist es, dem Kunden immer wieder Gründe zu liefern, die eigenen Angebote in Anspruch zu nehmen, d. h. ein systematisches Kundenbindungsmanagement einzuführen. Dieses umfasst u. a.

- die systematische Analyse,
- Planung sowie
- Durchführung und Kontrolle

von Maßnahmen mit dem Ziel, Kundenbeziehungen langfristig aufzubauen, aufrechtzuerhalten bzw. zu intensivieren. So ist es beispielsweise sinnlos, gegen eine Einstiegsrecherche nach Fachinformation bei Google vorgehen zu wollen, vielmehr müssen für den Kunden Situationen geschaffen werden, in denen das Bibliotheksangebot an erster Stelle steht. Diese Handlungsalternativen müssen auch dem Wissenschaftler immer wieder bewusst gemacht werden, denn sie tragen maßgeblich zur Bildung eines Images bei: z. B. bei Aldi „preiswert“, bei Aral „Einkaufen rund um die Uhr“.

Corporate Identity

Die Corporate Identity, bestehend aus Corporate Design, Corporate Communication und Corporate Behavior, die inzwischen auch in Bibliotheken eine maßgebliche Rolle spielt, stellt allerdings dort vielfach nicht mehr als einen formalen Rahmen dar, so dass eine Integration im Sinne der Kundenbindung nicht oder zu wenig erzielt wird. Wesentlich für die Wirkung der Corporate Identity ist das Erwachsen einer Corporate Culture aus dem formalen Rahmen. Diese beinhaltet u. a. die

- formale, zeitliche und inhaltliche Integration aller Maßnahmen,
- Entwicklung eines Corporate Image, d.h. die Bildung eines in sich geschlossenen, widerspruchsfreien Bildes nach außen sowie
- Ausbildung eines unverwechselbaren Images, um sich von Mitbewerbern abzuheben bzw. um überhaupt als singuläre Einrichtung z. B. innerhalb einer Hochschule erkannt zu werden.

Im Folgenden seien zwei Definitionen für Image aufgeführt, die beide wesentliche Aspekte beinhalten. Die Gesamteinstellung (das Image) ergibt sich aus der Summe der Teileinstellungen, die auch als Eindruckswerte bezeichnet werden, wobei diese als weitestgehend unabhängig gesehen werden müssen und damit zu den verschiedenen Dimensionen des Images führen (Trommsdorff, 1975: 42 ff.). Damit ist das Image ein mehrdimensionales Konstrukt aus mehreren oder vielen eindimensionalen Größen (Einstellungen).

Das Image einer Einrichtung charakterisiert sich durch einige ganz wesentliche Aspekte:

- Das Image entsteht aus der Ganzheit aller richtigen und / oder falschen Vorstellungen über ein Produkt / eine Dienstleistung und / oder ein Unternehmen / eine Institution.
- Das Image umfasst subjektive und objektive Kriterien.
- Das Image kann – muss aber nicht – die realen Marktgegebenheiten widerspiegeln.
- Das Image hat besonders bei Dienstleistungen eine Orientierungsfunktion.

Situationsanalyse

Die Universitätsbibliothek Dortmund[4], die aus einem einschichtigen Bibliothekssystem mit einer Zentralbibliothek und 16 angegliederten Bereichsbibliotheken besteht, wurde 1965 als eine zentrale Einrichtung der Universität Dortmund gegründet. Das im Leitbild[5] fixierte Selbstverständnis beschreibt – neben Aufgaben und Zweck – Vorstellungen der zukünftigen Gestaltung, Organisation und Verhaltensweisen der Universitätsbibliothek. Als wesentlicher Grundsatz wird die Benutzungsorientierung formuliert, wobei das Dienstleistungs- und Produktangebot sich vorrangig am Bedarf der Hochschulangehörigen ausrichten soll. Schwerpunkte liegen in der Optimierung des Bestandes, der guten Betreuung, der Schaffung eines angenehmen Arbeitsortes und benutzerorientierten Öffnungszeiten. Ende der 1990er Jahre machten hochschulpolitische Rahmenbedingungen eine erneute Standortbestimmung der Universitätsbibliothek erforderlich. Universitätsbibliotheken in Nordrhein-Westfalen sind nicht mehr im Hochschulgesetz verankert, und die neue Grundordnung der Universität Dortmund sieht auch keine zentrale Einrichtung „Bibliothek“ mehr vor.

[4] www.ub.uni-dortmund.de/

[5] Leitbild der Universitätsbibliothek Dortmund: www.ub.uni-dortmund.de/organisatorisches/leitbild.html

Zielsetzung der Befragung 2004/2005

Unter dem Blickpunkt, dass die Universitätsbibliothek die Benutzungsorientierung zur Grundlage ihres Handelns macht, also dienstleistungsorientiert denkt und entscheidet, sind Informationen über die Benutzer sowie ihre Bedürfnisse und Einstellungen von essentieller Wichtigkeit, um die immer knapper werdenden Mittel ziel- und damit kundengerichtet einsetzen zu können. Dazu muss sich die Bibliothek gegenüber der Universität neu positionieren und ihr Dienstleistungsangebot auf den Prüfstand stellen. Im Sinne der Kundenbindung müssen hierfür die Wünsche, Erwartungen und Einstellungen der Kunden bekannt sein, die idealerweise über breit angelegte Umfragen ermittelt werden, um die Entscheidungen auf eine möglichst solide Basis stellen zu können.

In den vergangenen Jahren führte die UB Dortmund verschiedene Umfragen bei zum Teil unterschiedlichen Zielgruppen durch. Der Schwerpunkt lag dabei in Aspekten zur Zufriedenheit mit speziellen Dienstleistungen und Angeboten, um diese verbessern zu können. Für die Gruppe der Studierenden liegt bereits umfangreiches Datenmaterial vor, für die Gruppe der Professoren und wissenschaftlichen Mitarbeiter ist bislang kaum bekannt gewesen, welche Einstellungen zur UB bestehen und welche Erwartungen sie an diese haben. Der Hypothese, dass die Professoren und wissenschaftlichen Mitarbeiter ein eher klassisch-konservatives Bild von Bibliotheken haben, steht das gewünschte Soll- bzw. Wunschimage der Bibliothek gegenüber, in dem sie sich als der kompetente Partner bei der Informationsversorgung mit allen Arten von Information, nicht nur Printmedien, versteht.

Projektbeschreibung

Der Fragebogen zur Imageanalyse der UB Dortmund unter Professoren und wissenschaftlichen Mitarbeitern der Universität Dortmund wurde im Rahmen eines gemeinsamen Projektes der Fachhochschule Köln (FH Köln), Institut für Informationswissenschaft[6] und der UB Dortmund entwickelt. Im Rahmen eines Seminars mit 10 Studierenden des 4. Semesters (Grundstudium) des Studiengangs Bibliothekswesen der FH Köln wurde im Sommersemester 2003 ein Fragebogen zur Imageanalyse für die UB Dortmund in Kooperation erstellt. Nach kurzer Einführung in die Imageanalyse sowie Situationsdarstellung und Selbstbild durch die UB Dortmund und Informationen über

[6] www.fbi.fh-koeln.de

bisher vorliegende Daten und Erkenntnisse der Zielgruppen erarbeiteten die Studierenden einen Entwurf, der anschließend diskutiert wurde. Dabei wurde den Studierenden bewusst die Freiheit eingeräumt, sich nicht streng an einem Modell zur Imageanalyse z. B. nach Trommsdorff (1975: 72 ff.) orientieren zu müssen. Als besonders diffizil gestaltete sich die Bildung von Adjektivpaaren, die der Befragungszielgruppe vorgelegt werden sollten, z. B. in der Frage „Wie empfinden Sie das Angebot und den Service?"

- unzureichend – umfassend
- benutzerorientiert – nicht benutzerorientiert
- undurchsichtig – transparent
- Kosten-Nutzen-orientiert – verschwenderisch.

Der Fragebogen besteht aus insgesamt 14 Fragen zu der Wahrnehmung, den Erwartungen und der Nutzung einzelner Dienstleistungen der UB sowie einem kurzen Fragenkomplex mit demographischen Inhalten.[7] Der Fragebogen enthält überwiegend standardisierte, geschlossene Fragen mit vorgegebenen Antwortmöglichkeiten, um in der Analyse einheitliche Kennwerte verrechnen zu können. Über einige offene Fragen hatten die Befragten die Möglichkeit, ihre persönlichen Meinungen zu äußern sowie Kritik zu üben.

Der erste Pretest wurde im Herbst 2003 an der FH Köln unter einigen Dozenten des Instituts für Informationswissenschaft durchgeführt, die daraus gewonnenen Erkenntnisse sind in die Endversion des Fragebogens mit eingeflossen. Der Fragebogen wurde der UB im Oktober 2003 übergeben, woraufhin sich bibliotheksintern ein weiterer Diskussionsprozess anschloss. Ein leicht modifizierter Fragebogen durchlief daraufhin bei fünf wissenschaftlichen Mitarbeitern der Universität Dortmund einen weiteren Pretest, wobei es primär darum ging, die Verständlichkeit der Formulierungen zu prüfen und mögliche Unstimmigkeiten auszuschließen. Nach Abschluss dieses Pretests wurde der Fragebogen mit Hochschulverwaltung und Personalräten abgestimmt, so dass zu Beginn des Wintersemesters 2004/05 mit der Umfrage begonnen werden konnte. Vom 15. November 2004 bis zum 18. Februar 2005 wurde durch die UB Dortmund die Umfrage bei der Gruppe der Professoren und wissenschaftlichen Mitarbeiter der Universität Dortmund mittels Online-Fragebogen durchgeführt.

[7] Der Fragebogen ist auf Wunsch über die Autoren erhältlich.

Methodik und Durchführung

Die Umfrage richtete sich an die Gruppe der Professoren und wissenschaftlichen Mitarbeiter der Universität Dortmund, da diese Gruppen innerhalb der Universität wesentliche Entscheidungsträger z. B. im Rektorat, Fakultätsrat, Senat oder in weiteren Gremien stellen und zumeist die Bibliothek über längeren Zeitraum insbesondere auch als Forschungsbibliothek nutzen bzw. nutzen sollen. Da die Größe der Grundgesamtheit der anvisierten Gruppe mit 1178 Personen relativ überschaubar ist, wurde eine Vollerhebung durchgeführt.

Entgegen der zunächst geplanten Umfrage mit gedruckten Fragebögen wurde eine Online-Umfrage konzipiert und ein entsprechendes Webformular erstellt. Dafür sprach zum einen, dass eine Online-Umfrage weniger zeit-, kosten- und arbeitsintensiv ist als eine Printversion, und sowohl die Datenübertragung als auch -auswertung schneller und einfacher erfolgen können.

Abbildung 1: Online-Fragebogen, Frage 1

Die Gruppe der Professoren und wissenschaftlichen Mitarbeiter wurde per Uni-Mail[8] durch ein Anschreiben der Bibliotheksleitung auf die Befragung auf-

[8] Jeder Hochschulangehörige der Universität Dortmund erhält eine automatisch zugeteilte E-Mail-Adresse durch die Universität.

merksam gemacht und zur Teilnahme gebeten. Die Online-Befragung konnte über einen direkten Link im E-Mail-Anschreiben aufgerufen werden. Zudem bestand die Möglichkeit, den Bogen im PDF-Format auszudrucken und per Uni-Hauspost an die Bibliothek zurückzusenden. Durch zweimalige Nachfass-Aktionen –Erinnerungsanschreiben per E-Mail – wurde die Rücklaufquote erhöht.

Für die Online-Umfrage wurde jede Frage einzeln auf dem Bildschirm angezeigt. Eine grafische Fortschrittsanzeige in Form eines Fortschrittsbalkens wurde als Motivator eingesetzt, denn er ermöglichte den Teilnehmern der Umfrage den aktuellen Status ihrer Befragung abzulesen und den erforderlichen Aufwand bis zur Fertigstellung des Fragebogens abzuschätzen. Auf bereits beantwortete Fragen konnten die Teilnehmer beliebig zurückspringen. Nach Beantwortung der Fragen wurden alle Daten in einer MySQL-Datenbank auf einem Server gespeichert. Über eine Schnittstelle konnte der jeweilige aktuelle Status der Datenbank abgefragt werden, z. B. wie viele Daten insgesamt vorhanden waren oder wie hoch zu einem bestimmten Zeitpunkt die Anzahl der beantworteten Fragebögen war. Am ersten Tag wurden bereits 71 Fragebögen ausgefüllt, nach einem Monat waren es 207 Bögen, und in den beiden Folgemonaten nach den jeweiligen Erinnerungsmails füllten jeweils rund weitere 100 Hochschulangehörige den Fragebogen aus. Nur 22 Befragte nahmen das Angebot der gedruckten Version des Fragebogens wahr und sandten ihre Antworten per Hauspost an die Bibliothek. Die Daten wurden durch Mitarbeiter der UB in das Webformular übertragen. Nach der Befragung wurden alle Daten zur Auswertung aus der MySQL-Datenbank in das Statistikprogramm SPSS[9] konvertiert.

Insgesamt haben 409 Hochschulangehörige den Fragebogen bearbeitet, wobei ein Teil der Befragten den Bogen nicht vollständig ausgefüllt hat, so dass insgesamt 375 Bögen bei der Analyse berücksichtigt werden konnten, womit eine Ausschöpfung aus der Grundgesamtheit von 32 %[10] erreicht wurde.

Erste Ergebnisse

Betrachtet man die Verteilung der Befragten auf die verschiedenen Nutzergruppen (Professoren, wissenschaftliche Mitarbeiter) in der erhaltenen Stichprobe, so liegt die Verteilung nahe an den Gegebenheiten der Grundgesamtheit. 19 % der Befragten sind Professoren, 79 % wissenschaftliche Mitarbeiter und 2 % sonstige Hochschulangehörige. Gleiches gilt für die Verteilung der Zielgruppe auf die verschiedenen Fachbereiche und Fakultäten. Ausnahmen

[9] www.spss.com/de

[10] Ausschöpfung: Verhältnis realisierte Befragungen (bereinigt: 375 Bögen) zu angestrebte Befragungen (voll: 1178)

stellen der Fachbereich Mathematik, wo nur 11 % an der Befragung teilnahmen, und die Fakultät für Rehabilitationswissenschaften, wo die Beteiligungsquote mit 50 % deutlich höher als im Durchschnitt war, dar. Eine leichte Verzerrung konnte ebenfalls beim Verhältnis weiblicher und männlicher Teilnehmer festgestellt werden. Es nahmen mehr weibliche Wissenschaftler an der Umfrage teil, als im Verhältnis zur Grundgesamtheit: 38 % der Befragten waren weiblich, 62 % männlich. Die tatsächliche Quote von Professorinnen und wissenschaftlichen Mitarbeiterinnen an der Universität Dortmund liegt jedoch bei 28 %. Insgesamt kann jedoch von einer repräsentativen Datenlage ausgegangen werden. Die Verzerrungen der Stichprobe werden jedoch bei der Auswertung von Kreuztabellen Berücksichtigung finden müssen.

Bezüglich der Nutzung der Bibliothek ergab sich das erfreuliche Ergebnis, dass unter den Befragten 88 % angeben, die Bibliothek zu nutzen, 12 % der Befragten nutzen die Bibliothek nicht und nur ein einziger Teilnehmer gibt an, die Bibliothek früher genutzt zu haben, aktuell jedoch nicht mehr.

Um ein Gefühl für die Einstellung gegenüber der Bibliothek zu erhalten, wurde z. B. eine Frage nach den spontanen Assoziationen mit der UB Dortmund gestellt, wobei Mehrfachnennungen zugelassen wurden. 91 der Befragten assoziieren „Bücher“, 64 das Gebäude der (Zentral-)bibliothek mit der UB, und 56 nahmen gleich die erste Frage als Anlass für eine wertende Aussage zum Bestand „zu wenig aktuelle Literatur“.

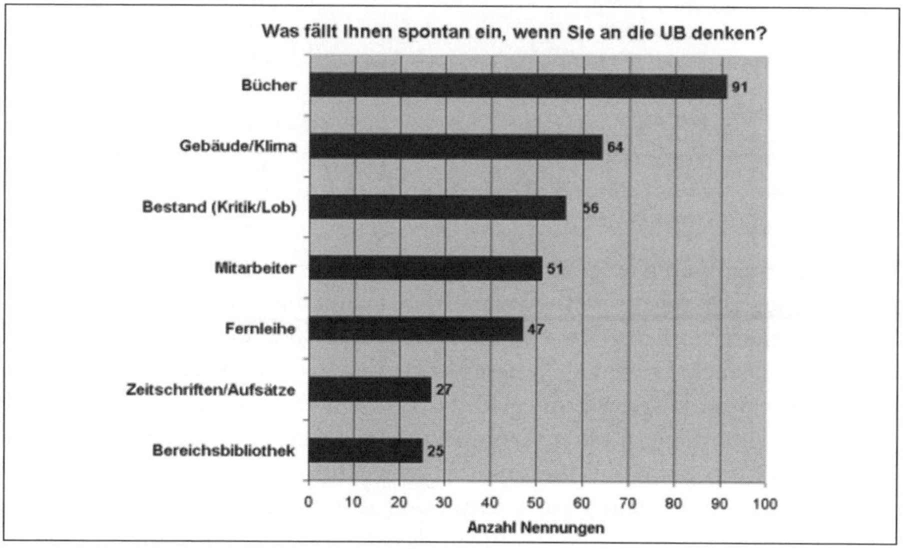

Abbildung 2: Ergebnisse Frage 1 „Was fällt Ihnen spontan ein, wenn Sie an die UB Dortmund denken?“

49 der 51 Nennungen zum Personal der Bibliothek sind positiv („freundliche Mitarbeiter“) und 47 äußern sich über die Fernleihmöglichkeiten. Bei den genannten Antworten fällt zudem auf, dass viele der Begriffe wesentlich zur Imagebildung beitragen wie Dienstleistung, Gebäude, Mitarbeiter. Das Bild der Bibliothek ist jedoch noch tief mit dem Medium Buch verbunden, mit den Begriffen „Information“ und „Wissen“ bringen nur sieben Teilnehmer die Bibliothek spontan in Verbindung. Dieses Image (Bild) zieht sich konsequent durch alle anderen Fragen hindurch.

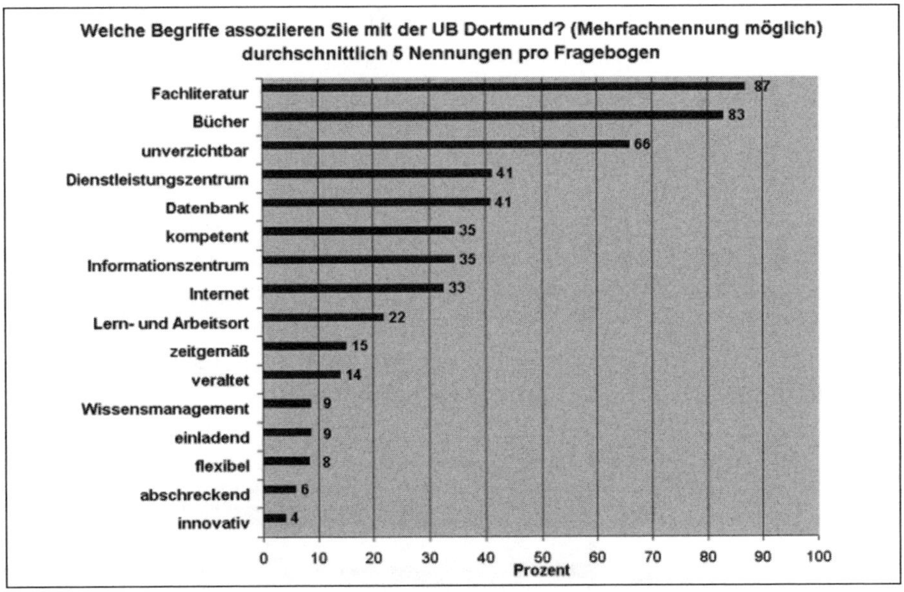

Abbildung 3: Ergebnisse Frage 8 „Welche Begriffe assoziieren Sie mit der UB Dortmund?“

Bei dieser Frage waren insgesamt 16 Begriffe vorgegeben, wobei durchschnittlich fünf Begriffe angekreuzt wurden (Mehrfachnennungen möglich). Knapp 90 % assoziieren den Begriff „Fachliteratur“, über 80 % den Begriff „Bücher“ mit der Bibliothek. Diese Ergebnisse ähneln den spontan genannten Assoziationen der ersten Frage. Sie spiegeln das Bild einer „klassischen Bibliothek“ wider und untermauern oben formulierte Hypothese. Erfreulich für die Bibliothek ist hingegen der Tatbestand, dass zwei Drittel die Bibliothek für unverzichtbar und nur wenige für veraltet und abschreckend halten. Allerdings bedeutet dies im Umkehrschluss nicht, dass die Befragten die Bibliothek als zeitgemäß oder einladend empfinden und letztendlich dürften im Sinne des Leitbildes Begriffe wie veraltet oder abschreckend gar nicht vorkommen. Das

Bild einer klassisch konservativen Bibliothek wird gestützt durch das Ergebnis, das nur ca. 40 % die Bibliothek mit einem Dienstleistungszentrum und weniger als 10 % mit dem Begriff „Wissensmanagement“ assoziieren.

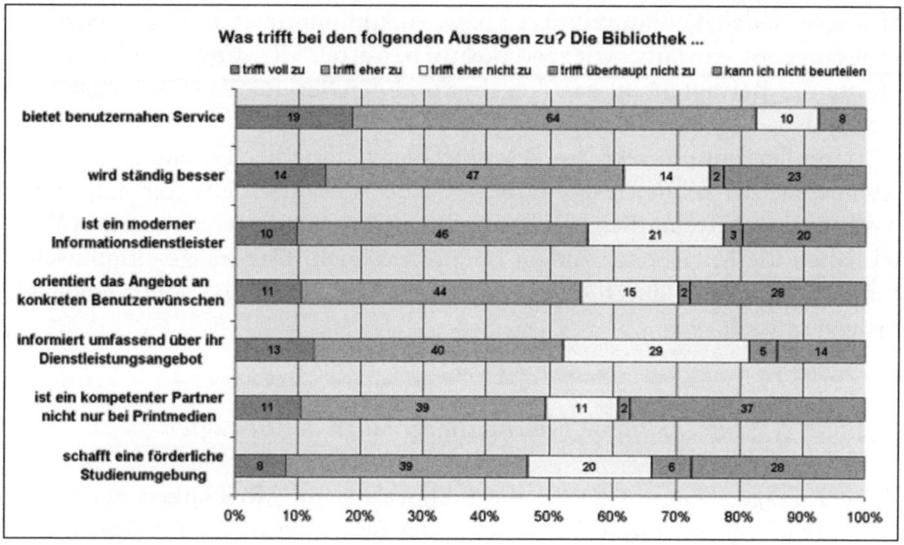

Abbildung 4: Ergebnisse Frage 11 „Was trifft bei den folgenden Aussagen zu? Die Bibliothek ...“

Diese Frage dient vornehmlich dazu, das Fremdbild der Bibliothek bei der Zielgruppe mit dem gewünschten Selbstbild abzugleichen. In diese Frage wurden daher einige Aussagen aus dem Leitbild der Bibliothek integriert, u.a.:

- Wir bieten benutzungsnahen Service in der Zentralbibliothek und in den Bereichsbibliotheken und informieren umfassend über unsere Dienstleistungsangebote.
- Wir orientieren unseren Service an konkreten Benutzerwünschen.
- Wir setzen moderne Informations- und Kommunikationstechniken ein und vermitteln den Zugang zu Online-Datenbanken.
- Wir schaffen eine förderliche Studienumgebung.

Als positives Zeichen darf gewertet werden, dass die Mehrzahl der Befragten der Aussage zustimmt, dass die UB benutzernahen Service bietet, womit man dem Ziel der „Benutzungsorientierung“ näher kommt. Allerdings ist nur knapp die Hälfte der Befragten der Meinung, dass sich das Angebot an konkreten Nutzerwünschen orientiert. Auch können knapp 40 % der Befragten nicht beurteilen, ob die Bibliothek nicht nur bei Printmedien ein kompetenter Partner ist. Das gewünschte Bild der Bibliothek als moderner Informationsdienstleister stimmt in diesen Punkten mit dem Fremdbild eindeutig nicht überein. Offensichtlich ist es der UB noch nicht im notwendigen Umfang gelungen, die an den Erwartungen der Kunden ausgerichtete Strategie ausreichend umzusetzen bzw. zu kommunizieren. Das Dienstleistungsangebot wird überwiegend positiv bewertet, allerdings gibt knapp die Hälfte der Befragten an, das Angebot und den Service als eher langsam zu empfinden.

Erfreulich gute Ergebnisse zeigt die Beurteilung der Freundlichkeit und Kompetenz der Bibliotheksmitarbeiter. Über 80 % der Befragten empfinden das Personal als freundlich und bescheinigen ihm Kompetenz, rund drei Viertel halten die Mitarbeiter zudem für professionell. Das Image altmodischer Bibliothekare wird durch das Personal der UB Dortmund somit eindeutig nicht vermittelt.

Informations- / Rechercheverhalten der Befragten

Bei der Frage „Wie nutzen Sie die Bibliothek" mit Möglichkeit der Mehrfachantwort, geben jeweils knapp 90 % der Befragten an, die Bibliothek über

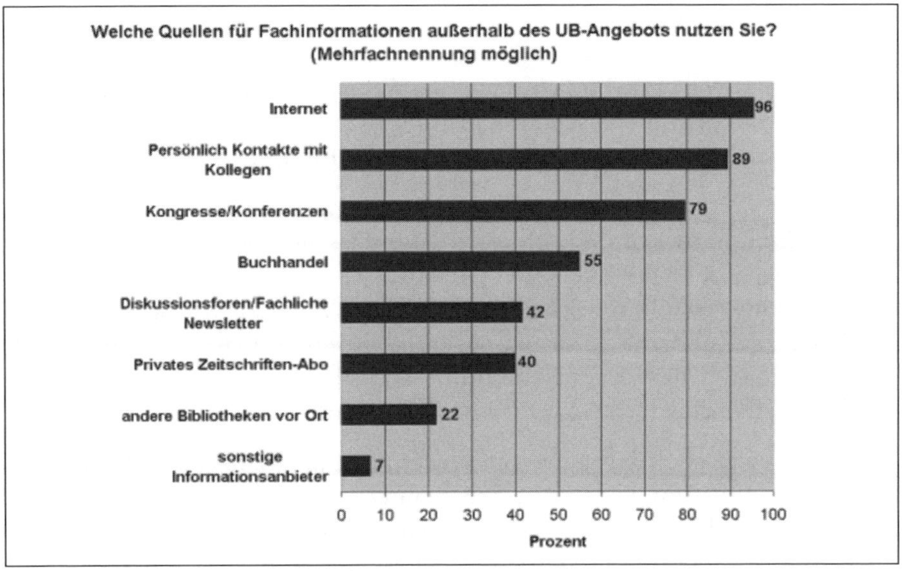

Abb. 5: Ergebnisse Frage 5 „Welche Quellen für Fachinformation außerhalb des UB-Angebots nutzen Sie?"

das Internet oder vor Ort zu nutzen, 60 % beauftragen Mitarbeiter. Gerade letzte Aussage erscheint wichtig, da hier möglicherweise die Imagebildung der Bibliothek auch auf indirektem Weg, z. B. über die Informationskompetenz der Mitarbeiter, erfolgt.

Das Internet ist für praktisch alle Wissenschaftler die wichtigste Quelle ihrer Fachinformationen, die Kontakte mit Kollegen nehmen mit knapp 90 % ebenfalls einen sehr hohen Stellenwert ein, gefolgt von Kongressen und Konferenzen (79 %). In den Freitextangaben zu dieser Frage finden sich unter „sonstige Quellen“ überwiegend Einzelnennungen bestimmter Datenbanken. Aber auch andere umliegende Bibliotheken wie die Dortmunder Fachhochschulbibliothek, die Stadt- und Landesbibliothek Dortmund und die UB Bochum werden genutzt. Künftig wird sich die UB daher ggf. verstärkt auch mit der Konkurrenzanalyse dieser Bibliotheken befassen müssen.

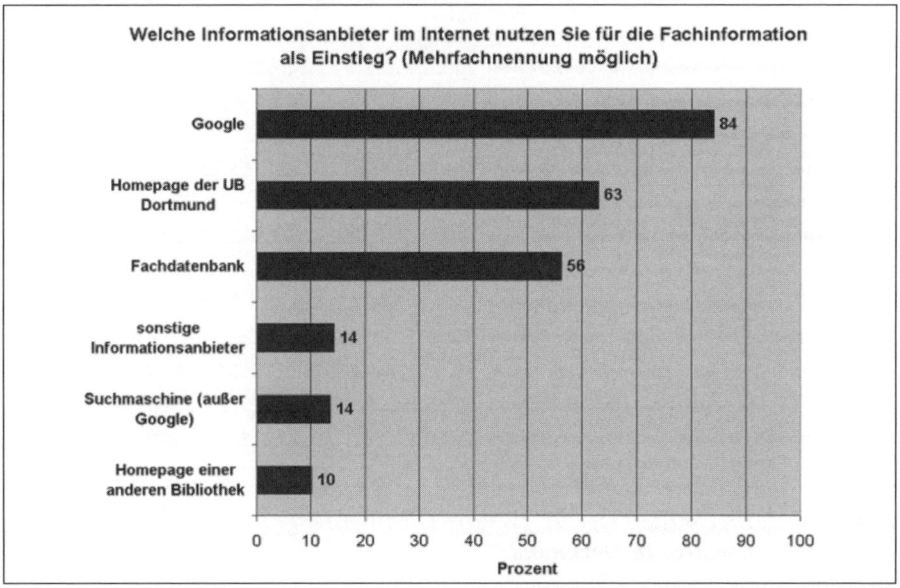

Abbildung 6: Ergebnisse Frage 6 „Welchen Informationsanbieter im Internet nutzen Sie für die Fachinformation als Einstieg?“

Bei der Frage nach dem ersten Einstieg in die Internetrecherche waren wiederum Mehrfachnennungen möglich. 84 % der Befragten geben an, Google als ersten Einstieg zu nutzen, die Homepage der Bibliothek nutzen aber immerhin auch 63 %, wobei mehrfach angemerkt wurde, dass die Seiten unübersichtlich gestaltet seien, was möglicherweise auf die Angebotsfülle zurückgeführt werden kann, bei der Neugestaltung der Internetseiten aber berücksichtigt werden muss. Festgestellt werden kann auch, dass Fachdatenbanken und Fachportale zunehmend eine entscheidende Rolle spielen.

Um die Kommunikation mit den Hochschulangehörigen zu verbessern, wurden die Teilnehmer in Frage 14 gefragt, auf welchem Wege sie Informationen über die Bibliothek erhalten möchten. Hier liegt das Internet mit 82 % an erster Stelle, zwei Drittel der Befragten wünschen Informationen per E-Mail oder Newsletter, knapp ein Drittel würde über die Campuspresse Informationen erhalten wollen. Immerhin knapp ein Viertel der Befragten wünscht sich eine intensive Betreuung durch den betreffenden Fachreferenten der Bibliothek. Damit wird das Personal der Bibliothek auch künftig imageprägend sein.

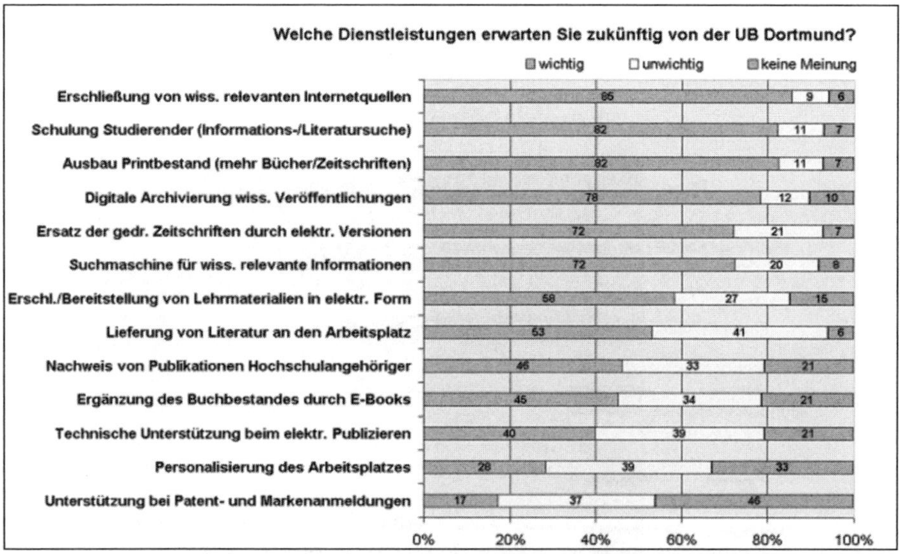

Abbildung 7: Ergebnisse Frage 12 „Welche Dienstleistungen erwarten Sie zukünftig von der UB Dortmund?“

Frage 12 diente insbesondere dazu, die Erwartungen der befragten Wissenschaftler über zukünftige Dienste in Erfahrung zu bringen. Bei dieser Frage wurden insgesamt 13 mögliche Schwerpunkte vorgegeben. Die Präferenzen der Dortmunder Wissenschaftler liegen eindeutig bei der Erschließung wissenschaftlich relevanter Internetquellen, der Schulung Studierender in der Informations- und Literatursuche, dem Ausbau des Printbestandes, der digitalen Archivierung wissenschaftlicher Veröffentlichungen, dem Ersatz gedruckter Zeitschriften durch elektronische Versionen und der Einrichtung einer Suchmaschine für wissenschaftlich relevante Informationen. Die Personalisierung des Arbeitsplatzes z. B. wird hingegen als nachrangig eingestuft. Dass eine Unterstützung bei Patent- und Markenanmeldungen nur für 17 % der Befragten wichtig ist, liegt darin begründet, dass Patentanmeldungen primär für den naturwissenschaftlich-technischen Bereich relevant sind. Daher muss dieses Ergebnis sicher gesondert betrachtet werden.

Auffällig am Antwortverhalten ist, dass das vormals eher klassische Kerngeschäft der Bibliothek, der Ausbau des Printbestandes, nicht allein als wichtige zukünftige Aufgabe gesehen wird, sondern die Aufgaben der Bibliothek als Dienstleister für Internetangebote sowie die Schulung Studierender in der Informations- und Literatursuche gleichrangig eingestuft werden. Dass zu den oben genannten Themenbereichen bereits zahlreiche Angebote existieren, ist vielfach nicht bekannt. So geben z. B. 27 % der Befragten an, die Digitale Bibliothek nicht zu kennen, sogar knapp die Hälfte der Befragten (48 %) kennt den universitären Hochschulschriftenserver nicht. Hier zeigt sich wieder ein Widerspruch zwischen dem aktuellen Bild von der UB und den Erwartungen. Gezielte Kommunikationsmaßnahmen gilt es hier zu ergreifen, die ebenfalls wieder imageprägend sein sollten.

Resümee

Die repräsentativen Ergebnisse zeigen ein umfassendes Bild der Bibliothek aus Sicht der befragten Wissenschaftler, auch wenn die Beteiligung an der Umfrage mit 32 % deutlich unter der zuletzt erreichten Rücklaufquote von 48 % der schriftlichen Befragung der Professoren aus dem Jahr 1999 lag. Die Möglichkeiten der Online-Befragung mit einfacher Übertragung der Daten in SPSS sind vorteilhaft, da die Auswertungen schneller als bei einer konventionellen Befragung erfolgen, und Mitarbeiter, Entscheidungsträger und Kunden so zeitnah nach der Umfrage über Ergebnisse und künftige Aktivitäten informiert werden können.

Aus der ersten Analyse der Daten ergibt sich für die UB Dortmund folgendes Bild: Die Professoren und wissenschaftlichen Mitarbeiter verbinden mit der UB eindeutig das eher klassisch-konservative Bild einer Bibliothek, das über die Begriffe Fachliteratur und Bücher chrakterisiert wird.

Das Internet ist das zentrale Informationsmedium, wobei auch Wissenschaftler Google als Einstieg in ihre Recherche präferieren und einen umfassenden Zugriff auf elektronische Informationsressourcen erwarten. Der Zugriff auf Fachinformation in Form von Büchern und Zeitschriften vor Ort (Ausbau des Printbestandes) oder in elektronischer Form muss gewährleistet sein, wobei wesentliche Zufriedenheitskriterien Komfort und Geschwindigkeit bei der Inanspruchnahme der Dienstleistung sind. Für das Image mag mit entscheidend sein, dass mehr als ein Drittel (37 %) nicht beurteilen kann, ob die Bibliothek nicht nur bei Printmedien ein kompetenter Partner ist, was sich auch in dem Antwortverhalten ausdrückt, dass spezielle Dienstleistungen bei weitem nicht bei allen Hochschulangehörigen bekannt sind.

Dem Personal werden insgesamt gute Noten bescheinigt, wobei besonders positiv ist, dass die Befragten den Mitarbeitern der Bibliothek nicht nur Freundlichkeit attestieren, sondern sie auch für kompetent halten. Diese Stärke gilt es im Sinne einer möglichen künftigen Imagekampagne einzusetzen.

Blick in die Zukunft

Die Analyse der Daten ist noch nicht abgeschlossen[11]. Die Daten werden für den überwiegenden Teil der Fragen nochmals mit verschiedenen Merkmalen der Teilgruppen betrachtet werden müssen. Anhand von Kreuztabellen sollte dann beispielsweise mittels der Merkmale Status (Professor oder wissenschaftlicher Mitarbeiter) oder Fachbereichszugehörigkeit eine weitere differenziertere Analyse der Daten möglich sein. Diese Ergebnisse sind dann vermutlich noch deutlich aussagekräftiger und dadurch handlungsorientierter.

Nach Abschluss der Analyse wird sich eine bibliotheksinterne Diskussion anschließen müssen. Die Ergebnisse aus der Befragung dienen dabei als aussagekräftige Datenbasis, um Entscheidungen hinsichtlich der zukünftigen Ausgestaltung des Dienstleistungsangebotes und einer möglichen Imagekampagne zu treffen. Dabei wird man sich auf wesentliche Aspekte konzentrieren müssen, da sich ein Image nicht oder nur schwer gleichzeitig in mehreren Eindruckswerten verändern lässt.

Dass die Informationssuche mit Google von den Wissenschaftlern bevorzugt wird, ist eine Tatsache. Ziel der UB muss es sein, die Vorlieben der Kunden zu akzeptieren und mit den Angeboten der UB zu kombinieren, um so die Kunden langfristig an die UB zu binden. Ein Verhalten analog „von Aldi bis Aral“ scheint auch hier feststellbar. Es gilt die für die Kunden in den verschiedenen Situationen ausschlaggebenden Kriterien zur Wahl eines Angebotes zu ermitteln und entsprechend durch Marketingmaßnahmen bewusst zu machen. Gleichzeitig muss die Bibliothek vorhandene Angebote bekannter bzw. die Prozesse transparenter machen. In der zielgruppenorientierten Kommunikation der UB muss der Wertschöpfungsprozess für den Wissenschaftler

[11] Stand Ende März 2005

deutlich hervorgehoben werden, indem das gesamte Dienstleistungsprofil als Einheit dargestellt wird und das Marketing für Einzeldienstleistungen in den Hintergrund tritt. Bibliotheken und Bibliothekare haben als moderne Informationsdienstleister in jedem Fall die Kompetenzen, eine innovative Wissenschaftsgesellschaft in ihrem Wertschöpfungsprozess zu unterstützen.

Literatur

Bruhn, Manfred: Integrierte Kundenbindung, Gabler Verlag, Wiesbaden, 2002, 27

Busquet, Anne: in: Next Stop: The Twenty-first Century, Fast Company, September 1999, 146 (http://www.fastcompany.com/magazine/27/one.html)

McKenna, Regis: Real Time Marketing, Midas Mangement Verlag, St. Gallen, Zürich, 1998, 67

Trommsdorff, Volker: Die Messung von Produktimages für das Marketing. Grundlagen und Operationalisierung, Heymanns Verlag Köln, 1975

ANTONIA HERMELBRACHT/BETTINA KOEPER

Der Einsatz der Conjoint-Analyse in wissenschaftlichen Bibliotheken – Imagegewinn durch Dienstleistungsentwicklung „nahe am Kunden"

Der vorliegende Beitrag beschäftigt sich mit der Anwendung der Conjoint-Analyse in wissenschaftlichen Bibliotheken und den damit verbundenen Potenzialen für eine mögliche Imageförderung. Basis der Ausführungen bildet das von der Deutschen Forschungsgemeinschaft geförderte Projekt „Prospektive Steuerung der Serviceangebote wissenschaftlicher Bibliotheken mittels Conjoint-Analyse" (ProSeBiCA), das im März 2004 in Kooperation der Bielefelder Universitätsbibliothek und dem Lehrstuhl für Betriebswirtschaftslehre, insbesondere Marketing an der dortigen Fakultät für Wirtschaftswissenschaften gestartet wurde.

Zunächst folgen einige Erläuterungen zur Motivation des ProSeBiCA-Projekts und zu den grundsätzlichen Beziehungen von Marketing und Imageförderung. Anschließend werden die Conjoint-Analyse im Allgemeinen und der Projektablauf im Besonderen vorgestellt. Der nächste Abschnitt behandelt dann die dazugehörende Befragung an der Universität Bielefeld mit ihrem Befragungsdesign und den ersten Ergebnissen. Eine Zusammenfassung der bisher erreichten Resultate schließt den vorliegenden Beitrag ab.

1. Einleitung

Die Aneignung von Bildung und Wissen, für die die Bereitstellung von Literatur und Information eine unerlässliche Basis bildet, befindet sich mit Blick auf die elektronischen Informationstechnologien bereits seit einiger Zeit in einer Phase des Umbruchs. Information gilt als die „Schlüsselressource des 21. Jahrhunderts"[1]. Begriffe wie „Informationsgesellschaft" bzw. „Wissensgesellschaft" und „Wissensmanagement" sind gern zitierte (wenn auch häufig inhaltlich nur schwer fassbare) Schlagworte. Bei dieser Entwicklung befinden sich Bibliotheken als Einrichtungen für die Informationsversorgung mitten

[1] Wissenschaftsrat: Empfehlung zur digitalen Informationsversorgung durch Wissenschaftliche Bibliotheken (Ders. 4935/01), 5. URL: http://www.wissenschaftsrat.de/texte/4935–01.pdf

im Geschehen, und sie verstehen sich dabei durchaus als innovativ und als Dienstleister im Schnittpunkt von Serviceorientierung, Produktentwicklung und Wirtschaftlichkeit. Dass es hierbei jedoch einen gravierenden Unterschied gibt zwischen dem Selbstverständnis der Bibliotheken einerseits und der Außenwahrnehmung durch die Bibliothekskunden und die weitere Öffentlichkeit andererseits, ist keine neue Erkenntnis und wurde erst jüngst wieder durch die Expertenbefragung im Rahmen des Projekts „Bibliothek 2007“ der Bundesvereinigung Deutscher Bibliotheksverbände (BDB; seit Juli 2004: Bibliothek & Information Deutschland -BID) und der Bertelsmann Stiftung[2] bestätigt. Wo nun die Notwendigkeit der Imageförderung diagnostiziert wird, ist der Ruf nach Marketing nicht weit. Auch auf diesem Gebiet sind die wissenschaftlichen Bibliotheken schon seit längerem aktiv. Beispielhaft sei in diesem Zusammenhang auf das Projekt „Controlling und Marketing in wissenschaftlichen Bibliotheken“ der Universitätsbibliotheken Düsseldorf und Magdeburg verwiesen, das in der Zeit von 1995 bis 1998 durchgeführt wurde.[3] Der Bereich des Marketings bietet sehr vielfältige Möglichkeiten für die Imageförderung und nicht nur die Sparte der Werbung ist hierbei von Interesse. Besondere Bedeutung kommt vielmehr dem bislang eher vernachlässigten Gebiet der Marktforschung zu. Nutzerbefragungen, die per se ebenfalls zu diesem Gebiet zu zählen sind (auch wenn sie häufig in Zusammenhang mit dem Einsatz von Controllinginstrumenten stehen), haben zwar mittlerweile einen festen Platz in wissenschaftlichen Bibliotheken und es gibt neben vielen einzelnen lokalen Initiativen mittlerweile auch eine große Anzahl von übergreifenden Befragungen. All diesen Befragungen ist, methodisch gesehen, jedoch eines gemein: Sie fragen nach der Beurteilung des jeweils aktuellen Standes von Dienstleistungen und sind damit eher retrospektiv ausgerichtet. Die Frage: „Wie zufrieden sind Sie mit dem Dienst X?“ lässt sich seitens des Nutzers eben nur vor dem Hintergrund der bisher gemachten Erfahrungen mit diesem Dienst beantworten. Wenn eine solche Befragung Unzufriedenheiten mit dem Serviceangebot offenbar werden lassen, ist man für die Verbesserung der betroffenen Dienstleistungen seitens der Bibliothek mehr oder weniger auf Mutmaßungen angewiesen. Die eigenen Kundenkontakte (z.B. im Rahmen von persönlich vorgetragenen Nutzerbeschwerden) lassen zwar Rückschlüsse auf gewünschte Serviceformen zu, letztlich sind diese Erfahrungen

[2] infas: Bibliothek 2007 – Bibliotheksentwicklung in Deutschland. Ergebnisse einer bundesweiten Expertenbefragung.
URL: http://www.bibliothek2007.de/x_media/pdf/ergebnisbericht_kurzfassung030522.pdf

[3] Niggemann, Elisabeth; Olliges-Wieczorek, Ute; Bilo Albert; Oehmig, Ekkehard; Jäger, Wolfgang (Hrsg.): Controlling und Marketing in wissenschaftlichen Bibliotheken (COMBI). Entwicklung einer praxiswirksamen Marketingstrategie für Hochschulbibliotheken am Beispiel der Universitätsbibliotheken Düsseldorf und Magdeburg. Bd. 1–3. Berlin, 1998–1999

aber auf Einzelstimmen zurückzuführen und daher nur als Schlaglichter zu betrachten. Dagegen sind die Möglichkeiten für die Weiterentwicklung von bibliothekarischen Dienstleistungen äußerst vielfältig; eine umfassende und systematische Basis für ihre strategische Ausrichtung fehlt jedoch. Dies ist genau der Punkt, an dem die Conjoint-Analyse ansetzt.

2. Die Conjoint-Analyse im Kontext von Bibliotheken: Das Projekt ProSeBiCA

Die Conjoint-Analyse ist eine etablierte Methode der Marktforschung zum Zweck einer systematischen Erfassung und Analyse von Kundenpräferenzen, die ihrerseits die Basis für eine umfassende Simulation zukünftiger Wahl- und Nutzungsentscheidungen bildet. Somit stellt die Conjoint-Analyse ein Verfahren dar, anhand dessen die Akzeptanz insbesondere auch von neuen, noch zu entwickelnden Produkten und Diensten überprüft werden kann. Die zu Grunde liegende Fragestellung lautet daher nicht: „Wie wird ein Dienst derzeit (in seiner aktuellen Form) bewertet?", sondern: „Welche Dienste bzw. welche Formen eines Dienstes sind dem Kunden am wichtigsten und bringen daher den größten Nutzen?" und in einem weiteren Schritt: „Welche Dienste sollen in das zukünftige Serviceangebot eingehen?". Die Conjoint-Analyse zielt auf die zukünftige Gestaltung von Dienstleistungen, ist also eine prospektiv ausgerichtete Methode. Als solche ist sie bereits seit langem in Wirtschaft und Industrie verbreitet, wo sie vorzugsweise bei der Ermittlung der Preispolitik und vor allem bei der Neuproduktentwicklung eingesetzt wird. Im öffentlichen Sektor ist die Conjoint-Analyse dagegen weniger geläufig; nennenswert ist hier bislang eigentlich nur ihre Anwendung im Gesundheitswesen.[4] In Bibliotheken ist die Conjoint-Analyse in Deutschland, aber auch im internationalen Rahmen, bisher nur in vereinzelten Fällen zum Einsatz gekommen, so z. B. im Rahmen des bereits erwähnten COMBI-Projekts oder im Rahmen einzelner Initiativen in den USA.[5]

Ziel des DFG-Projekts ProSeBiCA ist nun die Adaption der Conjoint-Analyse für die gesamte Sparte der wissenschaftlichen Bibliotheken, d.h. für eine Anwendung auf breiter Ebene und für alle langfristig entscheidungsre-

[4] Decker, Reinhold; Schlifter, Jan Maik; Potthoff, Sven: Die Conjoint-Analyse als Instrument zur Verbesserung des internen Leistungsangebots von Krankenhausabteilungen. ARZT und Krankenhaus 2003, Jg. 76, H. 2, 39–47

[5] Crawford, Gregory A.: A Conjoint Analysis of Reference Services in Academic Libraries. College & Research Libraries 1994, Vol. 55, No. 3, 257–267
Halperin Michael; Strazdon, Maureen: Measuring Students' Preferences for Reference Service: A Conjoint Analysis. Library Quarterly 1980, Vol. 50, No. 2, 208–224

levanten Bereiche. Es soll ein umfassender Analyse- und Simulationsrahmen erarbeitet werden, der mittels Präferenzmessungen eine empirisch und wissenschaftlich fundierte Strategieplanung für die gezielte Weiterentwicklung des Dienstleistungsspektrums ermöglicht. Eine so gewonnene Basis für die Entscheidungsfindung bei der Ausrichtung von Serviceangeboten hat zwei Nebeneffekte, die für eine Imageförderung nicht unerheblich sind: Zum einen werden die Nutzer intensiver als sonst in den Entwicklungsprozess einbezogen, so dass sich auch eine stärkere Kundenbindung herausbilden kann. Zum anderen lassen sich so leichter Anreize für die Bibliotheksnutzung schaffen, da schon eine gezielte Umsetzung einzelner Ergebnisse positive Nutzererfahrungen auf relativ breiter Ebene erzeugen kann.

Der Ablauf des ProSeBiCA-Projekts gestaltet sich dabei wie folgt: Basis für den allgemeinen Analyse- und Simulationsrahmen bildet die empirische Untersuchung an der Universität Bielefeld.[6] Hierfür wurden zunächst aus einer Zusammenstellung von bibliothekarischen Diensten, die in einer Ideengenerierungsphase ermittelt wurden, diejenigen Serviceangebote ausgewählt, die mittels Conjoint-Analyse genauer untersucht werden sollten. Von Oktober bis Dezember 2004 fand dann die erste Nutzerbefragung im Rahmen einer Adaptiven Conjoint-Analyse (ACA)[7] statt, in die 29 Merkmale mit insgesamt 118 Ausprägungen Eingang fanden. Merkmale im Sinne einer Conjoint-Analyse sind einzelne Produkte oder Dienste wie beispielsweise Bekanntmachungen der Bibliothek. Ausprägungen stellen deren mögliche Formen dar. Bezogen auf das Merkmal der Bekanntmachungen sind dessen potenzielle Ausprägungen z. B. papiergestützt über Flyer und Poster, online über die Homepage der Bibliothek oder über ein zentral aufgestelltes interaktives Multimedia-Infoterminal. Die Kombination von Ausprägungen unterschiedlicher Merkmale wiederum bildet ein Leistungsangebot. Bei der ACA wurden nun alle als relevant eingestuften Merkmale und Ausprägungen hinsichtlich ihrer Wichtigkeit für die Bibliothekskunden untersucht. Da anzunehmen ist, dass unterschiedliche Nutzergruppen auch unterschiedliche Präferenzen haben, wurden diese in einer A-priori-Segmentierung (Einteilung im Vorfeld der Befragung, hier z. B. in Studierende, Wissenschaftler, Verwaltungsangehörige, externe Nutzer) differenziert. Bei der Auswertung der Befragung wurde aber auch

[6] Decker, Reinhold; Hermelbracht, Antonia: Gestaltung zukünftiger Bibliotheksangebote mit Methoden der Marketingforschung – Ein neues DFG-Projekt des Lehrstuhls für BWL und Marketing und der Bibliothek der Universität Bielefeld. Bibliotheksdienst 2004, Vol. 38, H. 5, 611–626.
URL:http://www.zlb.de/aktivitaeten/bd_neu/heftinhalte/Betriebsorganisation0504.pdf

[7] Sawtooth Software (2002): ACA 5.0 Technical Paper.
URL: http://www.sawtoothsoftware.com/download/techpap/acatech.pdf

eine gruppenübergreifende Aufteilung nach den Nutzenbeiträgen, eine so genannte Benefit-Segmentierung, durchgeführt.

Die Auswertung der ACA-Befragung bildet den derzeitigen Stand des ProSeBiCA-Projekts. Darauf aufbauend soll ab Mai 2005 eine Choice-Based Conjoint-Analyse (CBC)[8] durchgeführt werden, anhand derer in einem weiteren methodischen Ansatz bestimmte Aspekte der vorherigen Befragung vertiefend untersucht werden. Auf Grundlage der bis dahin gesammelten Ergebnisse sollen dann zunächst konkrete Handlungsstrategien für die Universitätsbibliothek Bielefeld abgeleitet werden. Um die weitere Nachnutzung sicherzustellen, wird die Übertragbarkeit des Befragungsansatzes in Zusammenarbeit mit dem IKMZ (Informations-, Kommunikations- & Medienzentrum) der Brandenburgischen Technischen Universität Cottbus und dem dortigen Lehrstuhl für Allgemeine BWL und Besondere des Marketing und des Innovationsmanagement überprüft. Hierzu ist für Herbst 2005 eine ACA-Befragung in Cottbus vorgesehen. Die Kooperation mit den Sheridan Libraries an der Johns Hopkins University in Baltimore (Maryland, USA), die ebenfalls eine Befragung für den Herbst beinhaltet, wird auch die Einbeziehung von einschlägigen Entwicklungen auf internationaler Ebene gewährleisten. Sämtliche im Projektverlauf erzielten Resultate werden abschließend in allgemeine strategische und operative Empfehlungen einfließen sowie in einen übergreifenden Leitfaden zur Anwendung der Conjoint-Analyse in wissenschaftlichen Bibliotheken eingebracht.

3. Befragung an der Universität Bielefeld

3.1 Ideengenerierung

Die erste Phase des Projekts beinhaltete die Ermittlung von Ideen für neue, zukünftige Serviceangebote von Universitätsbibliotheken. Die Ideengenerierungsphase war von grundlegender Bedeutung für den gesamten Projektverlauf, da die Erfassung möglichst vieler unterschiedlicher Wünsche und Entwicklungsrichtungen die Grundlage für die Qualität der kompletten Studie bildet. Blieben an dieser Stelle wichtige Aspekte unberücksichtigt, so könnten die abschließenden Folgerungen nur bedingt als allgemeingültig und generalisierbar betrachtet werden. Um den hohen Anforderungen dieser Phase gerecht zu werden, wurde eine Reihe von verschiedenen Analysetechniken eingesetzt. So wurde zunächst eine Sekundäranalyse unterschiedlicher

[8] Sawtooth Software (2001): Choice-based Conjoint (CBC) Technical Paper, http://www.sawtoothsoftware.com/download/techpap/cbctech.pdf

Quellen durchgeführt. Einbezogen wurden z. B. Studien zu Entwicklungsmöglichkeiten von Bibliotheken oder zu internationalen Vergleichen, Beiträge betreffend politische und strategische Richtlinien (die im Rahmen des Projekts jedoch aufgrund ihrer eher abstrahierenden inhaltlichen Ebene nur als Orientierungspfeiler angesehen werden können) oder auch Internetseiten verschiedener Bibliotheken weltweit, die nach bereits existierenden, jedoch nicht verbreiteten Ideen durchsucht wurden. Weiterhin wurde in verschiedenen Städten wie Münster, Osnabrück, Paderborn und Bielefeld eine Reihe von Voruntersuchungen in Form von Nutzerbefragungen durchgeführt, die neue Wünsche und Bedürfnisse ermitteln und gleichzeitig einzelne, von Studierenden der Universität Bielefeld generierte Ideen zum Zwecke einer Vorauswahl bewerten sollten. Die Beiträge von Bibliothekaren aus verschiedenen Universitätsbibliotheken bildeten eine der wichtigsten und ergiebigsten Quellen von innovativen Ideen, was auf das Know-how und das berufliche Engagement dieses Personenkreises zurückzuführen ist. Eine Reihe von Workshops mit Bibliothekaren und Wissenschaftlern hat somit maßgeblich dazu beigetragen, eine Liste von insgesamt mehr als 250 neuen Serviceideen zu generieren.

Innerhalb der Liste unterscheiden sich die einzelnen Ideen bezüglich ihres Innovationsgrades, ihrer Komplexität bzw. ihrer Kosten. Die Liste wurde inhaltlich strukturiert und in vier Befragungsbereiche aufgeteilt: Die Bibliothek als *Lern- und Arbeitsraum, Medienbereitstellung, Kommunikation* sowie *Zusatzangebote und Extras.* Eine ausführliche Darstellung der Ergebnisse der Ideengenerierungsphase ist in Hermelbracht, Senst (2005)[9] zu finden. An dieser Stelle sollen zur Illustration nur einige Beispiele für Services aus den verschiedenen Bereichen vorgestellt werden.

Ein Beispiel für eine eher komplizierte und technisch anspruchsvolle Innovation aus dem Bereich *Lern- und Arbeitsraum* bildet die mobile Navigation zum Buch als Mittel zur Orientierung in der Bibliothek. Hierbei würde zusätzlich zum herkömmlichen Leitsystem die Möglichkeit bestehen, über mobile Geräte, z. B. PDAs (Personal Digital Assistants), eine detaillierte Wegbeschreibung zum Buch zu erhalten, die dynamisch und in Abhängigkeit vom Standort des Benutzers und dem des gesuchten Buches generiert wird. Im Hinblick auf die *Zusatzangebote* können weitere Services angeführt werden, so z. B. die Einrichtung einer Online-Auktionsplattform auf der Bibliothekshomepage, über die lehr- oder forschungsrelevante Bücher durch Bibliotheksnutzer an andere Nutzer verkauft werden können. Als letztes Beispiel aus

[9] Hermelbracht, Antonia; Senst, Erik: Ideen für innovative Serviceangebote von Universitätsbibliotheken – Ergebnisse der Ideengenerierungsphase im Rahmen des ProSeBiCA-Projektes an der Universität Bielefeld. Bibliotheksdienst 2005, Vol. 39, H. 1, 50–75
URL: http://www.zlb.de/aktivitaeten/bd_neu/inhalt0105.pdf

dem Bereich *Medienbereitstellung* kann die Online-Rechercheunterstützung durch das Angebot eines Suchzeilengenerators genannt werden. Dieser erhöht die Trefferzahl bei der Literatursuche durch eine automatische Erweiterung der eingegebenen Suchbegriffe um synonyme Begriffe (Thesaurus) und deren englische Übersetzung (Dictionary).

3.2 Befragungsdesign

Um dieses sehr umfangreiche Angebot in einer Untersuchung zur Ermittlung von Nutzerpräferenzen erfassen zu können, wurde die Adaptive Conjoint Analyse von Sawtooth Software eingesetzt. Diese meistverwendete Online-Conjoint-Software kann in Abhängigkeit des individuellen Antwortverhaltens Fragen dynamisch generieren und ist dadurch besonders geeignet für die Erfassung einer großen Menge an Merkmalen und Ausprägungen. Bei der Befragung wurde ein Design gewählt, bei dem alle Fragen durch Bilder und Texterläuterungen erklärt wurden. Dies stellte sich im Nachhinein als einer der wichtigsten Erfolgsfaktoren für das Rückmeldeverhalten der Nutzer heraus. In dem Conjoint-Teil der Befragung wurde zunächst die direkte Präferenz (auf einer Skala von *extrem wünschenswert* bis *gar nicht wünschenswert*) einzelner Ausprägungen abgefragt (vgl. Abbildung 1). Es folgte eine Abfrage der Wichtigkeit einzelner Merkmale, die in einen dekompositionellen Teil der Befragung überleitete.

Abbildung 1: Visualisierung und verbale Beschreibung verschiedener Ausprägungen des Merkmals „Rechercheunterstützung durch Bibliothekare"

Dort konnten verschiedene Teilprofile bezüglich ihrer Vorziehenswürdigkeit miteinander verglichen werden (Paarvergleiche, siehe Abbildung 2). Zuletzt wurden komplette Profile hinsichtlich der Wahrscheinlichkeit ihrer Nutzung auf einer Skala von 0 bis 100 bewertet.

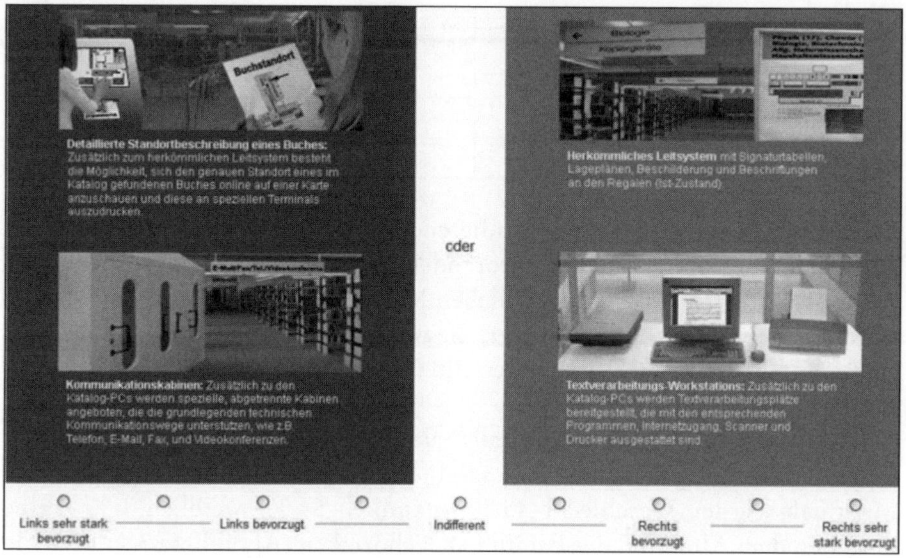

Abbildung 2: Visualisierung und verbale Beschreibung einer Paarvergleichsfrage mit Kombination von Ausprägungen der Merkmale „Orientierung in der Bibliothek" und „PC-Arbeitsplätze"

3.3 Auswertungsergebnisse: Stichprobenbildung

Um eine große Stichprobe zu erzielen, wurde der Fragebogen auf der Homepage der Universitätsbibliothek Bielefeld verlinkt. Ein animierter Vorspann sowie eine Preisverlosung sollten die potenziellen Probanden sowohl intrinsisch als auch extrinsisch zur Teilnahme motivieren. Zusätzlich wurden drei studentische Hilfskräfte eingesetzt, um Bibliotheksnutzer anzusprechen und auf die Befragung aufmerksam zu machen. Außerdem wurden Professoren, wissenschaftliche Mitarbeiter und Verwaltungsangestellte telefonisch angesprochen, um sie über die Studie und über die Möglichkeit, sich aktiv bei der zukünftigen Gestaltung der Universitätsbibliothek zu beteiligen, zu informieren. Als Ergebnis haben insgesamt 2120 Personen die Befragung komplett absolviert. Diese teilen sich wie folgt auf die einzelnen Subbefragungen auf (die Zuordnung zu den vier Modulen erfolgte während der Befragung mittels eines Zufallsmechanismus):

Tabelle 1: Zusammensetzung der Stichprobe bei der ACA-Befragung an der Universität Bielefeld

Studierende	Wissen-schaftler	Andere	Gesamt	
Medienbereitstellung	446	60	72	578
Lern- und Arbeitsraum	434	37	69	540
Kommunikation	359	33	63	455
Zusatzangebote	446	44	57	547

Dabei umfasst die Gruppe der Studierenden sowohl Studierende im Grund- und Hauptstudium als auch Doktoranden. Unter den Wissenschaftlern sind die Professoren und wissenschaftlichen Mitarbeiter erfasst, und die Gruppe „Andere" repräsentiert alle Nutzer, die nicht zu den ersten beiden Gruppen gehören, wie die Verwaltungsangestellten oder die Stadtnutzer aus Bielefeld und der Region.

Die Stichprobe deckt nicht nur alle relevanten Nutzergruppen ab, sondern repräsentiert sehr gut die Grundgesamtheit bezüglich soziodemographischer Merkmale wie dem Geschlecht (45 % - männlich, 54 % - weiblich, 1 % - keine Angabe), dem Alter und der Fakultätszugehörigkeit (Abbildung 3 spiegelt die Verteilung der Stichprobenteilnehmer zu den einzelnen Fakultäten der Universität Bielefeld wider) sowie bezüglich des Nutzungsverhaltens (Dauer und Häufigkeit der Nutzung) der Bibliothek.

3.4 Auswertungsergebnisse: Conjoint-Analyse

Wie bereits erwähnt, können generell drei unterschiedliche Betrachtungsebenen bei der Analyse einbezogen werden. Zunächst kann man die gesamte Stichprobe analysieren und für diese Schlussfolgerungen ziehen. An zweiter Stelle ist die Betrachtung der verschiedenen A-priori-Segmente (Studierende, Wissenschaftler und Andere) im Hinblick auf signifikante Unterschiede in ihren Präferenzen interessant. Zuletzt können Benefit-Segmente (Nutzensegmente) gebildet werden, die unabhängig von der A-priori-Zugehörigkeit die Befragten in Gruppen zusammenfassen, die ähnliche Nutzenurteile bezüglich der einzelnen Ausprägungen aufweisen. Diese Betrachtung ist für die Identifikation verschiedener Nutzertypen und deren gezielter Ansprache sehr hilfreich. Die entsprechenden Auswertungen wurden für die Bielefelder Befragung anhand von SSI Web, SAS und SPSS vorgenommen.

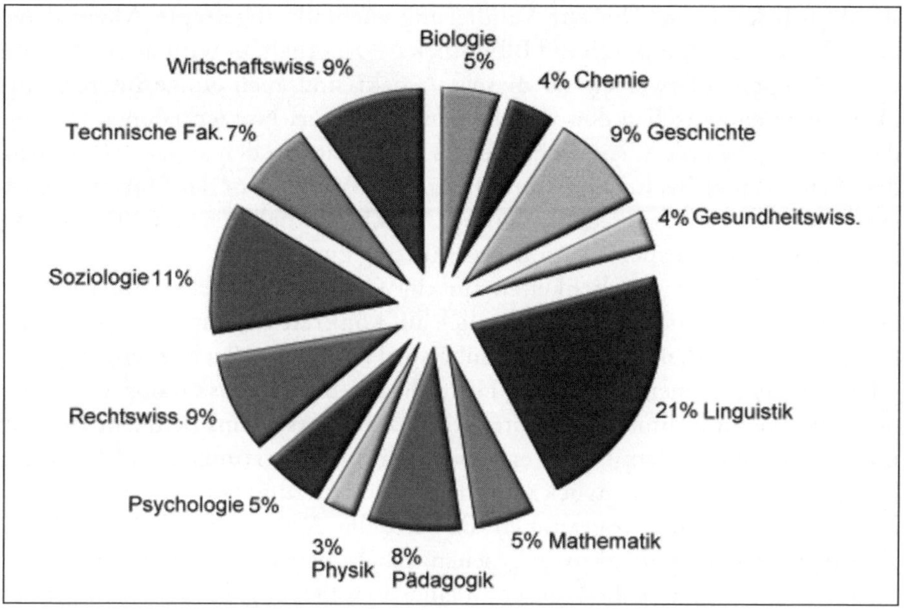

Abbildung 3: Fakultätszugehörigkeit der befragten Bielefelder Universitätsangehörigen

Die folgenden Ausführungen konzentrieren sich im Wesentlichen auf die Darstellung der allgemeinen Ergebnisse. Dabei sind für jeden der vier Bereiche Services identifizierbar, die stärker bzw. schwächer präferiert wurden.

Bei der Analyse des Bereichs der „*Medienbereitstellung*" fallen (betreffend die Recherchemöglichkeiten) unter die meistpräferierten Services die Möglichkeiten der Recherche im Bibliothekskatalog der UB Bielefeld sowie die der direkten Suche nach Zeitschriftenartikeln, die im digitalen Volltext oder per Bestellung erhältlich sind. Die Optionen, die eine Metasuche (simultane Suche in mehreren Datenbanken) bietet, werden dagegen nicht honoriert. Schon dieses Ergebnis zeigt, dass die Nutzer aufwändig erscheinende Dienste eher konservativ beurteilen und sich (im Sinne von Transparenz) einfache Services wünschen. Gleichzeitig würden sie gerne bei der Nutzung der Bibliothek auf die Unterstützung durch Bibliothekare und verschiedene Hilfsinstrumente zugreifen. So zeigt das Ergebnis bei der Rechercheunterstützung durch Bibliothekare, dass das Angebot einer gemeinsamen Literaturrecherche mit einem Fachbibliothekar (insbesondere im Rahmen von Diplom-/Masterarbeiten oder Dissertationen) am stärksten präferiert wird. An zweiter Stelle steht die Möglichkeit, per E-Mail oder Telefon gegen Gebühr eine enzyklopädische Auskunft zu einem wissenschaftlichen Thema vom Bibliothekspersonal zu bekommen. Die zur Validierung ebenfalls abgefragte Alternative, keine Unterstützung durch die Bibliothekare zu erhalten, wird allgemein als nicht akzeptabel bewertet. Zu diesem Aspekt sind auch einige interessante Diskrepanzen zwischen den verschiedenen A-priori-Nutzergruppen zu entdecken; so geben die Wissenschaftler im Gegensatz zu den anderen Gruppen dem Fehlen einer Rechercheunterstützung den Vorzug vor der Option, gegen eine Gebühr Literaturrecherchen bei Fachbibliothekaren gemäß vorausgegangener Themenspezifikationen in Auftrag zu geben.

Hinsichtlich der Möglichkeiten für die Online-Rechercheunterstützung fällt die Auswahl auch hier vornehmlich auf konkrete bzw. spezifische Angebote, so z. B. auf den bereits als Ideenbeispiel erwähnten Suchzeilengenerator oder auf Rezensionen, mit deren Hilfe die im Bibliothekskatalog verzeichneten Werke im Rahmen eines internen Rezensionssystems beurteilt werden können und die es damit auch erlauben, auf die Bewertungen und Empfehlungen anderer Nutzer zurückzugreifen. Eine Nutzung von lernfähigen und intelligenten Online-Programmen als virtuelle Agenten wird dagegen bei weitem als nicht so attraktiv angesehen. Auch dieses Ergebnis bestätigt die Schlussfolgerung, dass die Nutzer an einer Erweiterung des Serviceangebots und der Erleichterung der Nutzung interessiert sind, sich dabei aber eine möglichst transparente und einfach einsetzbare Angebotsstruktur wünschen, deren Vorteile ohne großes Involvement zu genießen sind.

Weitere Aspekte der Medienbereitstellung betreffen mögliche Zusatzinformationen, die zu den im Katalog verzeichneten Medien geliefert werden, die Schwerpunktsetzung bei dem Medienbestand selbst sowie verschiedene Optionen der Personalisierung von Diensten. So wird in der Möglichkeit der Speicherung individueller Rechercheprofile ein hoher Nutzen gesehen. Das gleiche gilt für die Verfügbarkeit von separaten Übersichtslisten, in denen ausgewählte Publikationen aus dem Online-Katalog und anderen Recherchesystemen zusammengeführt und auf Wunsch auch als Literaturverzeichnis gespeichert werden können. Auch die Möglichkeit, online über den Bibliothekskatalog auf die Inhaltsverzeichnisse bzw. Zusammenfassungen aller im Bestand der Bibliothek befindlichen Bücher bzw. Artikel zuzugreifen sowie Listen von Büchern zu generieren, die in einem bestimmten Semesterapparat liegen, würden den Nutzenbeitrag der Bielefelder Bibliothek erhöhen.

In Bezug auf die generelle Ausrichtung des Bibliotheksbestandes wird dem Ausbau des gedruckten Bestandes große Bedeutung beigemessen, in den Nutzerpräferenzen steht er noch vor dem Ausbau des digitalen Bestandes (der seinerseits allerdings gleich als zweitwichtigste Ausprägung angesehen wird). Andere Erweiterungen stoßen auf wenig Interesse bei den Befragten. Dies gilt z. B. für das Angebot eines Radio-Archivs, das Aufzeichnungen von lehr-

oder forschungsrelevanten Radio- und TV-Beiträgen (z. B. Wissenschaftsmagazine) in digitaler Form zur Verfügung stellt, wie auch für die Bereitstellung fachspezifischer Online-Kurse und Lernsoftware universitätsexterner Anbieter auf CD bzw. DVD.

Die letzten beiden Aspekte, die im Rahmen der Medienbereitstellung untersucht wurden, sind die Abhol- und Liefersmöglichkeiten bzw. deren Rahmenbedingungen. Dabei hat sich herausgestellt, dass die konventionelle Ausleihe an den Ausleihterminals nach Meinung der Bibliotheksklienten den höchsten Nutzen bringt. Jedoch würde auch die Möglichkeit, entliehene Bücher rund um die Uhr über eine Bücher-Klappe in der Uni-Halle ohne Rückgabequittung zurückgeben zu können, sehr gerne genutzt. Weitere potenzielle Extras wie eine Drive-Thru-Buchausleihe (die bestellten Bücher können an einem speziellen Ausleihterminal an der Uni-Straße abgeholt bzw. zurückgebracht werden) oder ein Bücher-Bringdienst (online bestellte Bücher werden direkt zum Arbeitsplatz der an der Universität beschäftigten Personen gebracht) stoßen allerdings nicht auf Akzeptanz. Wiederum gewünscht wird dagegen die Option, Bücher aus dem Präsenzbestand nach Vorbestellung über eine Nacht oder über einen Feiertag ausleihen zu können.

Im Bereich der Bibliothek als *„Lern- und Arbeitsraum“* wurden Aspekte wie das Orientierungssystem in der Bibliothek, die verschiedenen Arbeits- und Lernplatzmöglichkeiten, die Optimierung bzw. Vereinfachung der Raumnutzung und der Ausstattung sowie die Raumatmosphäre untersucht. Das Leitsystem betreffend schneidet die Beibehaltung der herkömmlichen Situation zwar recht gut ab, eine deutlich höhere Präferenz wird aber einer Optimierung hinsichtlich der Beschriftung der Regale und einer Vereinheitlichung der Beschilderung (farbliche Abstimmung etc.) eingeräumt. Hoch technisierte Extras wie die Möglichkeit der mobilen Navigation mittels PDA zum tatsächlichen Standort eines Mediums oder die bedarfsorientierte Druckmöglichkeit von Lageplänen werden im Vergleich zum Status Quo weniger gewünscht. Investitionen in diesen Bereich würden sich dementsprechend nicht lohnen.

Für das herkömmliche Arbeitsplatzangebot scheinen kaum Verbesserungswünsche zu bestehen. Sowohl die traditionellen Tischapparate als auch die einfachen Arbeitsplätze mit Katalog-PCs weisen den höchsten Nutzenbeitrag auf. Verbesserungsoptionen wie das Angebot von Textverarbeitungs- und Multimediaworkstations, mobilen Tischapparaten oder Lernkabinen bringen ebenso Nutzen mit sich; dieser wird jedoch nicht so hoch bewertet wie bei den derzeitigen Angebotsformen. Die Einführung von Kommunikationskabinen (zur Unterstützung der grundlegenden Kommunikationswege über Telefon, E-Mail, Fax bzw. mittels Videokonferenzen) oder Trennwänden (als Sichtschutz für ein ungestörteres Arbeiten) wird mit Abstand am wenigsten gewünscht. In Bezug auf das Angebot von Diskussionsräumen sieht die Situation wiederum ganz anders aus. In diesem Fall wird der Ist-Zustand am schwächsten präferiert. Die Nutzer wünschen sich vielmehr die Einrichtung von mehreren kleineren Diskussionsräumen mit vorzugsweise verbesserter Ausstattung (Flipcharts, Tafel, Overheadprojektor). Hinsichtlich der Atmosphäre in der Bibliothek wird einer Optimierung des Raumklimas durch Farben, Pflanzen und Kunstgegenstände der Vorzug vor der Beibehaltung der momentanen Raumgestaltung eingeräumt; mit Abstand am stärksten bevorzugt wird hier allerdings die Einrichtung eines Frischluftbereichs. Mit Blick auf die Entspannungsmöglichkeiten in der Bibliothek wurde der Aufstellung von Wasserspendern ein hoher Nutzen zugesprochen. Auch die Einführung von gepolsterten Stühlen anstelle einer einfachen Holzbestuhlung würde verbesserte Grundkonditionen für die Nutzung der Bibliothek als Lern- und Arbeitsaum schaffen. Dagegen sind diverse Extras in diesem Bereich wie die Einrichtung von Drehtüren, Kinderspielecken oder das Angebot von Gesundheitsbällen nicht von hoher Priorität für die Befragten. Wichtig ist vielmehr die Ausstattung der Bibliothek mit mehr Kopierern. Eine mögliche Ausleihe diverser Arbeitsutensilien wie Notebooks, Stiftscannern oder Tragekörben würde ebenfalls Nutzen mit sich bringen.

Auch bezüglich der verschiedenen Kommunikationsaspekte sind klare Präferenzen seitens der Befragten zu identifizieren. Die allgemeine „*Kommunikation*“ und Vermittlung von Ankündigungen und Informationen soll vorzugsweise (wie derzeit bereits üblich) über die Homepage der Bibliothek stattfinden. Aber auch der Versand eines fachspezifischen Newsletters, der sowohl allgemeine als auch fachspezifische neue Informationen enthält, wird sehr stark präferiert.

In dieser Hinsicht wie auch betreffend die restlichen Wunschausprägungen für die diversen Kommunikationsaspekte entspricht die UB Bielefeld mit ihrem gegenwärtigen Angebot bereits sehr gut den Anforderungen und Erwartungen der Nutzer. Die Möglichkeiten, das Ausleihkonto jederzeit online abzufragen und zu verwalten, sich zeit- und ortsunabhängig über die Angebote und Nutzungsmöglichkeiten der Bibliothek durch interaktive Tutorials zu informieren sowie Anmerkungen und Beschwerden per Online-Formular an die Bibliothek zu richten, sind die jeweils am stärksten gewünschten Ausprägungen, die auch bereits im Servicespektrum der Bibliothek enthalten sind. Andere Innovationen wie Mitteilungen über Radio-Jingles oder Ankündigungen über ein Lautsprechersystem, die Benachrichtigung über Reservierungen und Leihfristende per SMS oder die Integration von Bibliotheksschulungen in das Lehrangebot bilden dagegen die vergleichsweise am schlechtesten bewerteten Serviceideen.

In dem Bereich „*Zusatzangebote und Extras*“ kamen ebenfalls unterschiedliche Präferenzen bezüglich der abgefragten Inhalte zutage. So zählt zu den meist gewünschten Angeboten z. B. die Einführung einer einheitlichen Universitäts-User-Card, die alle derzeitigen Kartensysteme der Universität integriert (Mensa, Bibliothek, Kopierkarte etc.) und als Zugangsberechtigung für das Universitätsgebäude am Wochenende gültig ist. Stark präferiert wird auch die Bereitstellung einer E-Learning-Plattform sowie das Angebot eines Online-Publishing-Portals als zentral gepflegte Online-Plattform, auf der wissenschaftliche Ergebnisse z. B. in Form von Arbeitspapieren und Forschungsberichten (mit oder ohne Peer-Review) publiziert und einer öffentlichen Diskussion zugänglich gemacht werden können. Weitere Extras wie das Angebot eines gebührenpflichtigen Übersetzungsdienstes für Universitätsangehörige oder einer Online-Diskussionsplattform, auf der ausgewählte Themen aus Forschung oder Lehre unter der fachkundigen Leitung eines Moderators diskutiert werden können, finden keinen großen Zuspruch. Für die Nutzer interessante Dienstleistungen bilden wiederum die Einrichtung einer Präsentationsfläche an exponierter Stelle innerhalb der Bibliothek zur Darstellung aktueller Forschungsergebnisse aus der Universität (z. B. mittels Poster, PCs, Vitrinen) oder das Angebot von Seminaren mit Informationen zum wissenschaftlichen Publikationsprozess (von der Texterstellung bis zur Wahl eines geeigneten Publikationsmediums und zu Fragen des Urheberrechts).

Auf die spezifische Auswertung der A-priori-Gruppen und die Betrachtung von Benefit-Segmenten wird an dieser Stelle aus Platzgründen nicht konkreter eingegangen.

4. Fazit und Ausblick

Im Rahmen des ProSeBiCA-Projektes wird mit der Adaption der Conjoint-Analyse für wissenschaftliche Bibliotheken ein neues und wirkungsvolles Verfahren für die Ausrichtung von Dienstleistungen entwickelt. Die hierbei durchgeführte Nutzerbefragung beinhaltet ein Conjoint Analyse-Verfahren, das in diesem Umfang wie auch in seiner besonderen Strukturierung zum ersten Mal eingesetzt wurde. Die Größe der erzielten Stichprobe und die durchaus positiven Reaktionen der Befragten sprechen für die Eignung der Vorgehensweise bei der Visualisierung und der Befragungsart (online).

Die inhaltlichen Auswertungen haben eine Reihe von sehr aufschlussreichen Informationen für die zukünftige Ausgestaltung der Bibliotheksservices ans Licht gebracht. Zusammenfassend kann man festhalten, dass eindeutige Präferenzen bezüglich der abgefragten Merkmalsausprägungen identifiziert werden konnten. Die Befragten unterscheiden sehr deutlich zwischen solchen Innovationen, die ihnen einen hohen Nutzen bringen und solchen, die sie als unnützlich ansehen (wobei die geäußerten Präferenzen im Übrigen auch nicht immer den Erwartungen der Bibliothekare entsprechen).

Um die Validität und Generalisierbarkeit dieser Ergebnisse zu überprüfen, sind weitere Befragungen in Bielefeld, Cottbus und Baltimore (USA) als Teile des ProSeBiCA-Projektes geplant.

BESTANDSERSCHLIESSUNG

JEFFREY GARRETT

„Entscheidend auch hier der Einstieg ...": Wandel und Kontinuität im Ethos des Katalogisierens in den USA

Einleitung

Die Losung im Titel stammt aus dem bemerkenswerten Werk von Nikolaus Wegmann aus dem Jahre 2000: „Bücherlabyrinthe: Suchen und Finden im alexandrinischen Zeitalter".[1] Dieses Buch erinnert uns daran, dass der Katalog in der Nachfolge von Schrettinger und Dewey – und bis zum heutigen Tag – den Einstieg des Benutzers in die sonst ungeheuere Unordnung der Bibliothek ermöglicht, die „Sichtbarkeit" der modernen Forschungsbibliothek erst her- bzw. sicherstellt. Wie steht es aber um den Katalog im elektronischen Zeitalter, wo auf einmal bibliographische Angaben durch Volltextrecherchen, die sich gleichzeitig auf 10.000 oder gar 150.000 „Bände" erstrecken, mühelos umgangen werden können? Ist die Monographie als Grundeinheit des Katalogisierens – und damit auch der Katalog selbst – ein Artefakt einer vergangenen bibliographischen Epoche? Werden die Pläne Googles, in den nächsten Jahren ganze Forschungsbibliotheken digitalisieren zu wollen, das Ende des Katalogs noch schneller herbeiführen? In diesem Beitrag werden diese und andere aktuelle Fragen auf dem Gebiet des Katalogisierens teils theoretisch, teils konkret aufgegriffen und besprochen, in der Absicht, sowohl den Wandel als auch die Kontinuität im Ethos dieses altehrwürdigen Spezialfachs der Bibliothekswissenschaft vor allem in einem amerikanischen Kontext aufzuzeigen.

Der Katalog ist keine Selbstverständlichkeit. Historisch gesehen gibt es Alternativen zu ihm, wie zum Beispiel: keinen Katalog. Es gibt etwa die Bibliothek des Barock, wo bereits vom Bibliothekseingang her, als epistemologischer Beitrag der Architektur, die Gliederung aller Bestände dem Blick des gelehrten Besuchers offen gelegt war. Kannte sich dieser im System der Wissenschaften

[1] Wegmann, Nikolaus: Bücherlabyrinthe: Suchen und Finden im alexandrinischen Zeitalter, Köln 2000, 66

aus, wusste er dann auch genau wohin. Der Katalog, wo es ihn gab, war durchweg ein systematischer, spiegelte also die *visuelle* Ordnung auf den Regalen einfach *textuell* wider, war daher für die Findearbeit des Benutzers bestenfalls sekundär wichtig. Erst mit Kant, mit der Durchbrechung des Glaubens an eine visuell wahrnehmbare Ordnung der Wirklichkeit, mit der Entdeckung, dass die Beziehungsgeflechte, die es zwischen den Dingen gibt – also auch zwischen den Büchern –, viel komplexer und multidimensionaler und letztlich auch subjektiver sind, als dass sie etwa durch das Nebeneinanderstellen auf einem Regal repräsentiert werden könnten, wurde der Katalog – eigentlich viele Kataloge gleichzeitig – unumgänglich. Der Katalog ließ die Bibliothek auf indirekte, abstrakte, textuelle Weise sichtbar, lesbar und damit brauchbar werden. Um mit Nikolaus Wegmann zu sprechen: „Der Katalog ist als eigens hergestellte Sichtbarkeit der Bibliothek die Voraussetzung, um gezielt in ihre Bestände eingreifen zu können."[2]

Mit dem gewaltigen Wandel der Bibliothek, weg von der systematischen Aufstellung, weg also von der unmittelbaren Sichtbarkeit der Ordnung, verbindet sich der Name Martin Schrettinger. Dieser las schon als junger Mönch Anfang der 1790er Jahre die Werke von Immanuel Kant, handelte sich dafür von seinem Abt Rügen ein.[3] Auf der Basis seiner Kant-Lektüre und der „Bibliothek-Wissenschaft", die er davon ableitete, bändigte Schrettinger aber später das Chaos in der Münchner Hofbibliothek, die mit der Integration der Bestände von 200 säkularisierten Klosterbibliotheken bzw. der gewaltigen Mannheimer Hofbibliothek des kurpfälzischen Wittelsbachers Karl Theodor ringen musste.[4] Dies gelang ihm, da er den Mut aufbrachte und das Wissen besaß, Visualität und Gedächtnis als unzureichende Werkzeuge des Bibliothekars zu erkennen und den Katalog – und damit auch das Amt des katalogisierenden Bibliothekars – in den Vordergrund zu stellen. In seinem Durchblick und seiner Konsequenz war Schrettinger seiner Zeit weit voraus. In München, Wien, Karlsruhe und an vielen anderen Orten, später im ganzen deutschsprachigen Raum, zogen die Bücher in das Magazin. Den Zugang zu ihnen verschaffte dem Benutzer nicht mehr der Augenschein, sondern der Katalog. Bis spätestens 1912–1913, als Georg Leyh in seinem mehrteiligen Aufsatz „Das Dogma von der systematischen Aufstellung" mit der alten Bibliotheksordnung endgültig aufräumte, hatte Schrettingers Bibliotheks-

[2] Wegmann, 140

[3] Schrettinger, Martin: Tagebuch Wilibald Schrettingers, Benediktiners zu Weissenohe, I. Band, 1793, 139. Handschriftenabteilung, Bayerische Staatsbibliothek, München.

[4] Schrettinger, Martin: Versuch eines vollständigen Lehrbuchs der Bibliothek-Wissenschaft oder Anleitung zur vollkommenen Geschäftsführung eines Bibliothekars in wissenschaftlicher Form abgefasst, 2 Bde., München 1829

wissenschaft sowohl philosophisch als auch in der Anwendung in der bibliothekarischen Praxis Deutschlands gesiegt.[5]

In Amerika hat man dagegen die systematische Aufstellung nie ganz aufgegeben. Noch 1939 hat der bedeutende amerikanische Katalogtheoretiker Henry Evelyn Bliss seinem festen Glauben an die fortschreitende Vervollkommnung der wissenschaftlichen Systematik Ausdruck verliehen, mit der die Aufstellung der Bücher in Bibliotheken immer perfekter werden müsste.[6] In der Praxis, aber auch in der Theorie, zum Beispiel in der Systematik Melvil Deweys, hat man aber die systematische Aufstellung im Laufe der Jahre mit einem kräftigen Schuss Pragmatik wenigstens gut brauchbar gemacht.

Dennoch herrschen, historisch gesehen noch heute, diesseits und jenseits des Atlantiks verschiedene Vorstellungen, was die Aufstellung der Bücher betrifft, also auch darüber, wozu Kataloge gut sind bzw. wozu nicht. Konvergenzen seit dem 2. Weltkrieg, vor allem im Zeichen des „Regensburger Modells", sind nicht zu übersehen, aber bibliothekskulturelle Unterschiede gibt es nach wie vor. Es kann sein, dass sie im googlischen Zeitalter wieder verstärkt zum Tragen kommen, denn in Amerika wird die Frage zunehmend aufgeworfen und erörtert, ob der Katalog als ein für seine Zeit wichtiges Instrument zwar unsere Anerkennung verdient, aber doch langsam in den Ruhestand geschickt werden kann bzw. soll. Denn mit dem Internet kehrt die Sichtbarkeit des Wichtigen wieder in die Bibliothek zurück, auch der unmittelbare Zugriff auf den Inhalt, heute „Volltext" genannt, ist wieder möglich. Das sind, könnte man sagen, wieder barocke Zustände. Es kann ferner sein, dass wir in Amerika einer solchen Entwicklung aufgrund unserer Traditionen aufgeschlossener gegenüberstehen als Europäer bzw. ganz besonders unsere deutschen Kollegen.

Sehen wir nun die Situation in den USA etwas genauer an: Es kann keinen Zweifel mehr geben, der Katalog verschafft den meisten Benutzern in den USA immer weniger den Einstieg in den Wissensschatz der Bibliothek. Das ist im Medium der wissenschaftlichen Zeitschriftenliteratur längst eine Selbstverständlichkeit – man denke z.B. an JSTOR und EXAC – aber auch bei den zunehmend gebündelten Nachschlagewerken wie xipolis und xreferplus.

[5] Leyh, Georg: Das Dogma von der systematischen Aufstellung I, in Zentralblatt für Bibliothekswesen, Jg. 29 (1912), 241–59; ein Jahr später erschien: Das Dogma von der systematischen Aufstellung II, in ZfB, Jg. 30 (1913), 97–136. Abschließend: Systematische oder mechanische Aufstellung? In ZfB, Jg. 31 (1914), 398–407

[6] Bliss, Henry Evelyn: The Organization of Knowledge in Libraries and the Subject-Approach to Books. 2. Ausg., New York 1939, 37: „The more definite the concepts, the relations, and the principles of science, philosophy, and education become, the clearer and more stable the order of the sciences and studies in relation to learning and to life; and so the scientific and educational consensus becomes more dominant and more permanent."

Die meisten Benutzer, auch routinierte, suchen nicht in erster Linie nach Verfasser oder Titel – außer sie betreiben „citation chasing", d.h. sie kontrollieren die Literaturhinweise in einem Artikel oder Buch – sondern sie suchen viele Werke gleichzeitig nach Themen durch, und es ist ihnen nur für Zitierzwecke wichtig, in welchem Werk sie fündig werden. Dabei verwenden sie Stichworte, oft gepaarte („koordinierte") Stichworte für bessere Präzision, u.a. mit dem Personennamen (oft den Verfassernamen) als einem dieser Stichworte. So findet man in den letzten Jahren bevorzugt den Einstieg in die großen Zeitschriften- und Lexikondatenbanken. Aber selbst für die Erschließung der monographischen Literatur wird der Gang bzw. der Klick zum Katalog von Tag zu Tag entbehrlicher. NetLibrary, ebrary, jetzt auch amazon umgehen den Titelnachweis mitsamt Verschlagwortung ganz und greifen direkt in den Inhalt des Werkes, den Inhalt vieler Werke gleichzeitig ein. Man kann heute sogar alle Vorkommnisse eines Wortes in den 150.000 Werken des britischen 18. Jahrhunderts ermitteln – es dauert keine 30 Sekunden – und zwar ohne den Umweg über den Katalog und selbstverständlich auch ohne gedruckte Konkordanz.

Also war die Frage nach der abebbenden Notwendigkeit des Katalogs in den USA schon vor der Ankündigung Googles im Dezember 2004 aktuell, gewann aber dadurch natürlich erheblich an Brisanz. Denn die Pläne Googles, ganze wissenschaftliche Bibliotheken einzuscannen und diese Texte recherchierbar zu machen, zielen letztlich auf Katalogersatz, nicht auf Bibliotheksersatz. Diese Feststellung möchte auf den ersten Blick befremden, aber es ist so, denn aus naheliegenden urheberrechtlichen, aber auch marktwirtschaftlichen Gründen muss Google den weiteren Kontext und erst recht den vollen Inhalt eines Werkes dem Recherchierenden vorenthalten. Nach dem Gebrauch der Google-Suchmaschine wird man daher nach wie vor den Weg zum Text antreten müssen, und zwar nicht bei Google oder wenigstens nicht kostenlos bei Google. Was bleibt, ist aber die enorm leistungsfähige Suchmaschinerie Googles, nun auf den Inhalt ganzer wissenschaftlicher Bibliotheken zielend.

Es stellt sich die Frage also, noch dringender als je zuvor: Ist die Volltextrecherche dabei, den Katalog als wichtigste Einstiegshilfe in die Bibliothek abzulösen? Arlene Taylor, Professorin a.D. im Fach Katalog an der Bibliotheksschule Pittsburgh, schien diese Frage zu bejahen, als sie neulich die Rolle des Titelnachweises als eine Art Notbehelf für den Bibliotheksbenutzer im vorelektronischen Zeitalter apostrophierte:

> Das Ziel des Katalogisierens bzw. der Verschlagwortung ist die Erstellung einer Zusammenfassung mittleren Grades [Engl. „an intermediate-level summary"] der geistigen bzw. der physischen Eigenschaften eines Informationsträgers. *In der Abwesen-*

heit eines vollständigen digitalen Textes bilden solche Beschreibungen den primären Einstieg in den Inhalt von Bibliotheken.[7] (Hervorhebung des Verf.)

„In der Abwesenheit eines vollständigen digitalen Textes" heißt es da wörtlich. Jetzt aber gibt es immer mehr „vollständige digitale Texte", die vom Benutzer unmittelbar und in Sekundenschnelle abgesucht werden können, Hunderttausende und bald Millionen und Abermillionen von ihnen. Brauchen wir denn noch diese „intermediate-level summaries"?

Es geht darum festzustellen, was den Benutzer am schnellsten und am umfassendsten zum Ziel führt, nicht, wie wir in unseren Bibliotheken die Kataloge am besten erhalten können. Der Katalog ist kein absolutes Gut. Wenn er noch lebte, wäre vielleicht sogar Martin Schrettinger inzwischen Befürworter der langsamen Ablösung des Katalogs. Denn für ihn war der Katalog keine absolute Notwendigkeit, sondern er leitete seine Existenzberechtigung einzig und alleine von dessen Funktionserfüllung ab. Und diese Funktion war, wie er es selbst ausdrückte, das „schnelle Auffinden der Bücher":

Der Zwek einer jeden Bibliothek-Einrichtung ist das schnelle Auffinden der Bücher nach den verschiedenen Bedürfnissen derjenigen, welche die Bibliothek zu benüzen befugt sind.[8]

Erfülle der Katalog diesen Zweck nicht, oder erfülle eine andere Bibliothekseinrichtung diesen Zweck besser, so wäre der Pragmatiker und Quergeist Schrettinger vielleicht der erste, der sich für die Aufgabe der alten Technologie ausgesprochen hätte. Martin Schrettinger als Google-Befürworter? Bevor wir uns derlei Gedankenspielereien zu sehr hingeben, kehren wir besser zurück zu der heutigen Situation.

Mit dem Anbruch eines Zeitalters, in dem wir nicht nur die bibliographischen Grunddaten, sondern auch den „Volltext" eines ganzen Werkes, gar einer gesamten Bibliothek bzw. vieler Bibliotheken durchsuchen, durchsieben und uns abschließend in der Reihenfolge vermeintlicher Relevanz anzeigen lassen können, ist es keine Überraschung, dass an den Katalog bzw. den Katalogisierer nicht mit der alten Reverenz gedacht wird. Der Zeitgenosse

[7] Zit. nach Deanna B. Marcum: The Future of Cataloging: Address to the EBSCO Leadership Seminar, ALA Midwinter Meeting, Boston, Mass., 2005, 10.
URL: http://www.loc.gov/library/reports/CatalogingSpeech.pdf. Orig. Engl.: „The objective of cataloging and indexing operations is the production of an intermediate-level summary description of the intellectual and physical characteristics of an information artifact. In the absence of digital full-length texts, these descriptions serve as the primary device by which people gain access to the contents of libraries."

[8] Schrettinger, Martin: „Unmaßgebliche Meinung des Custos Schrettinger in Betreff des zu entwerfenden allgemeinen Planes zur Einrichtung der kön. Zentral-Bibliothek", Memorandum, ca. 1813, Handschriftenabteilung, Bayerische Staatsbibliothek, München, 2

bekommt mit, wir brauchen derlei Eselsbrücken nicht mehr. Warum sich mit einem Etikett abspeisen lassen, sagt der Zeitgeist (gemeint sei der Titelnachweis), wenn man sich am vollen Inhalt eines Werkes satt essen kann? Schon immer galt der Umweg in den Katalogsaal als eine Ablenkung von dem, was man wirklich wollte, nämlich sich gleich an die Bücher heranmachen. Endlich ist es so weit und wir können den Katalog, nach dem physischen auch noch den virtuellen, ad acta legen. Oder etwa nicht?

Es gibt nämlich schon Anzeichen, dass der Herr Zeitgeist den Bogen bald überspannen könnte. Das sieht man an der ganzen Aufregung in der Presse ob der googlischen Zeitenwende. Nicht nur der Katalog, sondern sogar das menschliche Gedächtnis soll jetzt zu einem entbehrlichen Überrest einer vergangenen Epoche erklärt werden. Newsweek etwa berichtete um Weihnachten 2004 mit Euphorie, dass „in der nachgooglischen Ära das Auswendiglernen überholt sein wird, denn selbst das entlegenste Faktum wird man sofort abrufen können."[9] Hoffentlich hat man sich aber im Augenblick des Vergessens wenigstens gemerkt, worum es sich in etwa gehandelt hatte, damit man es bei späterem Bedarf aus Google wieder herausholen kann! Denn ohne Mangelgefühl – eine Art informationellen Phantomschmerzes – hilft die größte Datenbank nicht, die Wissenslücke zu stopfen, man lebt beglückt und nichts ahnend einfach weiter.

In den letzten Monaten sind viel nüchternere Köpfe auf den Plan getreten als der Newsweek-Journalist Levy. Sie überlegen sich offen, wie die Welt nach der googlischen Wende aussehen wird. Deanna Marcum, die allseits geachtete geschäftsführende Bibliothekarin der Library of Congress, hat auf dem ALA-Kongress in Boston im Januar dieses Jahres einige erste Fragen von ihrer hohen Warte aus formuliert. Weswegen es sie drängt, diese Fragen sowohl sich und als auch ganz allgemein zu stellen, wird klar, wenn man erfährt, dass die Library of Congress jährlich $44 Millionen (ca. 34 Mill. €) allein für den Katalogbetrieb ausgibt. Also fragt sie: „im Zeitalter der digitalen Information, des Zugangs zum Internet und elektronischer Stichwortrecherchen, wie viel brauchen wir noch für sorgfältig gebaute Kataloge auszugeben? ... Wie sollen wir denn im Googlezeitalter über das Katalogisieren denken?"[10] Gleichzeitig

[9] Levy, Steven: Google's Two Revolutions, in Newsweek, 27. Dezember 2004, URL: http://www.msnbc.msn.com/id/6733225/site/newsweek/. Originaltext: „ ... in the post-Google era, memorization will be obsolete, because even the most obscure fact will be instantly retrievable." Vgl. auch Hilmar Schmundt: Hightechmärchen, die schönsten Mythen aus dem Morgen-Land, Berlin 2002, 86–87

[10] Marcum, 1. Orig. Engl.: „But in the age of digital information, of Internet access, of electronic key-word searching, just how much do we need to continue to spend on carefully constructed catalogs? That is the question I have come here this evening to pose – how should we think about cataloging in the Age of Google?"

warnt Marcum vor überstürzten Handlungen, denn das Prinzip des „cataloger-produced bibliographic entry", wie sie sagt, entspricht und entspringt einer bibliotechnischen Kultur, die die Library of Congress in den ganzen USA und vielerorts um die Welt mitgeschaffen hat. Nichtsdestotrotz kommt man nicht umhin, meint sie, das Großwerk Katalog langsam als eine spröde, den Zeiten und dem reißenden Strom der Nachfrage entrückte Schönheit anzusehen: Die „action" ist ganz woanders, und zwar im Internet. Marcum verweist auf eine Studie des OCLC aus dem Jahr 2002, wonach 80 % aller Schüler der USA das Internet für alle oder fast alle Hausaufgaben gebrauchen, für die recherchiert werden muss. Die Werbung, die es dabei gibt, stört schon ein bisschen, heißt es, aber fast 60 % aller Schüler sehen keinen Qualitätsunterschied in Webressourcen mit und ohne Werbung – wobei „ohne Werbung" verschlüsselt auch Bibliotheksressourcen meint.

Für Marcum ist aus ökonomischer Sicht eine andere Tatsache viel gewichtiger, dass nämlich die Beliebtheit der Volltextrecherche, langsam auch beim anspruchsvolleren Publikum nachweisbar, zu einer weitaus höheren Nutzung von teuren Informationen führt als der Gebrauch des Katalogs, also jenes arbeitsintensiv und kostspielig zusammengestellten Werkes, das während der letzten zweihundert Jahre den Inhalt der Bibliothek für den Benutzer „erschließen" sollte. Dieser Katalog, der nun OPAC heißt, ist zum Mauerblümchen des Internetballs heruntergekommen. Oder, um es krass kommerziell auszudrücken: Der Markt, die Nachfrage ist am Katalog vorbeigegangen. Was soll also noch der Katalog, über den die meisten Informationsverbraucher ohnehin die Nase rümpfen? Marcum verweist auf eine weitere Studie, die im vergangenen Herbst bei der Jahrestagung der American Society for Information Science and Technology vorgestellt wurde, in der es heißt: „Die Studenten ... haben sich enthusiastisch und proaktiv über die Nachteile des Webs hinwegsetzen können, u.a. dessen Durcheinander irrelevanter Seiten und die dubiose Glaubwürdigkeit seiner Ergebnisse. Ganz anders verhält es sich beim OPAC, für den die Studenten lediglich passive und halbherzige Bewunderung aussprachen."[11]

Zitat Marcum: „Während wir dabei sind, [neue] digitale Ressourcen zu entwickeln, darf gefragt werden: Müssen wir diese digitalisierten Medien so detailliert katalogisieren? Oder können wir Google als den Katalog betrachten?"[12]

[11] Fast, Karl V., und D. Grant Campbell: „I Still Prefer Google": University Student Perceptions of Searching OPACs and the Web, ASIST 2004 Annual Meeting, Managing and Enhancing Information: Cultures and Conflicts, Providence, R.I., 2004. (Zit. nach Marcum.)

[12] Marcum, 6. Orig. Engl. „But as we develop digital resources, the question arises – do we need to provide detailed cataloging information for these digitized materials? Or can we think of Google as the catalog?"

Lassen wir vielleicht diese gewichtige Frage einfach eine Weile im Raum erschallen und gehen wir wieder zur Praxis des Katalogisierens in den USA über, denn es gibt weitere Dinge, die die Situation verkomplizieren – aber die ins Feld geführt werden müssen, bevor so etwas wie ein Fazit, selbst ein interimistisches, gewagt werden darf. Wir müssen dabei ziemlich weit ausholen, aber wir kommen gewiss wieder zum Thema zurück.

Es spricht sich in den USA langsam herum, dass die Firma Thomson Gale – Teil des gewaltigen britischen Thomson Imperiums, das im Jahre 2003 Einkünfte von $7,44 Milliarden erwirtschaftet hat – dabei ist, allwöchentlich 700.000 Seiten Text aus vergangenen Jahrhunderten einzuscannen und durch ein industrielles OCR-Verfahren vom Bild in digital lesbaren Text umzuwandeln. Ein Ergebnis dieser Tätigkeit haben viele Bibliotheken in den USA schon gekauft, nämlich ECCO, die Sammlung des 18. Jahrhunderts Online, zu einem Preis von umgerechnet 166.000 €. Für diese Summe haben wir 150.000 Werke des 18. Jhs. erworben, 33 Millionen Seiten, sowohl Volltext als auch mit einem gut lesbaren Abbild jeder Seite. Der Zugang zu den Daten erfolgt per Verfassersuche, Stichwortsuche im Titelnachweis, auch Volltextrecherche, aber es wird noch eine Weile dauern, bis es unserem Publikum einfällt, direkt in ECCO zu recherchieren. Bis dahin, und auch auf Dauer für das allgemeine Publikum, bleibt in einem universitären Milieu das primäre „discovery tool" nach wie vor der bescheidene, jetzt oft verschmähte OPAC. Also haben sich in den USA die Kunden von ECCO zusammengeschlossen und eine adäquate Integration der Titelsätze in den OPAC verlangt – und mit Erfolg, wobei aber die Kunden weitere $25.000 für die bibliographischen Daten hinblättern mussten.

Das Ergebnis allerdings ist großartig. Der Benutzer darf im OPAC zwischen verschiedenen Formaten für verschiedene Zwecke wählen, mal Papier, mal elektronisch. Ein Problem aber bleibt, denn da der Produzent Thomson Gale sich auf den Eighteenth Century Short-Title Catalogue (ESTC) verlassen hat, fehlen die Schlagwörter ganz. Unsere Kollegen in der British Library sind keine unbedingten Anhänger des Prinzips hinter dem Schrettingerschen Schlagwortkatalog, wenigstens in Bezug auf historische Bestände, wir in den USA dagegen sehr, denn bei aller Ungenauigkeit der Schlagwortzuweisung, bei allen Praxisunterschieden unter verschiedenen katalogisierenden Individuen, sind Schlagwörter manchmal sehr hilfreiche Zwischeninstanzen zwischen Benutzern und Informationsträgern. Untersucht einer z.B. die Hygieneverhältnisse der Stadt des 17. und 18. Jahrhunderts, so kann man im Englischen Schlagworte wie „refuse disposal", „sanitation", „communicable diseases", und „health" verwenden, auch als Stoff für eine Stichwortrecherche. Aber in einer Volltextrecherche in Werken, die in diesen Jahrhunderten erschienen sind, kommen solch neuzeitliche Vokabeln kaum oder gar nicht vor. Eine Suche in ECCO nach dem Wort „sanitation" z.B. bestätigt dies: Von drei „false drops" abgesehen, ergaben sich keine Treffer. Sucht man dagegen Wörter wie „sewers", „fever", „plague" und gar „effluvia" usw., so wird man sehr rasch fündig. Wir wollen, dass Benutzer, die im Wortschatz des 18. Jahrhunderts nicht bewandert sind, dennoch auf relevante Werke aufmerksam gemacht werden. Diese Leistung des Katalogs kann durch reine Stichwortrecherchen im Volltext nicht erbracht werden. Deswegen arbeitet zur Zeit eine Gruppe von Fachreferenten und Katalogisierern an einem Projekt, die in vielen wissenschaftlichen Bibliotheken an Druckwerke des 18. Jahrhunderts bereits vorhandene Verschlagwortung zu „ernten" und sie den elektronischen Äquivalenten in ECCO anzuhängen. Wir hoffen, dabei mit OCLC und einigen größeren angloamerikanischen Forschungsbibliotheken zusammenarbeiten zu können. Die Research Libraries Group (RLG) hat leider schon abgewunken, sie arbeitet stattdessen fleißig an dem Umstieg zu MARC21. Wichtig bei der Realisierung des Projektes ist vor allem das Prinzip des NMI – „no manual intervention" (Dt. etwa: „kein manuelles Eingreifen") – denn bei einem Projekt dieses Umfangs bedeutet jeder einzelne manuelle Eingriff, 150.000-mal potenziert, dass das erwünschte Ergebnis unerreichbar bleibt.

Diese Erntestrategien, einmal an ECCO erprobt, könnten uns bei der Überbrückung anderer zeitlicher, sprachlicher und sachlicher Klüfte helfen, etwa beim Auseinanderklaffen von englischsprachigen *subject headings* und deutschen Schlagworten, die bekanntlich untereinander nicht frei konvertierbar sind. Ein Beispiel wäre die bekannte „Bibliothek der deutschen Literatur" der Firma K.G. Saur, eine Mikroficheausgabe von 15.166 Erstausgaben der deutschen Literatur, die als Projekt der Kulturstiftung der Länder – mit Katalogarbeiten durch Die Deutsche Bibliothek – realisiert worden ist. Wir haben an der Northwestern University die Titelsätze (größtenteils maschinell) in AACR2 konvertiert – in USMARC waren sie schon von deutscher Seite aus. Der Arbeitsaufwand betrug ca. 300 Stunden für die 15.000 Katalogisate, wobei der Hauptanteil dieser Arbeit in der Anpassung deutscher Verfassernamen an die Normen der amerikanischen Personennamendatei bestand. Das alles gelang. Aber wie im deutschen Original fehlte die Verschlagwortung ganz. Nun, wäre es nicht ein großer Vorteil, die bereits im Netz auffindbare Verschlagwortung in englischer Sprache aufzulesen und allen US-Bibliotheken, die die 15.000 Werke der Bibliothek der deutschen Literatur besitzen, zur Verfügung zu stellen? So lautet heute der Plan. Die beim ECCO-Projekt gesammelte Erfahrung wird uns hierbei sehr nützen.

In einer der letzten Nummern der ZfBB hat Norbert Lossau gefordert, dass „Bibliotheken das wissenschaftliche Internet erschließen müssen."[13] Das stimmt unbedingt. In den USA und bestimmt auch in Deutschland sind Bibliotheken dabei, mit föderativen Suchsystemen wie MetaLib Katalogrecherchen und Internetsuche zu verbinden und die Ergebnisse für den Benutzer möglichst transparent zu integrieren. Wir müssen bei diesen Bemühungen sehr aufpassen, dass wir die erbrachte Leistung vieler Generationen von katalogisierenden Bibliothekaren nicht als irrelevant in den Mülleimer werfen, denn zu den Tücken des Vergessens gehört (wie schon oben angedeutet), dass man auch bald vergisst, das Vergessene je gewusst zu haben. Die Fixierung auf die Stichwortsuche, auf die Volltextrecherche, könnte, wie wir gesehen haben, zu einer derartigen Einengung des bibliographischen Bewusstseins führen, denn die bibliothekarische Leistung besteht nicht darin, im bibliographischen Nachweis eine *reduzierte* Form des Werkes zu realisieren (wie ihn Arlene Taylor oben beschrieben hat), sondern vielmehr eine *Destillation*, die Essentielles enthält, Dinge also, die im Werk an sich so nicht enthalten sind, vor allem auf dem Gebiet der *authority control*, d.h. der Namennormierung, und der *subject analysis*, d.h. der Verschlagwortung. Bringt man diese bibliothekarischen Leistungen in die zu schaffenden großen Suchmaschinerien, die die Bibliotheken und das Internet gleichzeitig absuchen, wie dies von Lossau beschworen wird, dann wird es eines Tages egal sein, ob Schüler und Studenten bewusst den Weg zum Katalog suchen oder ihn meiden, der Katalog wird trotzdem im Hintergrund seine heilsame, Inhalte erschließende Wirkung entfalten. Nicht alles, was Sinn hat, muss nämlich für den Anwender sichtbar sein. Am Ergebnis wird man es erkennen.

In naher Zukunft will (wie man im Vortrag Deanna Marcums liest) die Library of Congress Fachkollegen der bibliographischen Dienste verschiedener Nationalbibliotheken der Welt zu einem informellen Gespräch nach Washington einladen. Ziel des Gesprächs wird sein, die „Voraussetzungen des Katalogisierens einmal international Revue passieren zu lassen und ansatzweise kostengünstigere Methoden zu entwickeln, den künftigen Bedürfnissen bibliographischer Kontrolle gerecht zu werden".[14] Wir können diesen Gesprächen nur gutes Gelingen wünschen. Hoffentlich wird am Ende dieser Diskussion und der vielen weiteren Diskussionen, die dann beidseits des At-

[13] Lossau, Norbert: Suchmaschinentechnologie und Digitale Bibliotheken? Bibliotheken müssen das wissenschaftliche Internet erschließen, in Zeitschrift für Bibliothekswesen und Bibliographie, H. 5–6, 2004

[14] Marcum, 11. Orig. Engl. „ … LC will host a small, informal gathering of managers of bibliographic operations at national libraries to review the assumptions underlying cataloging, and, I hope, to develop more cost-effective ways to meet future needs for bibliographic control."

lantiks folgen, der Katalog, ob sichtbar oder unsichtbar, weiterhin im Mittelpunkt des Geschehens bleiben. Unsere Jahrhundertaufgabe ist es nämlich, die Visualität der barocken Bibliothek, eine Qualität, die auch dem Internet zu eigen ist, mit der nicht visualen Schrettingerschen „Bibliothek-Wissenschaft", also dem Wissen um die Komplexität der Zusammenführung von Menschen und gesuchten Inhalten, zu einer neuen Synthese für das 21. Jahrhundert zu vereinen.[15]

[15] Zur wieder aktuell gewordenen Visualität der Bibliothek siehe auch Garrett, Jeffrey: The Legacy of the Baroque in Virtual Representations of Library Space, in: Library Quarterly, Jg. 74 (2004), H. 1, 42–62;
URL: http://www.journals.uchicago.edu/LQ/journal/issues/v74n1/740103/740103.web.pdf

JOHANN HALLER/PAUL SCHMIDT

AUTINDEX – Automatische Indexierung

Einleitung

Manuelle intellektuelle Indexierung ist teuer und zeitaufwändig, manchmal auch inhomogen, abhängig von der Expertise und dem Wissenshintergrund des menschlichen Indexierers. Aus diesem Grunde wurden in der Vergangenheit immer wieder Methoden zur teilweisen oder vollen Automatisierung dieser Aufgabe entwickelt. AUTINDEX ist ein System, das mit Hilfe eines intelligenten linguistischen Verfahrens Textinhalte erschließt, indem es den Texten entsprechende Schlagwörter zuweist. Dies kann auf der Basis eines Thesaurus geschehen oder frei, d.h. ohne kontrolliertes Vokabular. Die Deskriptoren werden nach ihrem Gewicht geordnet ausgegeben und können als Vorschlag für Humanindexierung oder direkt für ein Retrievalsystem verwendet werden.

Der Artikel bietet eine Einführung in das AUTINDEX-System und enthält folgende Kapitel:

1. Skizzierung der Forschungssituation
2. Beschreibung des AUTINDEX-Systems
3. Anwendungsbeispiele
4. Ausblick

1. Forschungssituation

Die Forschungssituation ist zum einen charakterisiert durch den Gegensatz von statistischen und linguistischen Methoden der Indexierung, zum anderen durch eine Vielzahl an Systemen und Ansätzen aus beiden Bereichen.

Die Diskussion über den praktischen Wert des Einsatzes sprachanalytischer (linguistischer) Verfahren in der Erschließung und Verfügbarmachung von Texten (und Titeln) ist fast so alt wie die Erstellung elektronischer Textdatenbanken bzw. bibliographischer Datenbanken (Literaturdatenbanken). In Deutschland gab es schon frühzeitig die Bemühung, Verfahren zu entwickeln, die zumindest an der Oberfläche eine grundformorientierte Indexierung ermöglichten und darüber hinaus bei den Komposita eine Dekomposition in (möglichst sinnvolle) Wortbestandteile erzielten (z.B. das von Siemens entwickelte System PASSAT).

Kommerzielle Indexierungssysteme unterstützen den menschlichen Indexierer bei der Vorbereitung der Indexerstellung und beim Editieren und Formatieren manuell erstellter Indizes. Die meisten dieser Systeme stellen auch eine Rechtschreibprüfung zur Verfügung. Die zeitaufwändige intellektuelle Arbeit wie das Zuordnen von Deskriptoren zu Dokumenten wird jedoch lediglich dadurch unterstützt, dass die aktuelle Liste von Termen zur Indexierung bereitgehalten wird.

In Systemen wie der Volltext-Suchmaschine Verity beschränken sich die „intelligenten" Suchoptionen auf sehr oberflächliche lexikalische Analyseverfahren. Multilingualität besteht offenbar nur auf Zeichensatz-Ebene.[1]

Besonders in den 90er Jahren gab es vermehrt Aktivitäten auf diesem Gebiet und entsprechende Forschungsprojekte, davon drei deutsche und ein europäisches Projekt mit Beteiligung der Universitäts- und Landesbibliothek Düsseldorf (ULB).

Ziele des durch die DFG geförderten Projekts MILOS I (1994–1995) waren die Weiterentwicklung von IDX, einem an der Universität des Saarlandes entwickelten automatischen Indexierungssystem, und die Anpassung des Systems an die spezielle Arbeitsumgebung einer wissenschaftlichen Universalbibliothek. Während der einjährigen Laufzeit des Projekts wurden in großem Umfang Titeldaten der ULB Düsseldorf automatisch indexiert. Ein abschließender Retrievaltest mit automatisch erzeugten Indexaten führte zu positiven Ergebnissen, so dass die ULB die automatische Indexierung als festen Bestandteil der Suchmöglichkeiten in ihren OPAC integrierte. Schwerpunkt der Projektarbeiten für MILOS II (ab 1995) war die Integration semantischer Relationen in das Programmsystem zur automatischen Indexierung. Bereits während der Laufzeit von MILOS II wurde an der ULB mit dem routinemäßigen Einsatz der automatischen Indexierung begonnen. Alle laufenden Datenzugänge für den OPAC wurden zusätzlich zur verbalen Verschlagwortung auch automatisch indexiert, die Indexierungsergebnisse im Dienst-OPAC unter Allegro angeboten. Seit Beginn des Jahres 1997 wurde die Praxis der inhaltlichen Erschließung an der Universitäts- und Landesbibliothek auf ein Mischverfahren mit intellektueller und automatischer Komponente umgestellt.[2]

Bei einer Testsuche im damaligen Allegro-OPAC ergeben sich allerdings Inkonsistenzen. So bringt eine Suche mit dem Begriff „Indexierung" keine Treffer zu „Inhaltserschließung", umgekehrt findet das System aber sehr wohl

[1] http://www.verity.com/products/literature.html

[2] http://www.uni-duesseldorf.de/WWW/ulb/mil_home.htm

Titel mit dem Inhalt „Indexierung", wenn mit dem Begriff „Inhaltserschließung" gesucht wird. Die Übersetzung englischer Suchwörter (hier handelt es sich offenbar um die Anbindung des im CANAL/LS entwickelten „Linguistic Server") funktioniert nur zum Teil. Die Suche mit dem Begriff „Information Systems" bringt einen völlig anderen Recall als die Suche mit dem deutschen Begriff „Informationssysteme".[3]

Ziel des anschließenden KASCADE Projekts (04/97–10/98) war der Aufbau einer Datenbasis aus inhaltlich angereicherten und maschinell tiefer gehend erschlossenen Dokumenten. Grundlage für die Datenbasis von KASCADE und den entsprechenden Demonstrator war das Fachgebiet Jura (Zeitschriften und Monographien) aus dem Datenbestand der ULB Düsseldorf. Berücksichtigt wurden je nach Verfügbarkeit bzw. Eignung Inhaltsverzeichnisse, Abstracts und Begriffe aus Sachregistern. Primäres Projektziel von KASCADE war die vertiefte Erschließung angereicherter Daten, weniger die Art und Weise der Anreicherung selbst.

Ein noch ungelöstes – im Rahmen von KASCADE nicht angegangenes – Problem war die Bedeutungsdifferenzierung natürlichsprachiger Wörter. Mit der Einschränkung auf ein Fachgebiet (wie im vorliegenden Falle: JURA) kann dieses Problem nur unzureichend gelöst werden. Lösungen werden erst auf der Basis eines semantischen Netzes und einer entsprechenden Kontextanalyse erfolgen können.[4] Dies wurde mit den Teilprojekten SELIX (Selektive automatische Indexierung) und THEAS (Themen-Aspekt-Identifizierung) zwar für das behandelte Teilgebiet angegangen, jedoch wurde das Zusammenspiel von natürlichsprachlichem Textmaterial und einem Thesaurus nicht weiter ausgelotet, was auch der Retrievalbericht zeigt.

In einer Reihe von europäisch geförderten Projekten wie CANAL L/S (Catalogue with Multilingual Natural Language Access / Linguist Server) und DESIRE II („Development of a European Service for Information on Research and Education II", 1998–2000) wurden auch Verfahren für den multilingualen natürlichsprachlichen Zugang zu Bibliothekskatalogen realisiert.[5]

Im Januar 2001 startete das Forschungsprojekt PEKING im 5. Rahmenprogramm der EU-Kommission mit einem Konsortium aus verschiedenen europäischen Universitäten und Firmen in Spanien, Italien und den Niederlanden. In diesem Projekt soll erforscht werden, ob ein automatisches Lernsystem erstellt werden kann, das eine für den Nutzer zumindest ausreichende hierarchische Klassifikation zur Verfügung stellt.

Die technischen Probleme, die in PEKING gelöst werden sollen, beziehen

[3] http://www.cordis.lu/libraries/en/projects/canal.html

[4] http://www.ub.uni-duesseldorf.de/projekte/kascade/kas_home

[5] http://www.desire.org/html/research/deliverables/D3.6

sich unter anderem auf die Derivation normalisierter Phrasen aus Dokumenten und den Gebrauch dieser Phrasenrepräsentationen zusammen mit statistischen Lernmethoden zur Erhöhung der Präzision beim Lernen. Hier sollen auch Probleme der Multilingualität behandelt werden.[6]

Mehrsprachigkeit wurde auch in einem EU-Projekt, Bindex[7], behandelt, das mit früheren Versionen von AUTINDEX eine spezielle deutsch-englische Ausprägung für ein eingeschränktes Fachgebiet behandelte: In BINDEX war es möglich, englische Texte mit deutschen Begriffen zu indexieren und umgekehrt.

Keines der beschriebenen Projekte setzte jedoch in gleicher Weise wie das heutige AUTINDEX durchgängig integrierte und robuste natürlichsprachliche (NLP-) Analyseverfahren mit ein.

Neben den Projekten zur Entwicklung von Indexierungssystemen gibt es unzählige andere Ansätze. Erwähnt werden soll hier stellvertretend das „latent semantic indexing" (LSI).[8] Dieser Ansatz geht von einer zugrunde liegenden oder *latenten* Struktur in der Verwendung von Wörtern in verschiedenen Dokumenten aus. Auf der Basis dieser Information konstruiert LSI eine ‚Termdokumentmatrix', die die Ähnlichkeiten von Kontexten, in denen der Term vorkommt, repräsentiert. Da diese Wortassoziationen von einer numerischen Analyse der Dokumente abgeleitet sind, gibt es keine Notwendigkeit für externe Wörterbücher, Thesauri oder Wissensbasen.

An der University of California in Berkeley wird ein System auf der Basis eines kontrollierten Vokabulars entwickelt. Mittels statistischer Methoden werden Assoziationen errechnet, die in ‚Assoziationswörterbüchern' die Beziehungen abbilden zwischen lexikalischen Elementen in Titeln und Abstracts und dem von Humanindexierern entwickelten kontrollierten Vokabular.

Im Condorcet Projekt[9], das an der Universität Twente durchgeführt wurde, wird ein so genannter *controlled-term approach* angewandt, um wissenschaftliche Texte zu indexieren. Auf der Basis einer *structured ontology*, werden Konzepte (keine Wörter) als Deskriptoren benutzt. Nach dem Tagging eines Dokuments müssen alle lexikalischen Elemente auf die entsprechenden Konzepte oder Relationen abgebildet werden. Dies wird erreicht, indem die syntaktische Struktur und die Tiefenstruktur von Sätzen ermittelt wird, die

[6] http://www.interpeking.com/Deliverables/D0.1_Case_studies_description_280601.pdf

[7] Nübel, R. and Schmidt, P.: Automatische mehrsprachige Indexierung mit dem AUTINDEX System. In: Proceedings: 25. Online-Tagung der DGI, 2003.

[8] Dumois, Susan: Latent Semantic Indexing: TREC-3 Report. In: Proceedings of the Third Text Retrieval Conference, 1994.

[9] Plaunt, Christian and Barbara A. Norgard: An Association Based Method for Automatic Indexing with a Controlled Vocabulary, Technical Paper, University of California at Berkeley, 1997.

insbesondere in der semantischen Rollenkonfiguration besteht. Diese Struktur wird dann, basiert auf ein Wissensmodul, auf die Deskriptoren abgebildet. Dieser Ansatz erhöht die Precision, weil Konzepte sprachunabhängig und nicht-ambig sind. Wenn man auch Relationen zwischen Konzepten in Betracht ziehen will, bedeutet das, dass Thesauri, die für die Indexierung benutzt werden, diese Relationen kodiert haben müssen, was für die meisten traditionellen Thesauri nicht zutrifft.

Insgesamt zeichnet sich eine Zweiteilung der Konzepte in statistische und linguistische Methoden ab. Die Statistiker setzen auf das Konzept der ‚inversen Dokumenthäufigkeit': Häufigkeit des Vorkommens eines Terms im Dokument im Verhältnis zur Häufigkeit des Vorkommens in einer Dokumentkollektion. ‚Term' wird in diesen Systemen nur als ‚Buchstabenkette' angesehen, also nicht als bedeutungstragende Einheit. Das hat den Vorteil, dass solche Systeme sofort für alle möglichen Sprachen eingesetzt werden können, während die linguistisch-basierten nur für solche Sprachen eingesetzt werden können, für die eine vollständige Analyse vorhanden ist. Auf der anderen Seite müssen die statistischen Systeme immer wieder neue Parameter berechnen, wenn sich die ‚Dokumentkollektion' oder der Thesaurus ändern.

Die Vorteile des linguistischen Verfahrens sind: Morphologische Varianten können erkannt werden (Wittgenstein / nach-wittgensteinsche Philosophie, Haus / Häusern), Kompositazerlegung kann berücksichtigt und dadurch bessere Information über die Semantik des Texts ermittelt werden, die Erkennung syntaktischer Varianten: (Reduktion von/der Kosten / Kostenreduktion / Kostenreduzierung / Gesamtkostenreduktion) ist möglich, semantische Varianten (Synonyme: Müllwirtschaft / Abfallwirtschaft, Kostenverminderung / Reduktion von Kosten) können erkannt werden, Stoppwörter können ausgeschlossen werden mit allen (!) morphologischen Varianten, pronominale Referenz kann ausgenutzt werden: (Im folgenden Beispiel referieren alle kursiv geschriebenen Wörter auf dasselbe Konzept: *Gerhard Schröder* hielt einen Vortrag. *Er* sagte ... *Der Kanzler* fuhr fort ...). Nicht zuletzt kann darauf hingewiesen werden, dass eine Gewichtung auf linguistischer Basis möglich ist: Z.B. sind Subjektbegriffe wichtiger als (tief) eingebettete Nomina.

2. *AUTINDEX*

Das AUTINDEX System benützt als Grundlage umfangreiche linguistische Werkzeuge, wobei das Kernsystem aus einem morpho-syntaktischen Analyseverfahren (MPRO – Morphological Program) besteht. Die Aufgabe von MPRO besteht darin, jeder in einem Text als zusammengehörig erkannten Zeichenfolge je nach gewählter Sprache ein Paket von linguistischen Informationen zuzuordnen.

Bei den Zeichenfolgen unterscheiden wir zwischen so genannten „normalen" Wörtern, d.h. Zeichenfolgen, die (mindestens in ihrer Grundform) in einem Lexikon der deutschen Sprache zu finden sind (*Haus*, *sitzen*, *wo*), ad-hoc-Zeichenfolgen, die als Akronyme, Firmennamen, E-Mail-Adressen etc. erkannt werden, und Zeichenfolgen, die das Programm als möglicherweise falsch geschriebene „normale" Wörter analysiert und ihnen die Grundform eines „normalen" Wortes zuweist.

Bei den „normalen" Wörtern werden mindestens die Angabe der *Grundform* (Zitatform) und die *Wortklasse* (Substantiv, Verb, Adjektiv usw.) erzeugt. MPRO liefert weiterhin *Flexionsinformationen* (Kasus, Numerus, Genus, Tempus, Person – je nach der Wortart) sowie die *Wortstruktur*, d.h. die Zerlegung des Wortes in seine Bestandteile. Bei so genannten „Bedeutungswörtern" (Nomen, Adjektive, Verben, Adverbien) wird auch immer eine *semantische Klassifikation* geliefert.

Ad-hoc-Zeichenfolgen hat der Verfasser selbst gebildet, z.B. Akronyme, Datumsangaben oder irgendwelche Handelsbezeichnungen (*S318*, *13.12.2000* etc.). Natürlich müssen auch diese Zeichenketten oder aus Ziffern bestehenden Zahlen mit Informationen versehen werden. Die zugeordneten Informationen bilden formal eine Menge von Attribut-Wert-Paaren, (englisch „feature bundle"). Diese Informationen können – je nach Wort – syntaktisch eindeutig oder mehrdeutig sein. Wenn ein Wort zu mehreren Wortklassen gehört, so wird diese Information in getrennten, aufeinander folgenden Informationspaketen (Feature-Bundles) dargestellt. Dies wird sichtbar darin, dass alle zu einem Wort gehörigen Pakete die gleichen ‚Verwaltungsinformationen' (Wortnummer, Satznummer etc.) tragen.

MPRO benutzt bei der Analyse eines Wortes ein *Morphemlexikon*, nicht etwa eine große Liste von Wortformen oder Stämmen. Die Morpheme sind die Atome einer Sprache, die nicht mehr weiter zerlegt werden können (es sei denn in einzelne Buchstaben). Ähnlich wie man aus Wörtern unter Beachtung einer Grammatik Sätze bilden kann, so werden aus Morphemen unter Beachtung der Wortbildungsregeln Wörter geformt.

Das Lexikon für Deutsch enthält etwa 90.000 Einträge, die Allomorphen,

d. h. verschiedenen Formen von Morphemen, entsprechen; beispielsweise sind *haus* und *häus* die Allomorphe des Morphems *Haus*. Im Deutschen entsprechen den 90.000 Allomorphen rund 78.000 Morpheme.

Das deutsche Morphemlexikon enthält auch eine große Anzahl von Namen (Familiennamen, Vornamen, auch ausländische) sowie viele Namen von Städten, Ländern und Flüssen. Zum Teil besitzen die Einträge eine Markierung, aus welcher Sprache sie stammen. Ein großer Teil des lateinischen und griechischen Wortschatzes ist im deutschen Morphemlexikon vertreten, da diese Morpheme vor allem in der Medizin auftreten und dort auch sehr produktiv weitere Wörter bilden.

Morpheme, die eindeutig einer Klasse oder mehreren semantischen Klassen (z.B. *mat* nicht-essbares Material) zugeordnet werden können, sind mit diesen Klassen im Morphemlexikon annotiert. In manchen Fällen kann durch heuristische Verfahren auch in der Kompositaverbindung eine Vereindeutigung vorgenommen werden (*Schweineschnitzel* vs. *Papierschnitzel*).

In einem zweiten Schritt werden die bedeutungstragenden Elemente (Grundformen von Nomen und Verben) gesammelt und aus den zugewiesenen semantischen Informationen die im Dokument am häufigsten auftretenden semantischen Klassen ermittelt. Danach werden alle Elemente, die diesen Klassen zugeordnet sind, gesammelt und gewichtet. Das Gewicht des Wortes ist dabei eine Funktion der Frequenz und dem Gewicht, das der jeweiligen semantischen Klasse zugeordnet ist. Auch die Bestandteile von Komposita werden in den Gewichtungsalgorithmus mit einbezogen.

In einem dritten Schritt wird zusätzlich ein so genanntes ‚Shallow Parsing' durchgeführt, dessen Ergebnisse die Grundlage der Erkennung von Mehrwortlexemen und deren syntaktischer Varianten sind. Mehrwortlexeme, die den in Schritt 2 ermittelten semantischen Klassen zugeordnet werden können, bilden zusammen mit den Einwort-Termen die Menge der so genannten Schlüsselwörter. Wenn die Indexierung einen vorhandenen Thesaurus als Basis benützt, werden die Schlüsselwörter mit den Elementen des entsprechenden Thesaurus abgeglichen. Bei diesem Verfahren spielt auch noch die Stellung des Begriffs im Thesaurus eine Rolle, d.h. seine Beziehungen zu anderen Ober- und Unterbegriffen. Das Ergebnis dieser Operation ist die Liste der so genannten Deskriptoren. Die Zahl der einem Dokument zugewiesenen Deskriptoren kann über einen Parameter vom Benutzer bestimmt werden. Zu diesen Deskriptoren werden zusätzlich noch die Oberbegriffe bestimmt und extra ausgegeben.

Zur Klassifikation eines Dokuments wird die Information statistisch ausgewertet, die bestimmten Begriffen im Lexikon oder im Thesaurus zugewiesen ist. Die am häufigsten vorkommenden Klassen werden dem Dokument als Klassifikation zugewiesen, wobei auch hier der Benutzer die Anzahl der zugewiesenen Klassen steuern kann. Existiert kein anwendungsspezifischer Thesaurus, wird der ebenfalls im Lexikon abgelegte NACE-Code (Wirtschaftsbranchen in der EU) zugrunde gelegt.

Das Ergebnis besteht dann aus einer Liste von Deskriptoren, die ihrem Gewicht nach geordnet sind. Dabei bedeutet ein Gewicht von (maximal) 100, dass der Deskriptor „100 %ig" für dieses Dokument relevant ist. Sollte eine Reihe von Deskriptoren mit Gewichten von z.B. 30–40 % auftreten, so bedeutet dies, dass der Inhalt breiter gestreut ist.

3. Anwendungsbeispiele

Ein kleines Beispiel soll veranschaulichen, welche Ergebnisse bei der AUTINDEX-Analyse eines Textes (siehe Anlage) erzielt werden können (Anmerkungen *kursiv*).

Zunächst einige (gekürzte) Beispiele, die die Funktion der linguistischen Analyse MPRO veranschaulichen sollen:

{ori=Beratungsbranche,,c=noun,ehead={nb=sg,infl=weak,case=dat,g=f},ds=be$raten~ung#branche,ss=massnahme#domain,lngs=germ#fr,termprop=Beratung;Branche},{ori=Praktiker,lu=praktiker,c=noun,ehead={nb=sg,case=acc;dat;nom,g=m};{nb=plu,case=acc;gen;nom,g=m},ds=praktizieren~er,ss=agent}

AUTINDEX-Ergebnis:

Länder China [100]; *(einziges im Text vorkommendes Land!)*

Automatisch vergebene Deskriptoren:
Unternehmensberater [100]; Anforderung [32]; Personalberatung [32]; Kandidat [30]; Praktikum [27]; Uni [23]; Absolventen [23]; Aufhellung [22]; Nachwuchs [19]; Anzeichen [17]; Berufseinstieg [14]; Doktor [14]; Examen [13]; Bewerbung [12]; Vorstellungsgespräch [9]; Beratung [8]; Branche [8]; Arbeitsmarkt [8]; Wachstum [7]; Hochschule [7]; China [6]; Foto [5]; Disc [5]; Anteil [4]; Praxis [4];

(nach den tatsächlich relevanten Deskriptoren eine Reihe geringwertiger Begriffe, die den journalistischen Allgemeincharakter des Textes zeigen)

Automatisch vergebene freie Deskriptoren:
Wunsch-Kandidat [100]; Uni-Absolvent [50]; Top-Examen [35]; Beratungsbranche [26]; Minuswachstum [25]; Photodisc [19]; Lichtstreif [12]; Consultinghorizont [12]; Berufserfahrung [11]; Fachgebiet [11]; Beratungsfirma [7]; Nebensache [7]; Know-How [5]; Hauptsache [4];
(Komposita, die nicht im Thesaurus stehen – das Wort „Wunsch-Kandidat verstärkt den Begriff „Anforderungen")

Klassifikation:
wirtschaft(c03) [100]; *(eigentlich nur erste als wichtigste Klasse bedeutend – alle anderen wesentlich geringer bzw. ganz schwach gewichtet)* staaten_asien(h34) [75]; geowissenschaften(q09) [37]; physik(q07) [25]; religion(c07) [25]; *(wegen der Studienfächer!)*

Diese Art von Ergebnissen steht auch in einer XML-Schnittstelle zur Verfügung und kann in Bibliothekssysteme oder andere Wissensmanagementsysteme integriert werden. Beispiele für erfolgreiche Integrationen sind etwa das von der Firma AGI vertriebene ‚Intelligent Capture'-System, das den gesamten Workflow von der Erfassung von Inhaltsverzeichnissen bis zum intelligenten Retrieval umfasst. Das Retrieval kann auf den aus dem Volltext ermittelten Deskriptoren und deren Werten beruhen, die dann zum Ranking der Ergebnisse benutzt werden. So würde das Beispieldokument bei der Suche nach ‚Uni' nur gering, bei der Suche nach ‚Unternehmensberater' jedoch hoch gerankt werden. Die automatisch und optimal verzahnten Ergebnisse ermöglichen ein neuartiges und komfortables Retrieval, das von einer Reihe von Bibliotheken bereits in der Praxis eingesetzt wird.

Andere Anwendungen gibt es in der Spezialinformation, z.B. im Bereich der Finanzdienstleister, wo mit einem speziellen Thesaurus interne Rundschreiben und Mitteilungen verschlagwortet werden.

Schließlich existieren auch noch Integrationen mit Werkzeugen zur Aufnahme von Dokumenten in Datenbanken, wo die AUTINDEX-Deskriptoren dem menschlichen Indexierer als Vorschläge präsentiert und automatisch in ihrer Thesaurus-Position gezeigt werden. Der indexierende Fachmann kann dann durch einen einfachen Klick die Vorschläge in den entsprechenden Deskribierkorb befördern.

4. Ausblick

Künftige Entwicklungen von AUTINDEX werden sich auf die Einbeziehung weiterer Sprachen sowie die Hinzuziehung von Assoziationsrelationen konzentrieren, die eine noch kreativere und flexiblere Suche erlauben. Ebenso wird die noch feinere Unterscheidung semantischer Ambiguitäten sowie die noch umfassendere Abgrenzung zwischen Personennamen und Sachbezeichnungen im Mittelpunkt stehen.

Mit AUTINDEX steht jedoch heute schon ein in der Praxis erprobtes Instrument zur Verfügung, mit dem die Aufgabe der Ermittlung von Schlagwörtern zu Texten, Inhaltsverzeichnissen, Kurzfassungen etc. wesentlich vereinfacht und rationalisiert werden kann. Bibliotheken, die das System in ihren Erfassungs- und Retrieval-Workflow integriert haben, berichten von einer wesentlich höheren Trefferquote der Benutzer sowie von positiven Antworten auf Befragungen nach der Zufriedenheit der Leser. Ebenso werden Publikationen nach ihrer Anschaffung wesentlich schneller und häufiger ausgeliehen.

Anlage: Beispieltext

Unternehmensberater

Der Wunsch-Kandidat Uni-Absolventen: Nein, danke! Gesucht werden in der Beratungsbranche Praktiker mit Top-Examen und exzellenten Kenntnissen. Von Christine Demmer

Praktikum in China, zwei Examen: Die Anforderungen an den Nachwuchs sind gestiegen. Foto: photodisc Nach Jahren des Minuswachstums zeichnet sich ein Lichtstreif am Consultinghorizont ab: Personal- und Unternehmensberatungen stellen wieder ein. Zögerlich zwar und fast nur dann, wenn besonderes Know-how gefragt ist, aber die Anzeichen für eine Aufhellung des Arbeitsmarktes mehren sich. Das ist die gute Nachricht. Die schlechte Nachricht: Kaum einen Anteil daran haben Berufseinsteiger. Diplomanden und Magister, Master und junge Doktoren frisch von der Hochschule müssen oft 20, 30 Bewerbungen schreiben, bevor sie – wenn überhaupt – eine Einladung zum Vorstellungsgespräch bekommen. Denn die Beratungsfirmen legen zunehmenden Wert auf ein paar Jahre Berufserfahrung in der Linie oder in einem Stab. Eher Nebensache ist dabei, was der Bewerber früher studiert hat und ob die Praxis als Spezialist in einem zukunftsorientierten Fachgebiet oder als Leiter eines Teams gewonnen wurde. Hauptsache, der Betreffende hat sich schon einmal in der Umsetzung getroffener Beschlüsse bewährt. Das können nämlich auch Physiker, Theologen, Germanisten und Mediziner. Und genau das verlangen heute die Kunden von ihren Unternehmensberatern.

BESTANDSMANAGEMENT

ALICE KELLER

Neue Ansätze zum kooperativen Bestandsaufbau am Beispiel der Oxford University Library Services

Bibliotheken in Oxford

Das System der Universität Oxford umfasst 120 verschiedene Bibliotheken unterschiedlichster Größe und fachlicher Ausrichtung. Die ältesten Bibliotheken und Archive können ihre Geschichte bis ins 13. Jahrhundert zurückverfolgen. Zu diesen ältesten Bibliotheken gehören die Sammlungen der Colleges Balliol, Merton und University. Die erste zentrale Universitätsbibliothek wurde im 14. Jahrhundert gegründet; allerdings wurde diese Sammlung während der folgenden zwei Jahrhunderte vollständig vernachlässigt und aufgelöst. Die Universität hat es dem humanistisch gebildeten Sir Thomas Bodley zu verdanken, dass diese Universitätsbibliothek Anfang des 17. Jahrhunderts wieder mit Handschriften und Büchern bestückt wurde. Die Bodleiana wurde 1602 eröffnet; der erste gedruckte Bibliothekskatalog entstand 1605.

Im Jahr 1610 traf Bodley eine Vereinbarung mit der Stationers' Company in London, dass ein Exemplar sämtlicher Werke ihrer Mitglieder als Geschenk der Bibliothek überreicht werden sollte. Diese Vereinbarung lieferte die Grundlage für das erste Pflichtexemplargesetz Großbritanniens aus dem Jahr 1709. Dank dieses Privilegs ist es der Bodleian Library gelungen, über Jahrhunderte hinweg ausgezeichnete und sehr umfassende Sammlungen aufzubauen.

Sir Thomas Bodley war ein sehr eifriger und weitsichtiger Sammler und versuchte, möglichst viele Sprachen abzudecken, selbst wenn er und seine Zeitgenossen die Texte nicht interpretieren konnten! So umfasste die Sammlung bereits in den Gründungsjahren Manuskripte und Werke in koreanischer und chinesischer Sprache. In späteren Jahrhunderten wurden diese orientalistischen Sammlungen stark erweitert und tragen heute maßgeblich zur Internationalität des Bestandes bei.

Die Bodleian Library verstand sich von Anfang an als Präsenz- und Archivbibliothek und verzichtete konsequent auf die Ausleihe von Werken. Um diese Bedürfnisse abzudecken, wandten sich Studierende und Wissenschaftler an die Bibliotheken in Colleges oder Fakultäten. Zur Bodleian Library gehören übrigens auch die Radcliffe Science Library sowie die Bodleian Law Library.

Die College Libraries sind sehr unterschiedlich in ihrer Größe, Bedeutung und fachlicher Ausrichtung. Ihr Hauptzweck besteht darin, die Lehre und teilweise auch die Forschung im eigenen College zu unterstützen. College-Mitglieder profitieren von sehr großzügigen Serviceleistungen und Ausleihbedingungen. Für Nicht-Mitglieder sind die Bestände in der Regel nur sehr beschränkt zugänglich. Die 39 College Bibliotheken pflegen im Rahmen des Council of College Libraries eine lockere Zusammenarbeit; es besteht weder eine zentrale Leitung noch ein klarer Dienstleistungsauftrag.

Die Departements- und Fakultätsbibliotheken entstanden aus dem Bedürfnis heraus, fachspezifische Sammlungen in den Räumlichkeiten der Universität möglichst nahe beim Studien- oder Arbeitsplatz anzubieten. Im Gegensatz zur Bodleian Library umfassen diese Bibliotheken umfassende Ausleihbestände und Lehrbuchsammlungen. Die Zahl der Departements- und Fakultätsbibliotheken liegt in der Größenordnung von 80 Einrichtungen, die über die ganze Stadt verteilt sind. Neben einigen recht umfassenden und professionell geführten Spezialbibliotheken, die auch Forschungsliteratur enthalten, findet man ebenfalls eine Reihe kleiner Sammlungen, die sehr beschränkte Bestände anbieten. Eine Sonderstellung nehmen die vier medizinischen Bibliotheken ein, da diese ihre Dienstleistungen auch Nicht-Universitätsangehörigen zur Verfügung stellen.

Eine besondere Position haben die zwei großen universitären Forschungsbibliotheken Sackler und Taylor Institution. Diese zwei historisch wichtigen Sammlungen können als Ergänzung zur Bodleiana gesehen werden. Die Sackler Library wurde im Jahr 2001 eröffnet und vereinigte die Sammlungen der Ashmolean Library, der Eastern Art Library sowie der History of Art Library. Die Bibliothek der Taylor Institution wurde im Jahr 1845 gegründet und umfasst ausgezeichnete Sammlungen zu europäischen Sprachwissenschaften und Literatur (ausgenommen Englisch).

Obwohl der Buchbestand des Ashmolean Museums in die Sackler Library integriert worden ist, verfügen die anderen drei universitären Museen Oxfords weiterhin über eigene Bibliotheken. Hierzu zählen die University Museum Library, die Bibliothek des Museum of the History of Science sowie die Balfour Library (Pitt Rivers Museum).

Eine Liste mit Oxfords Bibliotheken enthält auch einige Bibliotheken, die weder vollständig zur Universität noch zu einem College gehören, sondern andere Trägerschaften aufweisen (z.B. Middle East Centre Library).

Diese Einführung zeigt, wie komplex und heterogen die Bibliothekslandschaft in Oxford ist! Das System ist weder ein- noch zweischichtig, sondern weist viel eher Facetten statt Schichten auf und könnte demnach als „„vielfacettig" bezeichnet werden. Was sich für den einen Wissenschaftler als unerschöpfliche und nicht zu überbietende Schatztruhe erweist, dürfte für den anderen Benutzer ein unübersichtlicher Irrgarten aus Bibliotheken und Katalogen sein!

Gründung und Organisation der Oxford University Library Services (OULS)

Um die Koordination zwischen den Bibliotheken zu fördern und gleichzeitig Synergien zu schaffen, wurden im Jahr 2000 die Oxford University Library Services (OULS) gegründet. Diese Kooperation soll dazu führen, dass schlussendlich alle von der Universität zentral finanzierten Bibliotheken unter einer Leitung zusammengeführt werden. In seiner heutigen Zusammensetzung gilt OULS als eines der größten universitären Bibliothekssysteme der Welt.

OULS umfasst die gesamte Bodleian Gruppe, die Sackler und Taylor Institution Library, die medizinischen Bibliotheken sowie eine wachsende Zahl an Fakultäts- und Departementsbibliotheken. Bis heute sind 40 Einrichtungen dem Bibliothekssystem OULS beigetreten. Die Sammlungen umfassen 9 Millionen Bände bei einem jährlichen Zuwachs von 350.000 Einheiten.

Zur Unterstützung des Integrationsprozesses wurden verschiedene Stellenbeschreibungen um Koordinationsaufgaben erweitert. Das Amt des Bodley's Librarian war bereits im Jahr 1997 während der Planungsphase von OULS zur Funktion des Director of University Library Services and Bodley's Librarian umbenannt worden. Auf der oberen Führungsebene wurden die Stellen des OULS Head of Collection Management (Herbst 2003) und des OULS Head of Reader Services (Herbst 2004) geschaffen. Diese zwei Führungskräfte übernehmen direkte Leitungsaufgaben in der Bodleian Library und eine starke koordinative Rolle in den anderen Einrichtungen. Wesentlich war auch die Ernennung von vier Fachbereichsleitern (Heads of Subject Area), die zuständig sind für die Leitung aller Bibliotheken in ihrem Fachbereich. Im Bereich des Fachreferats gelang es bereits sehr früh, mehrere bibliotheksübergreifende Stellen zu schaffen. Wird ein Fach an mehreren Orten gesammelt, so sollen diese Sammlungen inhaltlich durch das Fachreferat zusammengehalten und integriert werden.

Die neue Führungsstruktur von OULS ist eine konsequente Matrixorganisation mit den zwei Leitungssystemen Fachbereichszugehörigkeit und bibliothekarische Funktion.

- Jede Bibliothek bzw. Sammlung ist einem der vier Fachbereiche (Subject Areas) zugeordnet: Geisteswissenschaften, „Area Studies"[1], Sozialwissenschaften und Naturwissenschaften/Medizin. Eine wichtige Position nehmen außerdem die Spezialsammlungen ein, die sozusagen einen eigenen Fachbereich darstellen. Die Leitung der Fachbereiche liegt bei den Heads of Subject Area.
- Zur Koordination der Funktionen und Betriebsabläufe dienen die Abteilungen Bestandsaufbau (Collection Management), Benutzungsdienste (Reader Services), Katalogisierung (Technical Services), Bestandspflege (Conservation and Collection Care), Weiterbildung und Schulung (Staff Development) und IT-Dienste.
- Die Aufgaben Personal, Finanzen und Öffentlichkeitsarbeit/Marketing sind als Stabsaufgaben organisiert.

Um dieses komplexe Leitungssystem fachlicher und funktionsbezogener Ausrichtung zusammenzuhalten, wurden eine Senior Management Group sowie ein Netz von Kommissionen und Arbeitsgruppen gebildet.

Diese Matrixorganisation dient unter anderem dazu, dass sämtliche der 700 Mitarbeitenden in OULS sich einerseits als Teil eines Ganzen fühlen und dennoch eine starke Zugehörigkeit zu „ihrem" Teilsystem aufrecht erhalten können.

Bestandskoordination an der Oxford University

Natürlich führte diese administrative Zusammenführung nicht von sich aus zu einer plötzlichen Verschmelzung der Sammlungen! OULS bestand anfangs aus 40 individuellen Bibliotheken, deren Bestände mehr oder weniger unabhängig voneinander über Jahrzehnte oder Jahrhunderte hinweg gewachsen waren. Uneinheitlich waren ebenfalls die Dienstleistungsangebote, Ausleihbedingungen, Gebührenregelungen, Zulassungskriterien und Öffnungszeiten. Allen Beteiligten war klar, dass die Integration dieser Bibliotheken nicht von heute auf morgen erfolgen konnte. Vielmehr hatte der Prozess der Integration mit der Gründung von OULS eben erst begonnen!

Wie aus den obigen Ausführungen hervorgeht, sind die Sammlungen in Oxfords Bibliotheken sehr reich, aber relativ unkoordiniert historisch gewachsen. Das Nebeneinander von Bodleian Library, anderen Forschungsbibliotheken, College Libraries, Departments- und Fakultätsbibliotheken mit

[1] In den „Area Studies" sind die außereuropäischen Sammlungen und Osteuropa zusammengefasst.

unterschiedlichen Trägerschaften erschwerte oder verunmöglichte über lange Zeit eine enge Bestandskoordination. Etwas salopp interpretiert, könnte man auch erklären, dass die aktive Bestandskoordination in Oxford nie von großer Bedeutung war, da die verschiedenen Bibliothekstypen sich in ihrem Dienstleistungsangebot und Leserkreis sehr stark unterschieden.

Die Gründung von OULS im Jahr 2000 gab jedoch einen geeigneten Rahmen für das organisatorische Zusammenführen von Beständen in knapp 40 Bibliotheken der Universität. Die College Libraries bleiben weiterhin ausgeklammert, da diese nicht direkt von der Universität finanziert oder verwaltet werden.

Den Grundstein zur stärkeren Bestandskoordination legten die Kuratoren am 23. September 2002 mit der Verabschiedung einer gemeinsamen OULS Bestandspolitik[2]. Obwohl dieses Dokument den allgemeinen Rahmen für den zukünftigen Bestandsaufbau liefert, bietet es keine detaillierten, fachspezifischen Richtlinien für die Arbeit in den einzelnen Bibliotheken. Was fehlte, war ein Gesamtkonzept für die Implementation dieser Bestandspolitik.

Gefordert wurde ein umfassendes Konzept, das gewährleisten sollte, dass „das richtige Buch zur richtigen Zeit am richtigen Ort“ steht. Ferner wurde verlangt, dass die Anschaffung von ungeplanten Doppel- und Mehrfachexemplaren möglichst vermieden wird. Auf der anderen Seite sollte die Verteilung der Pflichtstücke neu überdacht werden[3]. Und schließlich forderte die Universität einen einfach verständlichen Etatplan mit transparentem Verteilschlüssel für die einzelnen Fachgebiete.

Methoden zur Bestandskoordination in OULS

Was tun, war nun die Frage: Wie führt man vierzig historisch gewachsene Sammlungen organisatorisch in kurzer Zeit zusammen? Wie stellt man sicher, dass das richtige Buch zur richtigen Zeit am richtigen Ort steht? Und wie schafft man die gewünschten Synergien, damit die Qualität der Sammlung als Ganzes optimiert wird?

Wichtig schienen in erster Linie der Aufbau und die Einführung von einheitlichen Instrumenten und Methoden zur Untersuchung des Zuwachses. Diese Maßnahmen ermöglichen auf der einen Seite die genaue Beschreibung des Ist-Zustandes und bieten andererseits Tools für das regelmäßige Bericht-

[2] OULS Collection Management Policy Statement, approved by Curators 23 September 2002.

[3] Denkbar ist, dass Pflichtstücke zukünftig auf alle zentralen Forschungsbibliotheken der Universität verteilt werden können.

erstattung. Hiermit wird eine sehr wichtige Planungsgrundlage für die Bestandskoordination geschaffen.

Obwohl „globale" Zuwachsstatistiken für die Bibliotheken in Oxford existieren[4], fehlte eine zentrale fachliche und finanzielle Analyse der Erwerbungen. Für die Untersuchung und Beschreibung des Bestandszuwachses in OULS wurden zwei unterschiedliche Methoden für Bücher und Zeitschriften gewählt. Diese beiden Lösungsansätze werden in den nächsten zwei Abschnitten dargelegt.

Analyse des Buchzuwachses

Eine recht einfache Methode zur Beschreibung einer Sammlung ist natürlich die Untersuchung des Zuwachses nach Fachgebiet und Mitteleinsatz. Obwohl viele Bibliotheken eigene Systeme zur Ermittlung dieser Informationen entwickelt hatten, wurden diese lokalen Daten nirgends gesammelt oder zentral analysiert. Gleichzeitig fehlte ein Teilmodul im Erwerbungssystem, welches die effiziente Erfassung statistischer Daten dieser Art ermöglicht hätte. Zudem zeigte sich in einer Kurzumfrage, dass manche Bibliotheken das Erwerbungsmodul nur teilweise oder überhaupt nicht nutzten.

Die Herausforderung bestand nun darin, ein Statistikmodul für das Erwerbungssystem zu programmieren, Sachgruppen festzulegen und einheitliche Betriebsabläufe für Erwerbungsabteilungen vorzuschlagen. Für Bibliotheken, die aus unterschiedlichen Gründen das Erwerbungsmodul nicht einsetzen konnten, sollte die Erfassung der Codes im Finanzsystem der Universität möglich sein.

Es erstaunt nicht, dass die Festlegung der Sachgruppen nicht ohne längere Diskussionen möglich war! Schlussendlich einigte man sich auf zwei verbindliche Listen mit 193 Fachcodes (Subject Codes) und 45 geographischen Regionen (Area Codes)[5]. Nur so war es möglich, die großen außereuropäischen Sammlungen, die nach einem geographischen Sammelprinzip aufgebaut werden, korrekt zu umschreiben. Die hierarchische Gliederung dieser Codes orientierte sich stark an der organisatorischen Struktur der Universität und ihrer Bibliotheken. Gleichzeitig wurde das Erwerbungssystem um einige Bildschirme und Funktionalitäten erweitert, auf welchen diese Codes erfasst werden können.

[4] Zuwachsdaten werden schon seit längerer Zeit zentral gesammelt und an die nationale Organisation SCONUL (Society of College, National and University Libraries) abgeliefert. SCONUL veröffentlicht jährlich die SCONUL Annual Library Statistics.

[5] Ein Buch zur Politik in China erhält entsprechend zwei Codes (KP für Politik und 7C für China).

Der Startschuss für die neue Codierung aller eingehenden Erwerbungen fiel am 1. August 2004. Seither werden monatliche Statistiken als Pivot Tabellen zur Verfügung gestellt, die eine Gesamtübersicht über die Erwerbungen in OULS zeigen. Einige Bibliotheken sind auch in der Lage, Geschenke zu codieren, allerdings konnte dieser Zusatzaufwand nicht von allen Erwerbungsabteilungen verlangt werden. Nicht codiert werden leider auch die Medien, die im Rahmen des Pflichtexemplargesetzes in die Bibliothek kommen. Auch hier fehlen derzeit die Ressourcen zur Vergabe von Sachgruppen.

Neben der Sachgruppe werden Bibliotheken auch aufgefordert, einen Code für den so genannten „Purpose of Purchase“ zu erfassen. Hiermit wird der Zweck bzw. die Absicht der Erwerbung festgehalten: Wurde das Buch primär zur Unterstützung der Forschung oder der Lehre erworben? Und handelt es sich um das erste Exemplar in OULS oder um ein Mehrfachexemplar? Diese Angaben ermöglichen eine detaillierte Untersuchung des Zwecks einer Erwerbung und die einfache Ermittlung des Anteils and Doppel- oder Mehrfachanschaffungen. Wie in Tabelle 1 gezeigt wird, ist bereits nach acht Monaten erkennbar, dass der Hauptteil der Doppel- oder Mehrfachanschaffungen zur Unterstützung der Lehre dienen. Diese Redundanz ist natürlich gewollt und soll möglichst nicht reduziert werden!

Tabelle 1: Aufschlüsselung des Zuwachses nach Zweck der Anschaffung. Momentaufnahme nach 8 Monaten. Doppel- oder Mehrfachanschaffungen in der Lehre sind nicht nur wünschenswert, sondern notwendig. Das Ausmaß der Mehrfachanschaffungen auf Ebene der Forschungsliteratur soll jedoch durch organisatorische Maßnahmen möglichst niedrig gehalten werden.

Zweck der Anschaffung	Erwerbungsausgaben in %
Erstes Exemplar – für Forschung	66,1 %
Erstes Exemplar – für Lehre	5,1 %
Doppel- oder Mehrfachexemplar – für Forschung	6,4 %
Doppel- oder Mehrfachexemplar – für Lehre	17,9 %
Anderer Zweck (z.B. Ersatzbeschaffung, Schriftentausch)	4,5 %
Total	100,0 %

Solche quantitativen und qualitativen Analysen des Zuwachses bieten die Grundlage für den koordinierten Bestandsaufbau und die strategische Planung. Die Auswirkungen von Preiserhöhungen, Budgetkürzungen oder von

Zusammenlegungen von Bibliotheken sind relativ einfach kalkulier- und simulierbar. Gleichzeitig kann gezeigt werden, welche Fachgebiete im Buchbereich im Verhältnis zu den anderen Disziplinen über- oder unterdurchschnittlich gut (finanziell) ausgestattet sind.

Analyse des Zeitschriftenbestands

Die Koordination des Zeitschriftenbestands sowie das Eruieren von Doppel- und Mehrfachabonnements sind nur möglich, sofern aktuelle Listen aller abonnierten Zeitschriften vorliegen. Obwohl die einzelnen Bibliotheken eigene Listen oder Karteien führten, lag kein zentraler Nachweis in OULS vor. Auch die Erschließung im Katalog war nicht einheitlich geregelt. Zur Ermittlung des Gesamtbestands an Zeitschriften wurde im Sommer 2004 das Projekt SCORPIO (Serials Co-ordination Project in Oxford) lanciert. Als geeignetes Tool zur Erfassung und Analyse der laufenden Zeitschriftenbestände in den einzelnen Bibliotheken wurde das Ulrich's Serials Analysis System (USAS) von der Firma Bowker gewählt.

Sämtliche OULS Bibliotheken wurden aufgefordert, Listen aller laufenden Zeitschriften zur Verfügung zu stellen. Leider stellte sich heraus, dass manche Bibliotheken über keine computerlesbaren Listen verfügten. In solchen Fällen kann das Zusammenstellen geeigneter Listen sehr zeitaufwändig sein. Eine detaillierte Beschreibung des Projektes einschließlich einer kritischen Evaluation von USAS findet sich in einem kürzlich erschienenen Beitrag von A. Keller und D. Martinsen[6].

Sobald der „Upload" dieser Listen in USAS gelungen ist, ergeben sich für die Koordinationsstelle ausgezeichnete Möglichkeiten der Bestandsanalyse. Ende Februar 2005 waren Bestände aller 40 Bibliotheken (total 28.000 Zeitschriften) in USAS nachgewiesen. USAS ermöglicht die Analyse der fachlichen Abdeckung in allen Fachgebieten, die Identifikation von Doppel- und Mehrfachabonnements sowie den Vergleich des eigenen Bestands gegenüber anderen Bibliotheken. Die Ergänzung des Bowker Listenpreises erleichtert die Berechnung von (theoretischen) finanziellen Sparpotentialen (vgl. Tab. 2).

[6] Vgl. hierzu: Keller, Alice; Martinsen, Dag: Serials Rationalization at Oxford University Library Services using Ulrich's Serials Analysis System, in: Serials, 18 (2005) 1, 38–44

Tabelle 2: Auszug aus dem Ulrich's Serials Analysis System (USAS). Das System erlaubt die Identifikation von Doppel- und Mehrfachabonnements (hier gezeigt am Beispiel des Fachbereichs Naturwissenschaften und Medizin). TDNet steht stellvertretend für elektronische Verfügbarkeit; UK Imprint weist darauf hin, dass die Zeitschrift in gedruckter Form als Pflichtexemplar vorliegen sollte.

ISSN	Title	Bowker list price	TDNet	UK Imprint	Bibl A	Bibl B	Bibl C	Bibl D	Bibl E	Bibl F
0029-7844	Obstetrics and Gynecology	USD 391	Yes			1			1	
0029-8549	Oecologia	EUR 3898	Yes						1	1
0030-1299	Oikos: a journal of ecology	USD 927	Yes					1		1
0030-6053	Oryx: journal of fauna and flora international	USD 408		Yes				1		1
1360-0818	Oxford Development Studies	USD 786	Yes	Yes				1		
0954-1306	Oxford Today	USD 23		Yes				1		
0269-5022	Paediatric & Perinatal Epidemiology	USD 845	Yes	Yes		1				
0031-4005	Pediatrics (English Edition)	USD 336	Yes			1			1	
0301-0066	Perception	USD 809	Yes	Yes	1					
0191-8869	Personality and Individual Differences	USD 2124	Yes	Yes	1					
0031-6768	Pfluegers Archiv	EUR 3400	Yes				1		1	
0031-6997	Pharmacological Reviews	USD 191	Yes			1	1		1	
0031-9333	Physiological Reviews	USD 400	Yes			1	1		1	
1548-9213	Physiology	USD 210	Yes				1		1	
0031-9406	Physiotherapy	USD 290	Yes	Yes		1				
1467-7644	Plant Biotechnology	USD 744	Yes	Yes				1		
0032-0889	Plant Physiology	USD 1690	Yes					1	1	

In der Praxis sind die Einsparmöglichkeiten natürlich um Einiges geringer! Einerseits handelt es sich bei einigen Abonnements um Geschenk- oder Tauschexemplare, die kostenlos in die Bibliothek kommen. Andererseits wird das effektive Sparpotential vor allem im STM-Bereich durch Konsortialverträge (Big Deals) stark geschmälert. Dieses Problem wird in einem eigenen Teilprojekt näher beleuchtet.

Das Vorhandensein dieser Gesamtübersicht ist für die Bestandskoordination sowie die Budgetplanung von zentraler Bedeutung. Die Datenbank soll jährlich aktualisiert werden und als Nebenprodukt eine konsolidierte Liste von Zeitschriftenabbestellungen liefern.

Das Collection Management Framework *als übergreifendes Sammelkonzept*

Die zwei oben beschriebenen Analysemethoden für die Bucherwerbung und den Zeitschrifteneinkauf liefern ein sehr detailliertes Bild der fachlichen Verteilung der Bestände und Erwerbungsmittel in OULS. Die Instrumente ermöglichen die genaue Identifikation von Lücken und Überschneidungen im Bereich der Forschungs- und Studienliteratur.

Das quantitative und qualitative Festhalten des Ist-Zustandes ist bereits ein wesentlicher Fortschritt gegenüber der früheren Situation. Allerdings sind hiermit noch keine Verbesserungen in der Literaturversorgung oder im Dienstleistungsangebot von OULS erwirkt worden. Die Herausforderung besteht nun, eine Vision eines Soll-Zustandes zu entwickeln und die Bestände zu einem koordinierten Ganzen zu verbinden. Hierbei dienen die gesammelten Daten als Planungsgrundlage und als Navigationshilfe.

Die Vision des Soll-Zustandes wird im *OULS Collection Management Framework* präsentiert, welches im letzten Herbst entwickelt worden ist. Dieser Rahmenplan bietet ein Modell für die Entwicklung, Verteilung und Organisation der Bibliotheksbestände in OULS.

Das Modell sieht vor, dass jede Bibliothek bzw. Sammlung[7] einem der vier bereits bestehenden Fachbereiche zugeteilt wird (Geisteswissenschaften, Area Studies[8], Sozialwissenschaften und Naturwissenschaften/Medizin). Hiermit wird sichergestellt, dass die Bibliotheksstruktur der fachlichen Gliederung von Lehre und Forschung an der Universität entspricht. Innerhalb jedes Fachbereichs werden Bibliotheken entsprechend ihrer Hauptfunktion als „Hub" oder „Satellit" definiert (vgl. Abb. 1). Des Weiteren unterscheidet das Modell zwischen Pflichtstücken und Kauferwerbungen, zwischen Forschungs- und Studienliteratur sowie zwischen gedruckten und elektronischen Medien. Außerhalb dieser so genannten „Subject Clusters" stehen die Spezialsammlungen sowie die geplante Speicherbibliothek.

[7] Eine genaue Differenzierung zwischen Sammlung und Bibliothek ist schwierig. Oft enthält eine Bibliothek mehrere Sammlungen, oder eine Sammlung kann (aus Platzgründen) über verschiedene Standorte verteilt sein.

[8] Vgl. Fußnote 1

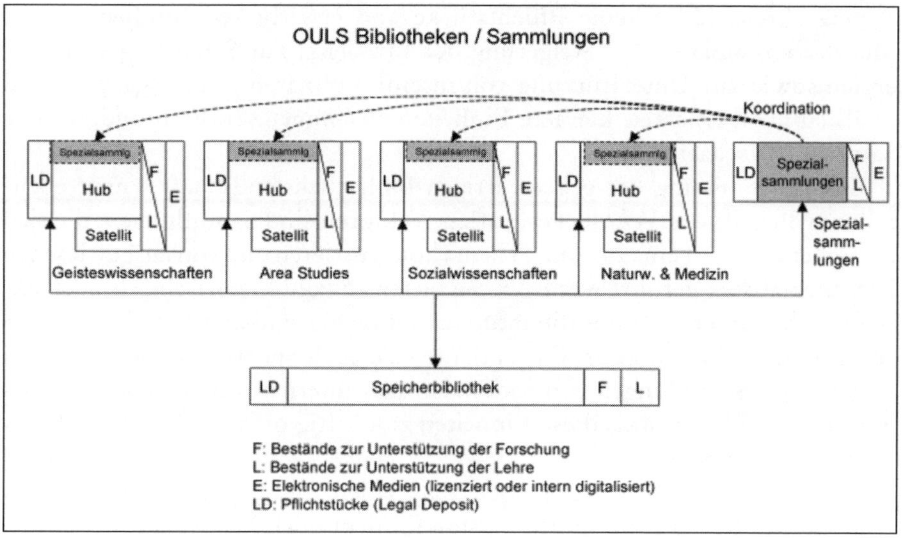

Abb. 1: Das Collection Management Framework *dient als strategisches Rahmenmodell für die Organisation der Bibliotheken bzw. Sammlungen in OULS. Es umfasst vier „Subject Clusters", Spezialsammlungen und Speicherbibliothek.*

Beschreibung der Kategorien

Um die Bedürfnisse von Lehre und Forschung optimal abdecken zu können, sind Hubs und Satelliten in allen Fachbereich erforderlich. Es ist durchaus denkbar, dass ein Fachbereich mehr als ein Hub besitzt, diese werden jedoch administrativ als eine Einheit betrachtet. Unterstützt eine Bibliothek sowohl Forschung als auch Lehre, so kann sie gleichzeitig als Hub und Satellit dienen[9].

Hubs sind Bibliotheken, die vorwiegend zur Unterstützung der *Forschung* dienen und Materialien dauerhaft archivieren. Das Modell geht davon aus, dass Hubs umfassende fachspezifische Forschungsbestände führen und genügend Raum bieten, um sowohl historische als auch aktuelle Literatur zu sammeln. Typischerweise decken Hubs möglichst große verwandte Fachgebiete ab. Sie sind autorisiert, Pflichtstücke zu übernehmen und können auch einzelne Spezialsammlungen umfassen.

Satelliten sind dazu bestimmt, die *Lehre* an Departementen und Fakultäten zu unterstützen. Eine typische Satellitenbibliothek hat einen klar definierten

[9] Die kürzlich eröffnete Social Science Library erfüllt beispielsweise beide Funktionen.

Benutzerkreis, führt keine Pflichtstücke und erwirbt von Studienliteratur Mehrfachexemplare. Zur Steigerung der Effizienz, zur Schaffung von Synergien sowie zur Unterstützung von interdisziplinären Studiengängen wird es als sinnvoll erachtet, kleinere Einheiten zusammenzuführen und größere Satelliten zu schaffen.

Zur Beschreibung der gegenwärtigen Bibliothekslandschaft wurde ebenfalls der Begriff des *Vektors* geschaffen. Vektoren sind Sammlungen, die sich typischerweise auf ein einzelnes Thema konzentrieren und von ausgewiesenen Fachspezialisten geführt werden[10]. Sie bieten sowohl historische als auch aktuelle Lehr- und Forschungsliteratur an und verfügen über einen kleinen, sehr spezifischen Benutzerkreis. Oft enthalten sie auch Spezialbestände und sind in der Regel Sammlungen von nationaler oder internationaler Bedeutung. Es wird vorgeschlagen, dass diese Einheiten zukünftig organisatorisch an Hubs angegliedert werden.

Die *Spezialsammlungen* umfassen Materialien, die aufgrund von fachlicher Abdeckung, Rarität, Herkunft, Zustand, Form oder Medientyp am besten außerhalb der regulären Sammlungen bearbeitet, gelagert und konsultiert werden.

Die gemeinsame *Speicherbibliothek* (Depository) dient zur Langzeitarchivierung von gedruckten und elektronischen Medien. Materialien in der Speicherbibliothek gehen in den Gemeinschaftsbesitz von OULS über. Bücher und Zeitschriftenbände können zur Konsultation in die verschiedenen Lesesäle der Hub-Bibliotheken bestellt werden. OULS plant derzeit den Bau einer neuen, großen Speicherbibliothek für gedruckte Bestände.

Einige Bibliotheken in OULS können ganz eindeutig als Hub oder Satellit bezeichnet werden. Andere haben einen weniger klar umrissenen Dienstleistungsauftrag und funktionieren als Hybridmodell. Diese Situation soll dahingehend bereinigt werden, dass sämtliche Fachgebiete möglichst einheitlich bedient werden und über eine vergleichbare personelle, räumliche und finanzielle Ausstattung verfügen. Um diese Vereinheitlichung bzw. Koordination zu erreichen, sollen Zweck und Sammelpolitik jeder einzelner Bibliothek schriftlich festgehalten werden und als richtungweisend gelten.

Checkliste zur Definition von Bibliothekstyp und Dienstleistungsauftrag

Zur klaren Differenzierung zwischen Hubs und Satelliten wurde eine Checkliste entwickelt (Tab. 3). Diese Liste umfasst Kriterien, die einerseits zur

[10] Zu den Vektoren gehören beispielsweise die Sammlungen zu Orientalistik, Pflanzenwissenschaften, Ornithologie oder Flüchtlingswesen.

Kategorisierung von Bibliotheken und Sammlungen dienen und andererseits den Dienstleistungsauftrag einer Einheit formulieren können. Die Kriterien sollen nicht als starre Pflöcke betrachtet werden, sondern vielmehr die zwei Endpunkte eines Kontinuums darstellen. In der Praxis sollen Hubs und Satelliten möglichst flexibel bleiben, damit sie ihre Dienstleistungen optimal ihren Benutzerbedürfnissen anpassen können.

Tabelle 3: Checkliste zur Kategorisierung des Bibliothekstyps und zur Bestimmung des Dienstleistungsauftrages von Bibliotheken und Sammlungen.

Satellit		**Sammlungen / Dienstleistungen**		**Hub**
Nein	<<<<	Langzeitarchivierung	>>>>	*Ja*
Nein	<<<<	Pflichtstücke	>>>>	*Ja*
Erwünscht	<<<<	Mehrfachexemplare	>>>>	*Möglichst wenige*
Selektiv	<<<<	Fachliche Abdeckung	>>>>	*Möglichst umfassend*
Weniger hohe Anforderungen	<<<<	Bestandspflege / Buchsicherheit	>>>>	*Hohe Anforderungen*
Evtl. beschränkt	<<<<	Zugang für externe Benutzer	>>>>	*Ja*
Essentiell	<<<<	Ausleihe	>>>>	*In der Regel beschränkt (Pflichtstücke werden nicht ausgeliehen)*
Angepasst an Bedürfnisse der Studierenden	<<<<	Öffnungszeiten	>>>>	*Angepasst an Bedürfnisse der Forschung*

Das oben beschriebene *Collection Management Framework* einschließlich Checkliste bietet ein Gerüst für die Entwicklung von detaillierten Erwerbungsprofilen für die verschiedenen Bibliotheken. Des Weiteren liefert es einen Rahmen für geplante bauliche Maßnahmen, für die Verteilung von Pflichtstücken, für die Anforderungen an Buchsicherheit und -pflege sowie für die Entwicklung eines Budgetverteilschlüssels.

Gegenüber der heutigen Situation schlägt die Checkliste einige wichtige Neuerungen vor. Hierzu gehören beispielsweise die vorsichtige Erweiterung der Ausleihe für käuflich erworbene Forschungsliteratur oder die Reduktion von Mehrfachexemplaren in Forschungsbibliotheken. Selbstverständlich müssen sämtliche Neuerungen mit den verschiedenen Benutzerkreisen und Interessengruppen ausführlich diskutiert werden.

Die Umsetzung dieser Neuerungen sowie die Entwicklung von Erwerbungsprofilen bleibt die Aufgabe für die kommenden Monate! Man kann davon ausgehen, dass es mehrere Jahre dauern wird, bis die verschiedenen Bestände organisatorisch vollständig integriert sind und sich als *ein* Gesamtbestand präsentieren. Die Herstellung und Verdichtung von Zusammenhängen zwischen den bestehenden Sammlungen von OULS, die Schließung von Bestandslücken, die sorgfältige Klärung und Reduktion fachlicher Überschneidungen und die Stärkung von ausgewählten Sammelschwerpunkten bilden die Herausforderungen für die nächsten Jahre.

Schlussfolgerung

Dieser Aufsatz beschreibt den langen Weg der Bestandskoordination an den Bibliotheken der Oxford University vom mehr oder weniger unkoordinierten Nebeneinander bis zur geplanten vollständigen Integration der Sammlungen. Dieser Integrationsprozess wurde vor fünf Jahren begonnen und ist noch keinesfalls abgeschlossen!

Als erster Schritt zur wirksamen Koordination der Bestände an den vierzig Bibliotheken der Oxford University Library Services (OULS) wurden Instrumente und Prozesse zur quantitativen und qualitativen Analyse des Zuwachses eingeführt. Hierzu gehören u.a. eine Gesamtübersicht über die laufenden Zeitschriftenbestände sowie Tools für das regelmäßige Reporting. In einem zweiten Schritt wurde mit dem *OULS Collection Management Framework* ein Rahmenmodell für die weitere Entwicklung und Ausrichtung der Sammlungen geschaffen. Hier werden Zweck und Dienstleistungsauftrag der verschiedenen Bibliothekstypen beschrieben und zueinander in Beziehung gesetzt.

Das administrative Zusammenführen von Bibliotheken führt nicht automatisch zur Integration von Sammlungen. Vielmehr müssen diese in langjähriger Detailarbeit koordiniert und angepasst werden. Die innere Kohärenz des Gesamtbestands kann nur erhalten bleiben, wenn diese Feinabstimmung sehr sorgfältig und unter Teilnahme aller Fachspezialisten durchgeführt wird. Allerdings sind diese längerfristigen Anpassungen nur möglich und kontrollierbar, wenn detaillierte und umfassende Daten und Auswertungen zum Bestandsaufbau in den einzelnen Fachgebieten vorliegen. Insofern bilden die im Text beschriebenen Instrumente und Analysemethoden die Grundlage für die weiteren Schritte der effektiven Bibliotheksintegration.

ANNETTE GERLACH

Qualitätsstandards in der Bestandserhaltung

Einleitung

Es geht im Folgenden nicht um die Frage vorhandener Normen und Standards, dazu mag man nachlesen bei Helmut Bansa, und zwar den Vortrag, den er vor drei Jahren auf dem Bibliothekartag gehalten hat.[1] Im Folgenden geht es um die Frage, wie Qualitätsstandards in der konkreten Praxis einzuhalten sind, wie sie zu definieren, wie sie durchzusetzen und wie sie zu kontrollieren sind. Es ist die Frage nach einem Mittelweg zwischen grenzenlosem Vertrauen in die Dienstleister und perfektionistischem „Alles-selber-machen-Wollen“ *in* der Bibliothek.

Qualitätssicherung ohne Vorbereitung, Begleitung und Kontrolle von Projekten durch kompetente Mitarbeiter zu gewährleisten, ist jedoch ein Ding der Unmöglichkeit. Neu ist diese Problematik natürlich keineswegs: So wurde z.B. beim Gründungssymposium der Allianz für Bestandserhaltung in München vor wenigen Jahren – d.h. *nach* jahrzehntelanger intensiver Mikroverfilmungspraxis über Qualitätsstandards und über Möglichkeiten der Kontrolle diskutiert und man hörte Klagen über die Schwierigkeiten, die aus zu geringem Personalstand für solche qualitätssichernden Arbeiten zur Vor- und Nachbereitung in einer Bibliothek entstanden und entstehen.

Ist es alles nur bloße Theorie, dass Qualität prinzipiell gefordert (und angeboten) wird? Besteht auch dann noch Verlässlichkeit in Dienstleister, wenn deren wirtschaftlicher Druck steigt? Wie kann man das Preisdumping der letzten Jahre bei der Mikroverfilmung anders erklären als durch zurückgehende Qualität? Waren die alten Ansprüche zu hoch, gibt es neue ausreichende? Wie wird blinder Aktionismus bei der Bestandserhaltung vermieden? Wird vorhandenes Geld wirklich effektiv ausgegeben oder muss in einigen Jahren nachgearbeitet werden, was heute oberflächlich „verpulvert“ wird? Die zentrale Frage lautet: Wie kann Qualitätssicherung tatsächlich in der Praxis aussehen?

In drei Bereichen soll diese Frage genauer betrachtet werden, zum einen

[1] http://www.uni-muenster.de/Forum-Bestandserhaltung/grundlagen/norm-bansa.shtml?print

bei der Restaurierung, zum anderen bei der Mikroverfilmung/Sicherheitsverfilmung und vor allem jedoch bei der Massenentsäuerung. In den ersten beiden Bereichen sind vorhandene Normen, Standards und Empfehlungen relativ gesichert, der letzte Bereich erscheint hier viel unklarer, dennoch kann auch hier die Frage nach der Qualität gestellt werden. Dies soll anhand der Erfahrungen und des Vorgehens bei einem großen Projekt der Zentral- und Landesbibliothek Berlin gezeigt werden.

1. Restaurierungen

„Die Blaubeurener Empfehlungen wurden geschaffen, um dem Bibliothekar/Archivar sowie dem Restaurator gleichermaßen, eine Basis für den Dialog zur Verfügung zu stellen."[2] *Dialog* ist hier das entscheidende Stichwort, dazu die Empfehlungen selbst, die eine hilfreiche Grundlage zur Orientierung bieten. Es ist in der Tat sehr notwendig, die im schon erwähnten Aufsatz von Bansa aufgezählten Normen und Empfehlungen zu kennen und zur Grundlage der Bestandserhaltung zu machen. Nur der Dialog zwischen Bibliothek und Restaurator kann bei den anstehenden Entscheidungen und Prüfungen der Methode und Verfahren zu verantwortbaren Ergebnissen führen. Nur die bibliothekarischen Kenntnisse von Sammlungszusammenhängen und Benutzungsanforderungen und die gemeinsame Verständigung über das zu erreichende Restaurierungsziel können sichern, dass eine Restaurierung nicht nur unter technischen Gesichtspunkten eine gute Qualität bietet, sondern auch eine den Anforderungen der Bibliothek entsprechende. Die Diskussionen über die notwendige Zusammenarbeit zwischen Restauratoren und Bibliothekaren, die ihr jeweiliges Spezialwissen einbringen, sind nicht neu. Die Praxis zeigt in vielen Bibliotheken, dass es bewährte Wege sind, die weiter zu gehen sind.

Qualitätssicherung bei der Arbeit der Restauratoren kann sicher durch Erfahrungen und Empfehlungen gesichert werden. Wie auch bei anderen Aufträgen sind Referenzen, die überprüfbar sein müssen und die man zumindest auszugsweise auch überprüfen sollte, hilfreich. Eine andere Praxis wird aus Russland berichtet: Hier gibt es keine staatliche Restauratorenausbildung, sondern es werden, je nach Fähigkeit und Schwierigkeit der Arbeit, die erlernt und nachgewiesen worden ist, offizielle „Befähigungen" verliehen, die aber zeitlich begrenzt sind. D.h. ein russischer Restaurator muss in regelmäßigen Abständen, um weiterhin die offizielle Berufsanerkennung zu haben, durch

[2] http://www.buchbinderei-mende.de/Blaubeuren.html

praktische Arbeiten seine Fähigkeiten unter Beweis stellen und sich überprüfen lassen. Ohne die deutschen Ausbildungswege in Frage stellen zu wollen, erscheint dies jedoch durchaus bemerkenswert.

Der weitere zentrale Punkt der „Blaubeurener Empfehlungen" ist die Frage der ausführlichen Dokumentation aller Restaurierungsschritte, des Ausgangszustandes und des Endproduktes in Wort und Bild. Dies ist für die Qualitätssicherung unverzichtbar. Hierfür gibt es keine verbindlichen einheitlichen Vorschriften, aber in zahlreichen Restaurierungswerkstätten, Bibliotheken und Archiven auch schon sehr sinnvolle Regelungen, Formulare usw. Bei der Dokumentation soll bestimmend sein, dass alle Eingriffe und Behandlungsschritte der Restaurierung auch später noch nachvollziehbar sind. Auch dies war bereits in den 1991 erarbeiteten Blaubeurener Empfehlungen hinreichend beschrieben, es ist wahrlich nichts Neues.

Somit bieten diese Empfehlungen meines Erachtens eine grundsätzliche Orientierungsmöglichkeit für die hier interessierenden Fragen auch in anderen einzelnen Feldern der Bestandserhaltung.

2. *Mikroverfilmung/Sicherheitsverfilmung*

In diesem Bereich der Bestandserhaltung erscheinen die Qualitätsfragen hinreichend ausführlich und klar zu sein. Auch das aktuelle Förderprogramm der DeutschenForschungsgemeinschaft „Kulturelle Überlieferung", durch das u.a. auch weiterhin Verfilmungen gefährdeter Bestände möglich sind, beschreibt in seinen Praxisregeln[3] ausführlich die technischen Anforderungen und nennt die zugrunde liegenden DIN/ISO-Normen, dies ist unmissverständlich verbindlich: „Um den Ansprüchen an eine dauerhafte Sicherung zu genügen, müssen einheitliche Verfahrensregeln festgelegt und konsequent eingehalten werden."

Maßgeblich für die Mikroverfilmung ist die DIN/ISO-Norm 6199. Die DIN-Norm 19057 T 1 [ISO 4087, 6197] regelt konkret die Mikroverfilmung von Zeitungen. Weitere Normen regeln Restgehaltsbestimmung von Thiosulfat und anderen Chemikalien, die Haltbarkeit und Prüfung von Mikrofilmen, die Diazokopie usw. Mikroverfilmungsprogramme gerade von Zeitungen sind nicht neu, eine lange Literaturliste kann gefüllt werden mit hilfreichen Publikationen, doch kann eine Bibliothek die technischen Seiten der Verfilmung kontrollieren? Sind die Forderungen bloße Theorie? Bei allem Realismus kann im ureigenen Interesse einer tatsächlich dauerhaften Sicherung der ge-

[3] http://www.dfg.de/forschungsfoerderung/formulare/download/12_151.pdf

schädigten Originale durch den Ersatz durch Sekundärformen die Forderung nach einem Minimum an Kontrolle – und sei es durch Stichproben – nicht vernachlässigt werden. Andererseits führt gerade die praktische Schwierigkeit der Überprüfung der Einhaltung gerade der technischen Normen dazu, den Erhalt der Originale wenigstens überregional arbeitsteilig zu fordern, denn die negativen Beispiele nicht qualitätsvoller Verfilmung mit einem Alter von vielleicht 30 oder 35 Jahren, die heute schon nicht mehr (gut) lesbar sind, sind keine bloße Drohung, sondern erlebte Praxis. Neuverfilmung bedeutet aber, neue Finanzmittel zu benötigen. Sicher kann man den technischen Stand nicht ungefragt auf die Vergangenheit zurück projizieren, aber die Gefahren durch Nicht-Kontrolle sind zu groß, um dies bedenkenlos propagieren oder resigniert hinnehmen zu können. Die Forderung bleibt daher, nicht nur Fördermittel für solche Maßnahmen zu erhalten, sondern auch die Personalkapazität für Kontrollmechanismen in den Bibliotheken und Archiven zu haben.

In der Zentral- und Landesbibliothek Berlin wird wie in vielen anderen Einrichtungen versucht, durch Stichprobenkontrollen und durch eine ausführliche Dokumentation der Verfilmung, dieser Problematik zu begegnen. Der Dienstleister hält bei der Verfilmung Besonderheiten, z.B. schlechte Lesbarkeit, Lücken, Besonderheiten bei der Reihenfolge, z.B. Beilagen fest. Diese Protokolle sind jedoch nur für den internen Arbeitsgebrauch bestimmt. Die Zeitungsabteilung der Staatsbibliothek zu Berlin fordert schon seit Langem, solche Verfilmungsprotokolle und Dokumentationen auch Nutzern zugänglich zu machen, d.h. konkret mit dem Titelnachweis in der Zeitschriftendatenbank zu verknüpften, aber auch die Gestaltung dieser Protokolle zu normieren. Eigene erste Schritte hat die Bibliothek bereits unternommen, überprüfbar auf ihrer Homepage.[4] Dies sind meines Erachtens sehr überlegenswerte Ansätze für eine nicht nur postulierte sondern realisierte Wahrung von Qualitätsstandards nicht nur bei der chemischen Seite der Verfilmung, dem Zustand des Films, seiner Aufnahmequalität, sondern auch im Hinblick auf Klarheit der Information und Transparenz hinsichtlich der Besonderheiten der Vorlagen, d.h. in der Überlieferung selbst. Hier sind die Möglichkeiten auch der ZDB-Verzeichnung sicher noch nicht ausgeschöpft.

3. Massenentsäuerung

Zunächst einige wenige Stichpunkte zur Zentral- und Landesbibliothek Berlin, um die Darstellung des folgenden Projektes besser einordnen zu

[4] http://zeitungen.staatsbibliothek-berlin.de/de/projekte/protokolle.php

können. Die Zentral- und Landesbibliothek Berlin wurde 1995 durch Fusion der 1901 gegründeten „Berliner Stadtbibliothek“ und der 1954 als Folge der Teilung der Stadt eröffneten „Amerika-Gedenkbibliothek“ gegründet; seit Anfang 2005 gehört die nach dem Zweiten Weltkrieg gegründete Senatsbibliothek auch zur Stiftung Zentral- und Landesbibliothek Berlin. Alle Vorgängereinrichtungen haben – quantitativ gesehen – ihre Bestandsschwerpunkte bei der Literatur des 19. und 20. Jahrhunderts, dies aber vor allem auch in Bereichen, die besonders schützenswert sind. Denn zur Zentral- und Landesbibliothek Berlin gehören gut 50 historische Sammlungen, zumeist Gelehrtenbibliotheken, -sammlungen und -nachlässe aus den genannten Jahrhunderten, die für und in der Stadt und der Region eine besondere Bedeutung haben.

Die Zentral- und Landesbibliothek Berlin hat im Jahr 2003 und fortgesetzt mit Jahresbeginn 2005 aufgrund der Zuweisung von Drittmitteln der Stiftung Deutsche Klassenlotterie ein sehr großes Bestandserhaltungsprojekt durchgeführt (d.h. der zweite Teil des Projektes hat vor wenigen Wochen begonnen), in dem es um „Schimmelsanierung und Massenentsäuerung“ ging und geht. Das Vorgehen hinsichtlich der Qualitätssicherung bei diesem Projekt sei als ein Beispiel hier vorgestellt. Warum wurde aber dieses Projekt notwendig? Bei der Problematik des übersäuerten Papiers liegt dies wie in allen Einrichtungen auf der Hand. Bedingt durch jahrzehntelange schlechte Lagerung aufgrund von Gebäudeproblemen in den Magazinen bzw. einer als „Ausweichmagazin“ genutzten Scheune war und ist jedoch auch die Schimmelproblematik ein latentes Problem. Selbst wenn die Einschaltung von einschlägigen Gutachtern vor wenigen Jahren zeigte, dass es viel schlimmer sein könnte (der bloße Aufenthalt in den Magazinen ist nicht gefährlich), war aber das Problem doch als so groß beschrieben, dass Handlungsbedarf bestand. Mit eigenen Mitteln schien dies ein aussichtsloses Unterfangen. Da die Problematiken von Schimmelbefall und übersäuertem Papier zusammenhängen, da sich Schimmelsporen auf übersäuertem Papier besonders gut anlagern und rascher wachsen können, lag es nahe zu versuchen, beide Probleme in einem Schritt zu erledigen. Ein aufgrund einer Initiative des Stiftungsratsvorsitzenden der Zentral- und Landesbibliothek Berlin gestellter Antrag bei der Stiftung Deutsche Klassenlotterie für ein großes Projekt schien ein utopischer Schritt zu sein. Doch (zur Überraschung vieler) wurden Mittel im Jahr 2003 und erneut für das laufende und das kommende Jahr eine beträchtliche Fördersumme bewilligt, die im Jahr 2003 die Behandlung von knapp 20.000 Büchern ermöglichte und in der zweiten Phase die von 100.000 Büchern.

Folgende Leistungen wurden in der ersten Projektphase ausgeschrieben:

- die Schimmelsanierung mittels Gamma-Bestrahlung bei schwer schimmelgeschädigten Bänden
- die Trockenreinigung (außen und innen) bei allen zu behandelnden Büchern
- die Massenentsäuerung von geschätzten 75 % dieser Bestände
- dazu die Logistik des Gesamtprojektes, inklusive der Forderung nach einer EDV-gestützten Dokumentation, die dazu führt, dass zu jedem Zeitpunkt nachvollziehbar ist, was mit den Büchern gemacht wird und gemacht worden ist.

In der zweiten Projektphase rückte aufgrund einer anderen im Mittelpunkt stehenden Bestandsgruppe sowie durch eine immense Steigerung der Eigenaktivitäten bei der Trockenreinigung, die durch ein groß angelegten Projekt mit Hilfskräften im eigenen Haus erweitert wurde, die Problematik der Massenentsäuerung verstärkt in den Mittelpunkt der Aufmerksamkeit. Doch nicht nur die Schadenssituation konnte die Auswahl der Bestände bestimmen, sondern ergänzend dazu inhaltliche Aspekte. In der ersten Projektphase wurde eine der historischen Sammlungen mit herausgehobener Bedeutung für Berlin ausgewählt, deren vielfältige Schädigungen ein Handeln dringend erforderten, es war die alte Sammlung der Anfang des 19. Jahrhunderts gegründeten „Magistratsbibliothek", die auch als „Keimzelle" der Berliner Stadtbibliothek gelten kann. In der zweiten Projektphase wurdeLiteratur, die in Berlin erschienen ist, ausgewählt, zu deren Erhaltung die Zentral- und Landesbibliothek Berlin aufgrund ihrer Aufgabe als Landesbibliothek (Pflichtexemplarrecht) verpflichtet ist.

Die Qualitätsfrage bei einem solchen Projekt ist nicht nur aufgrund der Verknüpfung zweier schwieriger Probleme von besonderem Interesse, sondern besonders bei der Massenentsäuerung stellt sich die Qualitätsfrage im Hinblick auf den Nachweis der Wirksamkeit als auch auf die Frage der möglichen Vermeidung oder zumindest weitgehender Eingrenzung von Nebenwirkungen des Verfahrens. Fragen, die sich auch in der Literatur bzw. in Gesprächen mit Fachleuten, die bereits eingehendere Erfahrungen sammeln konnten, immer wieder ergaben. Die Hilfe, die gerade durch die Hinweise der Experten möglich wurde, namentlich seien Herr Prof. Dr. Banik (Stuttgart) und Frau Dr. Blüher (Bern) genannt, aber auch Kollegen Der Deutschen Bibliothek, des sächsischen Hauptstaatsarchivs u.a., verdient nicht nur – auch an dieser Stelle – einen öffentlichen Dank, sondern ist auch ein Mittel der Qualitätswahrung durch Erhöhung der Kompetenz bei denjenigen, die in einer Bibliothek ein solches Projekt durchführen.

Die Ausschreibungen in beiden Projektphasen hat die Firma „Preservation

Academy Leipzig" gewonnen, d.h. bei der Massenentsäuerung wurde mit dem in Spanien entwickelten CSC-Book-Saver-Verfahren® gearbeitet.[5]

Zwar war in der Zentral- und Landesbibliothek Berlin vor wenigen Jahren an einem Bestandssegment, das als sehr typisch für den Gesamtbestand betrachtet werden kann, eine ausführliche Schadensanalyse gemacht worden, deren Ergebnisse waren auf die oben genannte historische Sammlung „Magistratsbibliothek" nicht ohne weiteres zu übertragen und konnten daher keine ausreichende Orientierungshilfe bieten. Anhand eines mit der Firma gemeinsam erarbeiteten Kriterienkatalogs erfolgte die Auswahl der zu behandelnden Schritte durch den Dienstleister. Entscheidend war ja aufgrund fehlender zusätzlicher Personalkapazität in der Zentral- und Landesbibliothek Berlin, dass die Auswahl der durchzuführenden Behandlungsschritte ebenfalls durch die Mitarbeiter der Firma zu erfolgen hatte. D.h. Mitarbeiter von Preservation Academy Leipzig arbeiteten im Magazin, unterzogen jedes Buch einer groben Schadensanalyse, sichtbare Schäden wurden dokumentiert (damit sie nicht nachträglich als Schäden durch die Behandlung zu definieren waren). Dann erfolgte die Behandlung je nach festgelegtem Weg, dabei gab es folgende Varianten:

- Gamma-Bestrahlung (bei einem Subunternehmer, der Firma Gamma-Service in Radeberg) – Feinreinigung – Massenentsäuerung – Rückführung
- Feinreinigung – Massenentsäuerung – Rückführung
- Feinreinigung – Rückführung

Und am Ende sollte alles in der Reihenfolge der Entnahme wieder im Regal stehen. Die Bestände der ersten Projektphase waren noch nicht mit der EDV erfasst, so dass als erster Schritt die Vergabe einer ID-Nummer notwendig war, um den jeweiligen Band in der mit der Firma zu entwickelnden Datenbank (Access) jederzeit individuell nachzuvollziehen war. Die ID-Nummer wurde im Buch mittels einer Fahne eingelegt. Am Ende der Behandlung musste dann abschließend im Buch mittels vom Auftraggeber vorgegebener Kürzel mit Bleistift die Art der Behandlung dokumentiert werden. Die in der laufenden Projektphase ausgewählte Pflichtliteratur ist im Opac der Bibliothek erfasst, die Vorauswahl erfolgte somit weitgehend automatisch nach klaren Vorgaben der Bibliothek. Der Dienstleister erhielt Signaturenlisten, anhand derer er die Literatur, die im Magazin nicht separat steht, heraussuchen konnte. Die Vergabe einer ID-Nummer ist überflüssig, die Mediennummer, die im Opac vergeben ist, identifiziert jedes Buch hinreichend. Eine abschließende Kenn-

[5] Siehe hierzu den Aufsatz von Wolfgang Wächter, mit dem er das Verfahren auch unter technischen Gesichtspunkten vorstellt:
http://www.uni-muenster.de/Forum-Bestandserhaltung/kons-restaurierung/waechter.shtml?print

zeichnung der durchgeführten Behandlung wird im Opac nach demselben Abkürzungssystem erfolgen wie im ersten Projektschritt. Auch dies ist durch weitgehende Automatisierung arbeitssparend möglich.

Entscheidend ist die Vorgabe der Auswahlkriterien. Jedoch klingt das Wort „Kriterienkatalog" als Basis der Auswahl der Behandlungsschritte einfach, aber die Tücke steckte im Detail und erforderte in der Anfangsphase eine hinreichend klare Absprache und Abstimmung. So musste z.B. die Frage, wie sich „weißes" Papier (als Ausschlusskriterium) tatsächlich definiert, von den Fachleuten der Buchbinderei der Bibliothek und den Restauratorinnen der Firma im Detail und anhand praktischer Beispiele geprüft und geklärt werden. Doch ein gemeinsames Diskutieren und Beraten über *jedes* einzelne Buch war allein aus zeitlichen Gründen nicht möglich. Zu Erinnerung muss immer gegenwärtig sein, dass es in der Zentral- und Landesbibliothek Berlin für das Projekt keine personellen zusätzlichen Ressourcen gab, dass also sämtliche für das Projekt anfallenden Personalstunden zu Lasten anderer Routineaufgaben gingen. Notwendig war eine individuell auf jedes Buch bezogene Abstimmung jedoch auch nicht. Der Auftraggeber, also die Bibliothek, musste anerkennen, dass die Entscheidung, was mit jedem Buch passiert, an den Dienstleister vergeben worden war, und dieser akzeptierte und verstand die (Qualitäts-)Forderungen des Auftrags sehr leicht.

Die entscheidende hier interessierende Frage ist nun die nach der Basis der ausgeschriebenen Qualitätsanforderungen bei der Massenentsäuerung: „Abgeschrieben" (z.T. im wörtlichen Sinne) wurde bei Ausschreibung und Auftragsvergabe die auch im Internet zugänglichen Qualitätsrichtlinien der Schweizer Landesbibliothek, die in langjährigen Erfahrungen und eigenen Forschungen entwickelt worden waren.[6] Hier sind sowohl einheitliche und verbindliche Messmethoden zur Überprüfung der Wirksamkeit beschrieben als auch ein interessanter Ansatz bei der Frage nach den Nebenwirkung: In einer fest definierten Menge wird nur ein bestimmter, sehr geringer Prozentsatz tolerierbarer Nebenwirkungen festgeschrieben. Farbverbänderungen, sichtbare Ablagerungen, Strukturveränderung der Papieroberfläche usw. sollten bei maximal 5 % auftreten dürfen. Vorweg schon das Ergebnis (vor der Darlegung der Kontrollmechanismen): In der laufenden Projektphase ist diese Zahl auf 2 % gesenkt, denn an keiner Stelle sind im ersten Projekt diese 5 % überschritten (oder erreicht) worden. Es war zwar aus Gesprächen mit den Schweizer Kollegen bekannt, dass auch dort überlegt wurde, die Forde-

[6] Siehe allgemein die Darstellung der Kontrollvorgänge bei der Massenentsäuerung der Schweizer Landesbibliothek (http://www.snl.admin.ch/d/fuehr/po_masse.htm#kontrolle). Die Qualitätsrichtlinien sind in 2004 aktualisierter Fassung zu finden unter: http://www.snl.admin.ch/pdf/paprest/Qualit%E4tsstandards%20deutsch.pdf

rungen strenger zu fassen aufgrund der guten Ergebnisse durch die Weiterentwicklung des dortigen Massenentsäuerungsverfahrens, aber bei der ersten Ausschreibung vor zwei Jahren war in der Zentral- und Landesbibliothek Berlin nicht gewagt worden, eine Prozentzahl anzugeben, die in der Fachliteratur an keiner Stelle bis zu dem Zeitpunkt schriftlich dokumentiert worden war. Inzwischen sind die Schweizer Qualitätsrichtlinien auch auf der Basis ihrer inzwischen mehr als fünfjährigen umfassenden Erfahrung aktualisiert, verbessert und angepasst und somit größtenteils auch strenger gefasst worden. Auch das Projekt der Zentral- und Landesbibliothek Berlin hat gezeigt, dass dies der richtige Weg ist.

Wie geschah die Durchführung der Kontrollen in der Praxis? Nicht mit den Mitarbeitern der Preservation Academy Leipzig zusammen, sondern im Vorgriff auf deren Arbeiten im Magazin (die ja nicht auf einmal alle Bücher abholten) wurde an eine Anzahl von Büchern für Stichproben ausgewählt. Sie wurden einer sehr umfassenden und genauen Schadensanalyse unterzogen. Sie wurden somit zu Kontrollbüchern, denn nach Abschluss aller Behandlungen wurden sie ebenso gründlich erneut kontrolliert. Dies Ergebnis konnte bei der Frage auftauchender Nebenwirkungen dann zur Basis von Hochrechnungen werden. Es sollten jedoch bei der Kontrolle nicht nur Schäden („Nebenwirkungen") erkannt werden, sondern der Erfolg der Behandlung sollte ebenfalls (mittels PH-Stift) kontrolliert werden. Darüber hinaus waren vertraglich weitere Kontrollmöglichkeiten durch Dritte festgelegt und vorgegeben vom Auftraggeber, durchzuführen bei unabhängigen externen Analyselabors. Dabei waren vor allem die Beigabe von Referenzpapieren für diese Kontrollzwecke ausgesprochen wichtig. Überprüft wurde bzw. wird die Homogenität der Entsäuerung, die alkalische Reserve, die Bruchkraft nach der Falzung und die Vergilbung. Vorgegeben (orientiert an den Schweizer Erfahrungen, aber angepasst an das technisch anders ausgelegte CSC-Book-Saver-Verfahren®) wurde die Art der Messmethode und auch die Menge. Aus dem laufenden Projekt seien die festgelegten Kontrollmengen genau zitiert: Stärke und Homogenität (3 Seiten pro Cluster), Oberflächen-PH-Reaktion (2 Seiten pro Cluster), Farbveränderung (2 Seiten pro Cluster) und mechanische Festigkeit (4 Seiten pro Cluster). Die Bezugsgrößen der Mengen selbst sind ebenfalls klar definiert.[7] Doch nicht nur das Beifügen von Testpapieren bei der Behandlung ist für die Kontrollmöglichkeit unverzichtbar, ebenso die genaue Dokumentation auch der Behandlungsparameter, um gegebenenfalls sichtbar werdende Probleme erklären und bewerten zu können.

Das Kontrollergebnis ist insgesamt positiv, jedoch gibt es sehr wohl in

[7] Ein Cluster bezieht sich auf maximal 2000 Items (=Bücher). Ein Buch entspricht 0,5 kg; ein Maschinendurchlauf 50 kg, eine Charge 12 Maschinendurchläufen.

Einzelfällen Nebenwirkungen, wobei es interessante Beobachtungen gab. Es trat kein Ausbluten von Farbe auf (auch nicht von Einbänden, Buchschnitten o.ä.), aber sehr vereinzelt ein „Auslaufen“ von Schrift, so dass das Papier teilweise wie „transparent“ erscheint. Auch gab es ebenso vereinzelt leichte weiße Ablagerungen, die problemlos zu entfernen waren. Der Dienstleister selbst war gerade an diesen Büchern sehr interessiert, bieten sie doch Möglichkeiten, Ursachen zu finden, um das Verfahren selbst zu verbessern. Die Parameter der Entsäuerungsbehandlung sind in der Datenbank festgehalten, man kann mit Büchern derselben Charge vergleichen, so dass Rückschlüsse möglich sind und damit tatsächlich begründbare Hoffnungen auf Veränderung im Sinne einer Verbesserung. Das Stichwort „Homogenität“ der Behandlung war eine schwierige Frage. Auch in Gesprächen mit unabhängigen Fachleuten und mit der Firma, ist dies immer wieder problematisiert worden. Wenn als Ausgangspunkt keine homogene gleichmäßig verteilte Übersäuerung vorliegt (vorliegen kann), wie soll dies durch welche Behandlung auch immer hergestellt werden? Es stellte sich die Frage, ob die Forderung nach Homogenität wirklichkeitsfremd ist. Aber auch in der Ausschreibung zur zweiten Projektphase sind die Formulierungen der Schweizer Fachleute auch für diesen Punkt beibehalten worden, denn verhindert werden muss auf der anderen Seite eine nicht mehr nachvollziehbare Art der Abweichung, als generelle Tendenz (verbunden mit der Angabe einer Toleranzgrenze für die Möglichkeit der Abweichung) ist dies unseres Erachtens nach wie vor unverzichtbar.

Die Bücher der ersten Projektphase stießen in der Fachwelt auf großes Interesse, wie sich an Besuchen und dem Wunsch nach Gesprächen und Besichtigungen durch einschlägige Experten ablesen ließ. Kurzzeitig erschien die Möglichkeit einer weiteren wissenschaftlichen Untersuchung, das Verfahren war ja inzwischen (wenn auch nicht mit Büchern der Zentral- und Landesbibliothek Berlin) ins Evaluierungsprojekt von Prof. Banik aufgenommen worden. Eine dritte Seite bekundete Interesse an einem Forschungsprojekt, die Zentral- und Landesbibliothek Berlin stand dieser Idee sehr positiv gegenüber und hätte unproblematisch die Bücher zur Untersuchung bereit gestellt, jedoch wurde diese Projektidee nicht umgesetzt. Da wissenschaftliche Untersuchungen im Interesse der Qualitätswahrung der Bestandserhaltung von großem allgemeinen Interesse sind, ist auch in Zukunft die Bereitschaft der Bibliothek zur Mitarbeit durch Bereitstellung von Büchern gegeben, nur eine eigene Forschungsarbeit zu initiieren (und zu bezahlen) ist aus nachvollziehbaren finanziellen Gründen nicht machbar.

Bei der Gamma-Bestrahlung ergab sich aufgrund eines Projektes einer anderen Berliner Kultureinrichtung während des laufenden Ausschreibungsverfahrens im Jahr 2003 der Verdacht auf Ungleichheit der Ergebnisse einer

Behandlung, so dass auch hier durch die Zentral- und Landesbibliothek eine zusätzliche ursprünglich nicht beabsichtigte Kontrolle eingebaut wurde: Einige Testbücher wurden dem Institut für Lufthygiene (Berlin) zur Schimmelkontrolle vor der Bestrahlung gegeben, danach eingeschweißt und bestrahlt und – ungeöffnet – unmittelbar nach der Bestrahlung erneut im Institut für Lufthygiene untersucht. Eine erfolgreiche Behandlung durch Abtötung und Reduktion der Schimmelsporen konnte bei allen Testbüchern festgestellt werden. Die Qualitätsanforderung an den Dienstleister war hier, die Dosis so hoch wie notwendig, aber so gering wie möglich zu wählen. Der Dienstleister hatte natürlich Kenntnis der Untersuchungsergebnisse der gesamten „Schimmeluntersuchungen", die das Institut für Lufthygiene 2002 durchgeführt hatte, erhalten, um die Familien der Schimmelsporen zu kennen und zielgerichtet behandeln zu können.

4. Schlussfolgerungen

Sicher ist die Darstellung der Art des Umgangs mit der Qualitätsfrage beim Projekt „Schimmelsanierung und Massenentsäuerung" in der Zentral- und Landesbibliothek nicht der allein „selig machende" Weg, um die schwierige Frage der Qualitätsstandards zu behandeln. Es mag als ein Beispiel dienen und vielleicht zum Nachdenken und gegebenenfalls sogar teilweise zur Nachahmung dienen. Aber die hier anhand der Problematiken Restaurierung, Mikroverfilmung und Massenentsäuerung generell dargestellten Schwierigkeiten lassen einige zusammenfassende Schlussüberlegungen zu.

Bestandserhaltungsprojekte bedürfen einer gründlichen fachlichen Vorbereitung unter zweierlei Gesichtspunkten: restauratorischer Bedarf (Beschreibung und Bewertung des Schadens, Ermittlung der technischen" Handlungsmöglichkeiten etc.) und bibliothekarische Gesichtspunkte (inhaltliche Gewichtung des Bestandes, Nutzungsfragen, Zusammenhänge zu Sammlungen, Gesamtbestand, konzeptionelle Überlegungen usw.). Der *Dialog* zwischen Bibliothek und Restaurator bzw. beim Outsourcing dem Dienstleister ist entscheidend für die Qualitätswahrung, dies gilt natürlich nicht nur für die Bestandserhaltung, sondern ist eine insgesamt zu verallgemeinernde Binsenweisheit", doch erscheint es nicht sinnlos, sich auch solcher Selbstverständlichkeiten wieder zu vergewissern. Aber dieser Dialog setzt auf bibliothekarischer Seite Kompetenz und Fachwissen voraus. In wenigen Bereichen der Bibliothek sind die Veränderungen, die durch neue Möglichkeiten, neue Angebote des Marktes und durch neue Forschungsergebnisse entstehen so groß wie bei der Bestandserhaltung. Das, was einmal als empfehlenswert gilt, kann schon nach recht kurzer Zeit durch neue Entwicklungen überholt sein. Daher ist der Fortbildungsbedarf überdurchschnittlich hoch sowie der Kontakt zur Forschung und die generelle Möglichkeit, Informationen und Erfahrungen auszutauschen zentral. Mit der Website Forum Bestandserhaltung“ ist eine unverzichtbare und wesentliche Voraussetzung für den raschen und aktuellen Informationsaustausch geschaffen, aber dies allein reicht nicht aus. Zu fragen ist, ob es ausreichende Fortbildungsangebote zu unterschiedlichsten Aspekten der Bestandserhaltung gibt.

Für die Wahrung der Qualität bei der Durchführung von Bestandserhaltungsmaßnahmen ist letztlich die Kontrolle entscheidend. Sie sollte nicht nur eine lästige Pflichtübung sein, sondern sie ist unverzichtbar. Und diese Aussage steht, obwohl das oben genannte Projekt sehr erfolgreich verlief und es zu keiner Zeit zu irgendwelchen Problemen oder Schwierigkeiten mit der Preservation Academy Leipzig“ kam. Dennoch ist dies keine Selbstverständlichkeit, keiner kann die Garantie auch bei einer guten Firma geben, dass dies auch in Zukunft für alle Zeiten so bleiben wird.

Für die Qualitätswahrung bei allen Arten von Bestandserhaltungsmaßnahmen ist vor allem auch die Dokumentation entscheidend. Bei der Massenentsäuerung warten viele auf Normierungen, die in Vorbereitung sind, die aber wie aus dem Kreis des Fachausschusses zu hören war, sich mit der Frage der durch die Massenentsäuerungsmethoden zu erreichenden Behandlungsergebnisse beschäftigen wird und bei der Meßmethoden normiert werden sollen, Fragen der Nebenwirkungen wird man sich nicht widmen, dieser Problemkomplex gilt als unlösbar. Für diesen Punkt erscheint um so mehr der Ansatz der Schweizer Landesbibliothek eine pragmatische und hilfreiche Lösung für diese Problematik zu sein. Zu wünschen ist, dass diese Richtlinien auch in Deutschland zur Grundlage verbindlicher Standards und Empfehlungen bei der Massenentsäuerung werden.

Eine Problematik, die mit aller Schärfe immer wieder bei allen Bestandserhaltungsmaßnahmen deutlich wird, ist jedoch die Personalfrage in den Bibliotheken und Archiven. Eine Umfrage, die im vergangenen Jahr in den Bundesländern Berlin und Brandenburg zum Ist-Stand in Sachen „Bestandserhaltung“ durchgeführt wurde, zeigt in erschreckender Weise die katastrophal schlechte Ausstattung mit Personal für Fragen der Bestandserhaltung in den Bibliotheken und Archiven dieser beiden Bundesländer und dies dürfte keine Ausnahmesituation sein. Von 99 angeschriebenen Bibliotheken und Archiven antworteten 78, so dass von einem hohen Maß an Repräsentativität auszugehen ist. Über 37 % der Einrichtungen haben keinerlei Stellen für Bestandserhaltung, weitere gut 37 % haben weniger als eine Stelle. Jeweils mehr als 85 % der Einrichtung haben weder Buchbinderei noch Restaurierungswerkstatt oder zusätzliche Hilfskräfte für die Bestandserhaltung. Die Benutzung des Wortes „katastrophal“ zur Beschreibung dieser Situation ist meines Erachtens sehr angemessen und noch eher vorsichtig formuliert. Hier liegt das eigentliche Problem, die Einhaltung von Qualitätsstandards bei Bestandserhaltungsmaßnahmen ist keine Frage von finanziellen Mitteln allein, fehlt das Personal in den Bibliotheken für fachgerechte Vorbereitung, Projektbegleitung und Nachkontrolle, wird diese Frage schlicht unlösbar.

Es mögen oft fast trivial erscheinende Erkenntnisse im Vorhergesagten beschrieben sein, Aspekte, die auch für andere Felder der Bibliotheksarbeit gelten, aber der wirtschaftlich größer werdende Druck auch bei der Bestandserhaltung, der oft im Widerspruch steht zu einer durchaus gesteigerten Aufmerksamkeit der Öffentlichkeit, zwingt dazu, sich nicht blindem „Outsourcingswahn“ hinzugeben, sondern pragmatische Wege der Zusammenarbeit zwischen Einrichtungen und Dienstleistern zu finden. Diejenigen, die für Bestandserhaltung in ihren Einrichtungen Verantwortung tragen, sind oft zwischen zwei Extremen hin- und hergerissen: der Aktionismus, der sich anbietet und zwingend zu sein scheint angesichts des gesamten Handlungsbedarfs, aber auf der anderen Seite die unzureichenden Ressourcen. Bevor jedoch – als Extrem auf der anderen Seite – eine Selbstblockade der Arbeit durch zu große Erwartungen und unrealistische Forschungen entsteht, sind die Mittel der Stichproben, Hochrechnungen und Schätzungen einzusetzen. Letztlich wird die Kooperation zwischen den Einrichtungen auf regionaler und überregionaler Ebene, d.h. eine konzeptionell abgestimmte Bestandserhaltung, der einzige generelle Ausweg sein. Es wird nicht alles, was heute in Bibliotheken steht, erhalten werden können. Aber wenn die Minimalforderungen nach Geld und Personal, Qualitätsanspruch und Kontrollen, Dialog und Dokumentation des Handelns gewahrt sind, haben wir schon eine Menge erreicht. Der Ruf nach perfekten Rahmenbedingungen ist sinnlos, aber es kann dennoch auf Fortschritte verwiesen werden. Selbst in dem schwierigen Gebiet der Massenentsäuerung, in dem bisher verbindliche „einfache“ Qualitätsnormen fehlen, ist trotzdem erfolgreiches Handeln möglich. Dies sollte auch zur Vermeidung größerer Schäden, die unweigerlich durch Abwarten entstehen, getan werden, damit die Benutzung der Quellen auch für nachfolgende Generationen noch möglich bleibt.

HANS-PETER SAAL

Umzugslogistik für Bibliotheken – innovative Lösungen zur Bestandszusammenführung und Herstellung der Aufstellungsfolge

Dieser Beitrag richtet sich an alle Mitarbeiter in Bibliotheken und Archiven, die einen Umzug verantwortlich planen oder sich allgemein mit dieser Problemstellung beschäftigen. Der Umzug einer Bibliothek ist meist ein einmaliger Vorgang, insofern liegen Kenntnisse zur Organisation eines solchen Projektes in der Regel nicht vor und können nur aus den Erfahrungen anderer Bibliotheken gewonnen werden. Unsere Erfahrung zeigt, dass es für beide Seiten, die planende und die ausführende, von Vorteil ist, über Organisation und Abwicklung zu informieren. Schnittstellenverluste können dadurch vermieden werden, Kosten verringern sich deutlich und letztendlich verläuft ein gut vorbereiteter Umzug in kürzester Frist zu Gunsten der Nutzer mit minimaler Betriebsunterbrechung.

Der Wert einer Bibliothek bemisst sich in erster Linie nicht nach der Menge der enthaltenen Bücher, sondern nach der Benutzbarkeit ihrer Bestände.

Demzufolge ist die Aufstellungsordnung – das logische Band der Signaturen/der Notationen – dafür entscheidend. Gäbe es diese Ordnung nicht, würde die Benutzbarkeit davon abhängen, ob der Platz eines gewünschten Werkes zufällig ausgemacht werden kann.

Somit ist der Erfolg eines Bibliotheksumzuges von der unbeschädigten Verlagerung oder der Herstellung einer einheitlichen Aufstellungsordnung abhängig, nur sie allein bestimmt die Benutzbarkeit am neuen Standort.

Die Komplexität der Aufstellungsordnung wächst exponentiell mit der Größe der Bibliothek. Bei überschaubaren Beständen kann die menschliche Auffassungsgabe und das Erinnerungsvermögen manches korrigieren – bereits bei mehreren 1.000 Bänden ist das nicht mehr möglich.

Lösungsansatz zur Umzugslogistik für Bibliotheks- und Archivbestände

Die Erfahrungen eines Unternehmens, das sich auf Bibliotheksumzüge spezialisiert hat, beschränken sich auf die Logistik, die sich aus der jeweiligen

Signatursystematik der Bibliothek ergibt, daraus abzuleitenden Reihenfolgen, Transport- und Verpackungslösungen sowie speziellen Kenntnissen im Umgang mit kulturhistorisch wertvollen Beständen, Rara und beschädigten Beständen. In den meisten Fällen liegen keine Detailkenntnisse zur Organisation in der Bibliothek vor, deren Bestände in einen Umzug einbezogen werden.

Als Lösungsansatz bietet sich an, den Bestand in eine für den Umzug geeignete Struktur zu gliedern. Möglich ist, die Struktur nach

- vorhandenen Bestandsstrukturen (Fachgruppen, Systematikgruppen etc.)
- räumlicher, lokaler Gliederung der Bibliothek
- Merkmalen zur Neuordnung des Bestandes
- frei zu definierenden Zäsuren

zu erzeugen.

Als Grundprinzip für die Organisation des Umzuges wird das Produktionsprinzip genutzt. Jeder Umzug wird als „Produktion" in der Bibliothek aufgebaut und abgewickelt. Damit wird erreicht, ein von der Organisation der Bibliothek weitestgehend unabhängiges, eigenes Organisationsprinzip nutzen zu können, mit dem die Mitarbeiter der Firma fest vertraut sind und auf das das gesamtes Equipment ausgerichtet ist.

Dieses Organisationsprinzip passt sich flexibel an die jeweils vorliegenden Bedingungen an, eine Anpassung der Bibliothek an umzugstechnische Bedingungen ist nicht notwendig, der Dienstleistungsaspekt bleibt gewahrt. Die sich ergebenden Schnittstelleninformationen stellen die „Verbindung" zwischen den Vorgaben der Bibliothek zur Aufstellung des Bestandes und den Anweisungen für die Umzugsabwicklung her.

Als Produkt in diesem Prozess wird eine beliebig gebildete Bestandsmenge Medien (Umzugsportion) definiert, die zwischen Quellort und Zielort als feste unveränderliche Einheit während des Umzugs verschiedene Arbeitsstufen durchläuft und mit der systematischen Aufstellung am neuen Standort eine veränderte, neue Qualität erfährt. Damit wird die Voraussetzung für Kontinuität und Flexibilität während des Umzugs geschaffen.

Produktorientierte Vorgehensweise während des Umzugs

Ein nach dem beschriebenen Grundprinzip organisierter Umzug ist durch folgende Merkmale gekennzeichnet:

- Der gesamte Ablauf des Umzuges ist ein produktorientierter Prozess.
- Die Aufstellungsordnung wird durch adressierte Umzugsportionen hergestellt.
- Der Umzug wird über Arbeitsaufträge gesteuert, damit wird eine parallele Abarbeitung für eine zeitoptimierte Umzugsdauer möglich.
- Bei Parallelarbeit wird volle Transparenz im Umzugsablauf gewährleistet.
- Es besteht die Möglichkeit, den Umzug „chaotisch" abzuwickeln, eine Abfolge muss sich nicht aus der vorhandenen Aufstellungsordnung ableiten.
- Mit der Möglichkeit zur chaotischen Abwicklung können auf den Umzugsverlauf sich negativ auswirkende Fremdfaktoren eliminiert werden.
- Die Organisation bietet die Möglichkeit, Sendungsverfolgung bis auf einzelne Signaturen/Notationen und ein tagesaktuelles Controlling einzurichten.

Anzumerken ist, dass unter paralleler Abwicklung auch der Einsatz von mehr als zwei gleichzeitig arbeitenden Umzugsteams zu verstehen ist. Sofern es die örtlichen Gegebenheiten zulassen, kann dieser Vorteil zur Optimierung der Umzugsdauer genutzt werden.

Die erste Abbildung zeigt Umzugsportionen, die im Ergebnis der Strukturierung entstehen. Zu beachten ist, dass im Quellbestand eine Kennzeichnung jeder Umzugsportion vorgenommen wird. Der Beginn wird mit einem grünen Startmarker und das Ende mit einem roten Endmarker gekennzeichnet. Der grüne Starter ist mit der Bezeichnung der Umzugsportion beschriftet. Bestand, der nicht mit diesen Kennzeichnungen markiert ist, stellt keine Umzugsportion dar und würde demzufolge aus der weiteren Planung ausgeschlossen. Im einfachsten Fall wird über diese Fehlstellen eine Vollständigkeitsprüfung realisiert, möglich ist auch, darüber z.B. eine Makulierung zu organisieren. Physisch ist jede Umzugsportion durch den darin befindlichen körperlichen Bestand gekennzeichnet. Logisch wird die Umzugsportion in einer Datenbank geführt, alle weiteren für die Belegungsplanung erforderlichen Angaben mit Platzverbrauch zusätzlich zum Bestand in laufenden Metern wie Zuwachs, Standardlücke, optische Zäsuren werden darin ergänzt.

Abbildung 1: Umzugsportion

Fazit: Die Bildung von Umzugsportionen ist die entscheidende Grundlage für die Logistik der signaturgetreuen Zusammenführung des Medienbestandes und damit auch für die Sicherung einer bestehenden oder die Herstellung einer neuen Aufstellungsfolge. Gleichzeitig ist es die Grundlage für die Organisation des kontinuierlichen Material- und Informationsflusses mit der erforderlichen Flexibilität bei Störungen des Regelablaufs.

Durch die Bildung von Umzugsportionen ist es ebenfalls möglich, die vielfältigen Bedingungen, die von der Bibliothek an die Umsetzung des Bestandes, an dessen Aufstellung im Regalsystem und an die Herstellung der Aufstellungsfolge gestellt sind, zuverlässig und individuell zu erfüllen. Jeder Umzugsportion kann eine Eigenschaft, gleichbedeutend mit einer Vorgabe zum Handeln, zugewiesen werden. Diese Möglichkeit ist auf der zweiten Abbildung dargestellt:

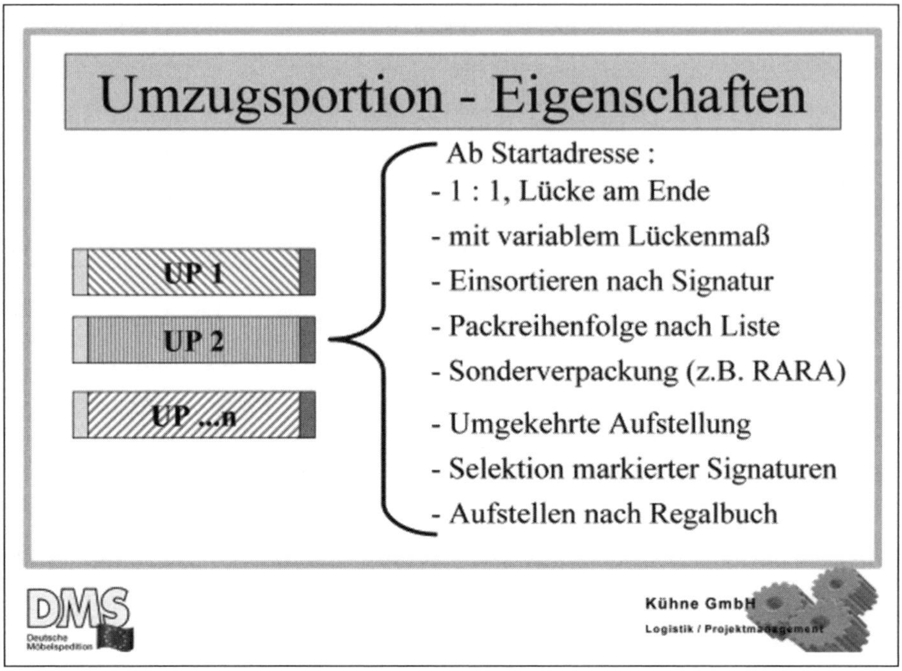

Abbildung 2: Umzugsportion – Eigenschaften

Praktische Aufgabenstellungen für den Umzug einer Bibliothek oder eines Archivs

Zur Erläuterung der Möglichkeiten, die sich mit Anwendung der produktorientierten Vorgehensweise ergeben, werden im Folgenden die Anforderungen aufgeführt, die bei Umzügen in der Leistungsbeschreibung gestellt werden können:

1. Zusammenführen einer Bibliothek, bestehend aus mehreren Standorten, an einen neuen Standort. Die Aufstellungsordnung ist 1 : 1 unter Berücksichtigung von Zuwachs zu übertragen
2. Umzug einer Bibliothek. Die Aufstellungsordnung verläuft über mehrere Standorte in unterbrochener Abfolge. Diese Abfolge ist aus den örtlichen Bedingungen und der Bestandsentwicklung entstanden. Es ist eine fortlaufende Aufstellungsfolge unter Berücksichtigung von Zuwachs zu erzeugen (Bibliothek des Deutschen Bundestages).

3. Umzug einer Bibliothek. Dabei wird eine bestehende in eine neue Aufstellungsordnung überführt (z.B. bei Umwidmung von Beständen, bisher systematische Aufstellung, neu nach RVK oder Neuordnung der Aufstellung von Zeitschriften, bisher nach Z-Signatur, neu alphabetisch).
4. Umzug mehrerer, bisher getrennt existierender Bibliotheken mit gleichen Signaturen. Die Bestände sind in eine einheitliche Aufstellungsordnung mit Zuwachs zusammenzuführen. In einen beliebig gewählten Hauptbestand werden die Medien der Nebenbestände signaturgetreu einsortiert.
5. Beräumen einer Bibliothek infolge von Baumaßnahmen. Der Umzug wird genutzt, den Bestand neu zu gliedern und in veränderter Struktur aufzustellen bzw. optimal zu präsentieren (Präsentation spezieller Themen, Anpassung an Nutzerforderungen).

Die weiteren Ausführungen beziehen sich auf den Umzug der Bibliothek des Deutschen Bundestages, der mit einem Gesamtvolumen von 54.000 lfd. Meter Bestand, darin enthalten das Parlamentsarchiv und das Presseausschnittarchiv, im Jahr 2004 unter Planungsverantwortung der Kühne GmbH im Rahmen einer Arbeitsgemeinschaft durchgeführt wurde.

Darstellung der innovativen Logistiklösung anhand des Umzuges der Bibliothek des Deutschen Bundestages

Die Aufgabenstellung für den Umzug der Bibliothek des Deutschen Bundestages ergab sich aus der historisch gewachsenen räumlichen Struktur, der Bestand verteilte sich zu 76 % über 16 Signaturgruppen auf 7 Standorte. Der überwiegende Teil der neuen Aufstellungsfolge musste durch Zusammenführung erzeugt werden.

Abbildung 3: Bibliothek des Deutschen Bundestages

Anhand des Textes: „*Umzug der Bibliothek des Deutschen Bundestages von Bonn nach Berlin*" wird anschaulich die praktische Abwicklung eines Umzuges auf der Grundlage der produktorientierten Vorgehensweise vorgestellt.

Jedem Wort ist ein Quellmagazin oder der Teil eines Quellmagazins zugeordnet, die Aufstellungsfolge kann nicht durch einfaches serielles Beräumen hergestellt werden. Innerhalb der Magazine besteht eine fortlaufende Aufstellungsfolge, jedoch mit weiteren Zäsuren, auf deren Berücksichtigung zwecks vereinfachter Darstellung nur hingewiesen sein soll.

Im nächsten Schritt werden Umzugsportionen gebildet, hier anschaulich durch Bruch der Worte des Textes dargestellt. Jeder Teil eines Wortes entspricht einer Umzugsportion. Dieses ist die kleinste für die Dauer des Umzuges unveränderbare Einheit. Im Ergebnis sind ca. 1700 Umzugsportionen entstanden, durch die gewährleistet wurde, dass die Aufstellungsordnung zu 100 % fortlaufend hergestellt wurde und alle Besonderheiten der physischen Aufstellung, Bemessung von Zuwachs usw. berücksichtigt wurden.

Abbildung 4: Logistiklösung – Umzugsportion

Der erwähnten Flexibilität und der Möglichkeit zur „chaotischen" Abwicklung entsprechend muss jede Umzugsportion im Regalfeld des Zielmagazins adressiert sein. Jeder Regalboden kann als Startadresse auftreten, deshalb wurde eine Adressenmatrix über den gesamten Regalbereich erzeugt. Nachfolgend sind die Adressen mit Hilfe eines dafür entwickelten Excel-tools sinngemäß durch Abtragen der UP-Strecken an der Regalstrecke berechnet worden. Das Schema zeigt die folgende Abbildung:

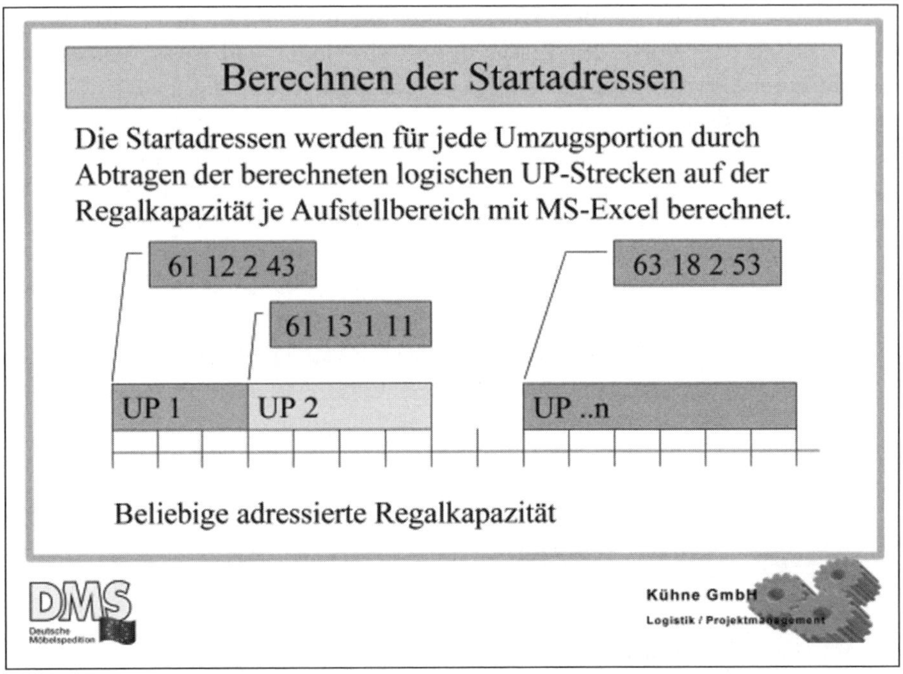

Abbildung 5: Berechnen der Startadressen

Voraussetzung für die Berechnung ist die Herstellung der logischen Abfolge der Umzugsportionen, die Aufstellungsordnung wird bereits in der Datenbank hergestellt. Über die Information zu Anfangs- und Endsignatur jeder Umzugsportion im Datensatz wird die Reihenfolge durch mehrstufige Sortieroperationen erzeugt. Hingewiesen sein soll an dieser Stelle auf die Komplexität solcher Operationen, deren Ergebnis auf Überschneidungen und unzulässige Zäsuren geprüft werden muss.

Die sechste Abbildung zeigt die logisch erzeugte Aufstellungsordnung. Der Text ist in Umzugsportionen gegliedert, seinem Sinn entsprechend geordnet. In der Visualisierung deutet diese Abbildungen Sortiervorgang durch Fließen der Umzugsportionen in den Textzusammenhang an.

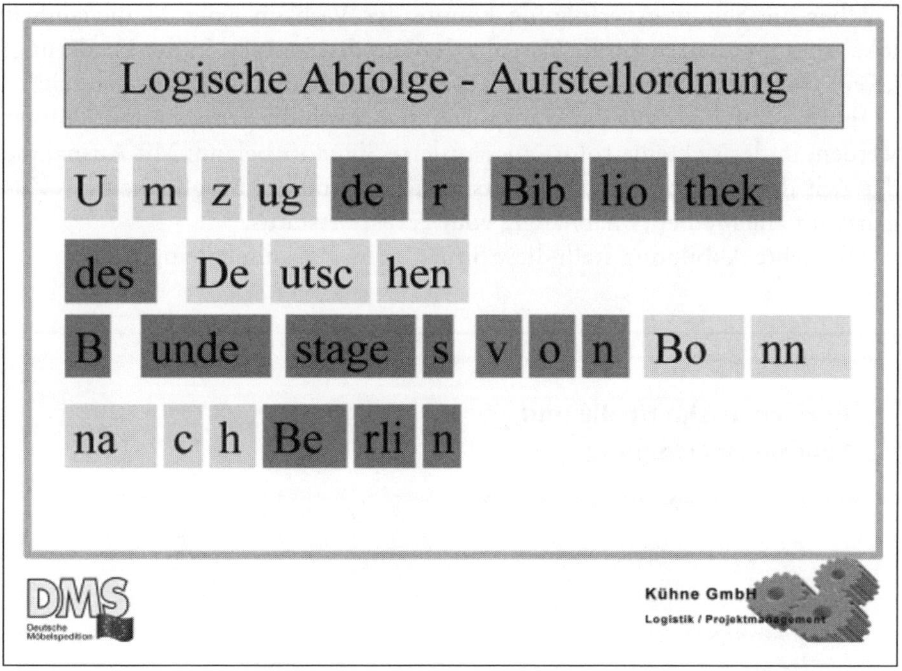

Abbildung 6: Logische Abfolge – Aufstellordnung

Steuerung und Abwicklung des Umzuges

Die Steuerung des Umzugs als „Produktionsprozess“ eliminiert alle negativen Faktoren durch variable Vorgabe des Arbeitsvorrates, dessen Abarbeitung aktuell störungsfrei möglich ist, denn jede Umzugsportion ist nach der Aufstellungsordnung der Bibliothek eindeutig adressiert!

Anhand der logischen Abfolge wurden für die Umzugsportionen Arbeitsaufträge erzeugt, in denen alle Angaben zu Quellmagazin, Zielmagazin, Transportvorgaben, Verpackungsrichtlinien, Aufstellhinweisen und sonstigen individuellen Besonderheiten vermerkt sind. Für den Umzug der Bibliothek des Deutschen Bundestages wurden diese Arbeitsaufträge in so genannte Vorgabelisten zusammengefasst.

Die Vorgabelisten enthalten den Arbeitsvorrat, der täglich vom Umzugsteam einzupacken bzw. auszupacken ist.

Durch die Entfernung zwischen Bonn und Berlin ergab sich ein zeitlicher Versatz von einem Arbeitstag. Genutzt werden konnte die Vorgabeliste gleichzeitig als Begleitdokument zum Transport und damit zur Sendungsverfolgung.

Über die Sendungsverfolgung konnte der Verbleib jeder Medieneinheit lokalisiert werden, denn die Vorgabe des Kunden bestand in der Forderung: „Keine Medieneinheit darf mehr als 2 Tage ihrer Benutzung entzogen sein".

Im Extremfall konnte die Transporteinheit ausfindig gemacht und geöffnet werden, in der sich eine sofort angeforderte Signatur befand. Mit Ausnahme der Zeit des Transportes im Nachtsprung bestand die Möglichkeit des Zugriffs auf alle Medien, unabhängig vom Transportstatus.

Die siebte Abbildung stellt diese Situation im Zusammenhang dar:

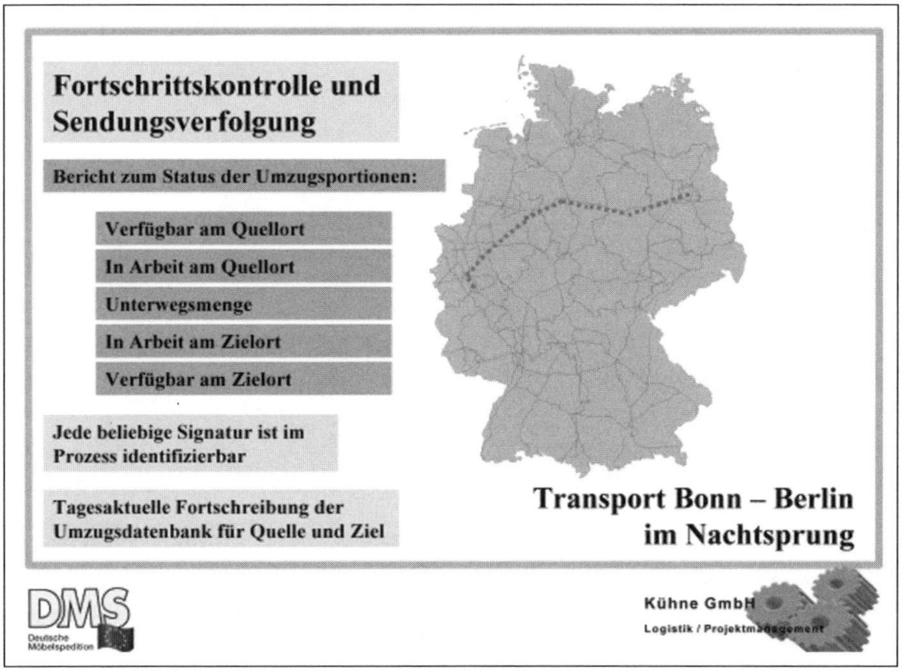

Abbildung 7: Fortschrittskontrolle und Sendungsverfolgung

Unabhängig von der logischen Aufstellungsfolge wurde der Umzug nach transporttechnischen Aspekten geplant. Grundsätzlich wurden die Quellobjekte in einem Zug geräumt, das bedeutet, dass die Fragmente einer Signaturgruppe als Umzugsportionen in das Zielmagazin umgesetzt wurden, die fortlaufende Aufstellungsfolge jedoch nicht sofort sichtbar wurde. Ähnlich einem Baukastensystem haben sich die Zielregale sukzessive gefüllt, teilweise blieben einige Regalbereiche bis zum Ende des Umzuges frei. Die Qualität der Planung wurde für den Kunden erst am Ende des Umzuges, mit vollständiger

Aufstellung der Signaturgruppen deutlich. Das unterstreicht das Maß an Vertrauen in die Zuverlässigkeit der Logistiklösung, die sich mit diesem Umzug erneut, besonders durch den Umfang des bewegten Bestandes, bewährt hat.

Die Transportfolge weicht von der Aufstellungsfolge deutlich ab. Erst im Ergebnis des Umzugs befinden sich der Text bzw. die Bände der vorgegebenen Aufstellungsfolge entsprechend am Zielort.

Abschließend noch eine Anmerkung zu den Schnittstellen: Unabhängig von der Planungsverantwortung – nicht in jedem Fall wird sie an den Ausführenden des Umzuges übertragen – sollte die Planung von Beginn an die Aspekte der praktischen Abwicklung des Umzuges mit einbeziehen. Frühzeitig kann dadurch Einfluss auf die Kosten genommen werden. Dieser Beitrag sollte dazu einige Anregungen geben und Möglichkeiten der Organisation aufzeigen.

SONDERSAMMLUNGEN

GERD-JOSEF BÖTTE

Das deutsche Schrifttum des achtzehnten Jahrhunderts und seine bibliographische Verzeichnung – Perspektiven für ein VD18

Der Nachweis und die Erschließung des deutschen Schrifttums des achtzehnten Jahrhunderts sind im internationalen Vergleich[1] nach wie vor defizitär – trotz aller Konversionsprojekte im Rahmen der über viele Jahre von der DFG geförderten Altbestandserschließung. Während für das sechzehnte und das siebzehnte Jahrhundert durch einschlägige ‚VD' nachhaltige Verbesserungen der nationalbibliographischen Situation erreicht wurden, sind wir für das achtzehnte Jahrhundert mit seiner ungleich größeren Buchproduktion auf unvollständige zeitgenössische Buchhandelsverzeichnisse, auf reprographische Kompilationen wie das GV-Alt oder auf die weder in quantitativer noch in qualitativer Hinsicht den Anforderungen unserer wissenschaftlichen Nutzer genügenden Retrokonversionsdaten angewiesen, die im übrigen auch dadurch nicht besser oder verlässlicher werden, dass man sie mit einem so hervorragenden Instrument wie dem KVK[2] recht komfortabel recherchieren kann.[3] Vor dem Hintergrund der erfolgreichen Entwicklung des VD17 stellt sich die Frage nach dem nationalbibliographischen Schicksal der deutschen Buchproduktion des achtzehnten Jahrhunderts immer dringender. Die Frage: ‚Brauchen wir ein VD18?', wie sie Bernhard Fabian[4] aufgeworfen hat, ist einfach, aber keinesfalls trivial. Die Antwort und vor

[1] Vgl. u.a.: English Short-Title Catalogue (ESTC; http://www.bl.uk/collections/early/holdingenglish.html bzw. http://www.rlg.org/); Short-Title Catalogue Netherlands (STCN; http://www.kb.nl/stcn/); Short-Title Catalogus Vlaanderen (STCV; http://www.stcv.be/); Swedish Bibliography 1700–1829 (SB17; http://websok.libris.kb.se/websearch/); Catálogo Colectivo del Patrimonio Bibliográfico Espanol (CCPB; http://www.mcu.es/ccpb/). Für ergänzende Recherchen danke ich meiner Kollegin Ruth Weiß.

[2] http://www.ubka.uni-karlsruhe.de/kvk.html

[3] Vgl. Siegert, Reinhart: Defizite bibliothekarischer Kataloge aus der Sicht der Forschung, in: [VD18-Rundgespräch / 2004], 11–28

[4] Fabian, Bernhard: Brauchen wir ein Verzeichnis der deutschen Drucke des achtzehnten Jahrhunderts?, in: [VD18-Rundgespräch / 2004], 1–9

allem die Bereitschaft, die daraus folgenden förderpolitischen Konsequenzen zu ziehen, entscheidet über die Qualität eines ganz beträchtlichen Segments der Forschungsinfrastruktur für die Geistes- und Kulturwissenschaften in Deutschland.

Umso wichtiger und erfreulicher ist es, dass im Jahr 2004 mit Beteiligung der Deutschen Forschungsgemeinschaft (DFG) eine Diskussion in Gang gekommen ist, an deren Ende – hoffentlich in Form eines Bewilligungsbescheides – die Chance steht, die letzte große Lücke in der deutschen Nationalbibliographie zu schließen.

Am 5. Mai 2004 fand in der ULB Sachsen-Anhalt in Halle auf Initiative der DFG ein Rundgespräch über „ein eventuelles VD18" statt, an dem knapp 30 Vertreter der Wissenschaft und des deutschen, österreichischen und britischen Bibliothekswesens teilnahmen. Die zehn Vorträge, zwei ergänzende Beiträge sowie das Ergebnisprotokoll der Diskussionsphasen sind im Herbst 2004 als Tagungsband publiziert worden[5], das Ergebnisprotokoll noch einmal separat im *Bibliotheksdienst*[6], um eine möglichst breite Fachöffentlichkeit zur Diskussion[7] einzuladen.

Im Rahmen dieses kurzen Beitrags ist es nicht möglich, alle Facetten des derzeitigen Diskussionsstands anzusprechen – auf einige besonders wichtige Aspekte wird im Folgenden näher eingegangen.

Die wichtigste und grundsätzlichste Frage ist natürlich die nach dem *Bedarf und der Notwendigkeit* eines VD18. Diese Frage wurde auf dem Hallenser Expertentreffen, insbesondere von den Vertretern der Forschung, mit überzeugenden Argumenten einhellig und nachdrücklich bejaht; sie darf damit als im Grundsatz geklärt betrachtet werden.

Um für ein solches Großprojekt verlässliche Planungsparameter, Entscheidungsgrundlagen und Handlungsalternativen zu gewinnen, wurde dem „Unterausschuss für kulturelle Überlieferung" des „Ausschusses für wissenschaftliche Bibliotheken und Informationssysteme" der DFG die baldige Erarbeitung einer *Projektstudie* empfohlen – der Begriff *Machbarkeits*studie sei in diesem Zusammenhang bewusst vermieden, denn *mach-*

[5] [VD18-Rundgespräch / 2004] VD18: Verzeichnis der im deutschen Sprachraum erschienenen Drucke des 18. Jahrhunderts: Beiträge eines DFG-Rundgesprächs an der Universitäts- und Landesbibliothek Sachsen-Anhalt in Halle (Saale), veranstaltet am 5.5.2004 / Hrsg. von Heiner Schnelling. – Halle (Saale) : Universitäts- und Landesbibliothek Sachsen-Anhalt, 2004. – (Schriften zum Bibliotheks- und Büchereiwesen in Sachsen-Anhalt ; 86). – ISBN 3-86010-740-2

[6] Erste Planungen für ein Verzeichnis der im deutschen Sprachraum erschienenen Drucke des 18. Jahrhunderts (VD18), in: *Bibliotheksdienst* 38,12 (2004), 1565–1571

[7] Vgl. Nattrass, Graham: The Prospects for an Eighteenth-Century German Union Catalogue und Kelly, William A.: A Response from an Edinburgh Perspective, in: *German Studies Library Group Newsletter* 36/37 (2005), 25–40

bar ist das VD18, den entsprechenden bibliothekspolitischen Willen immer vorausgesetzt.

Dass die bibliographischen und bibliothekarischen Voraussetzungen für ein solches Großprojekt gegeben sind, hat Ursula Hartwieg in mehreren Publikationen[8] überzeugend dargelegt.

Einvernehmen besteht im übrigen darüber, dass ein VD18 zwingend in den europäischen und internationalen Kontext eingebunden werden muss, da ein beträchtlicher Anteil der relevanten Werke (Experten schätzen ihn auf 20 bis 30 Prozent) in deutschen Sammlungen nicht mehr vorhanden sein dürfte.

Zu den zahlreichen Fragen und Problemkreisen, die in Halle angesprochen wurden, aber natürlich der weiteren differenzierten Analyse bedürfen, zählen u.a. die folgenden:

Zum einen sind *Inhalt und Erfassungsbreite* eines VD18 zu präzisieren: Welche Materialien soll es nachweisen, welche nicht?

Davon ausgehend ist – so gut es eben geht – ein *Mengengerüst* abzuschätzen: Mit wie vielen Drucken wird man es voraussichtlich zu tun haben?

Ein weiterer ganz wesentlicher Aspekt betrifft die erforderliche Qualität und Tiefe der *Erschließung*.

Aus Mengengerüst und Erschließungstiefe sind sodann *Organisationsmodelle* und *Kostengerüste* abzuleiten.

Weitere Fragen von erheblicher Tragweite betreffen die Möglichkeit der *Verzahnung von bibliographischer und digitaler Information* in einem VD18 sowie die Schaffung von Schnittstellen zur dynamischen *Integration bibliographisch relevanter Forschungsergebnisse*.

Was *Inhalt und Umfang* betrifft, sollte ein VD18 bezüglich der Selektionskriterien so nahtlos wie möglich an die chronologischen Vorgänger VD16 und VD17 anschließen, mithin die Buchproduktion des *deutschen Sprachraums* für das 18. Jahrhundert nachweisen. Dies bedeutet zum Beispiel, dass die einschlägige Buchproduktion des Elsass oder der Gebiete östlich von Oder und Neiße genauso in den Nachweis einbezogen werden muss wie die der Druckereien und Verlage im ehedem dänischen Altona oder dem lange Jahre schwedischen Greifswald.

Das 18. Jahrhundert ist reich an bibliographisch schwierigen Gattungen: Zu denken ist beispielsweise an die ungeheure Flut von Gelegenheitsschriften verschiedenster Art, ebenso an die zahlreichen Nachdrucke und Raubdrucke. Darüber hinaus stellt sich die Frage, *welche Schrifttumsgattungen* jenseits der

[8] Hartwieg, Ursula: Projekt ‚Verzeichnis der deutschen Drucke des 18. Jahrhunderts', in: *Zeitschrift für Bibliothekswesen und Bibliographie* 51,4 (2004), 222–228 und Hartwieg, Ursula: Das VD18: bibliographische und bibliothekarische Voraussetzungen, in: [VD18-Rundgespräch / 2004], 49–59

monographischen Literatur nachgewiesen werden sollen oder müssen: Von besonderer Bedeutung für die kulturwissenschaftliche Forschung sind in diesem Zusammenhang die literarischen und wissenschaftlichen *Zeitschriften.* Auch für den Nachweis von *musica practica* wird mit Nachdruck plädiert. Darüber hinaus ist zu klären, ob es möglich und sinnvoll ist, *bibliographische Nachweise ohne Bestand,* die beispielsweise aus zeitgenössischen oder zeitnahen Rezensionsorganen zu schöpfen wären, in ein VD18 zu integrieren oder nicht. Dass die Bibliothekare im Rahmen eines VD18 dann auch ihre Hausaufgaben machen und die zahlreich vorhandenen *Sammelbände* adäquat erschließen, wäre im übrigen höchst wünschenswert.

Abhängig vom Umfang des Erschließungsauftrags ergibt sich ein *Mengengerüst*, das man nur sehr grob wird abschätzen können. Graham Jefcoate[9] ist unter Berücksichtigung der Erfahrungen mit dem VD17 sowie mit vergleichbaren Projekten des Auslands zu der Einschätzung gelangt, dass für ein VD18 von etwa 600.000 Drucken auszugehen ist – d.h. also mindestens von einer Verdopplung der ursprünglich für das VD17 angenommenen Gesamtzahl. Angesichts der kaum kalkulierbaren Mengen an Klein- und Gelegenheitsschrifttum halten nicht wenige Diskussionsteilnehmer (und als ehemaliger und langjähriger Leiter der Sammlung Deutscher Drucke des 18. Jahrhunderts gehört auch der Verfasser dieses Beitrags dazu) eine Zahl von 750.000 Drucken für durchaus möglich. Vielleicht kann auch in dieser Frage die vorgesehene Projektstudie noch weiteres Licht ins Halbdunkel bringen. Es wäre allerdings zu empfehlen, nicht allzu viel Zeit und Energie auf diese sehr theoretische Hochrechnung von Eventualitäten zu verwenden; die *Größenordnung* zumindest ist klar, die Überraschungen warten ohnehin in unseren Magazinen und ansonsten gilt die Devise „the proof of the pudding is in the eating."

Von erheblicher Bedeutung für Dauer und Fortschritt des Projekts ist natürlich die *Erschließungstiefe*, insbesondere die Qualität der bibliographischen Beschreibung. Angesichts der Menge des zu bearbeitenden Materials wird es hier sicherlich einen Kompromiss zwischen dem Wünschenswerten und dem Machbaren bzw. dem Finanzierbaren geben müssen. Dass die vorliegenden Werke nach *Autopsie* zu katalogisieren sind, ist inzwischen unstrittig; jenseits dieses Grundkonsenses gehen die Ansichten freilich noch auseinander. So stellt auf der einen Seite Heiner Schnelling mit Blick auf Mengen- und Kostengerüste die Frage nach der Notwendigkeit der „bibliographischen Individualisierung" oder anders ausgedrückt: ob „für ein VD18 in gleicher Weise wie für das VD17 die Notwendigkeit besteht, einzelne Exemplare einer

[9] Jefcoate, Graham: Zur quantitativen Präzisierung des Volumens der Literatur des 18. Jahrhunderts – Probleme und Lösungen im deutschsprachigen Raum und internationalen Bereich, in: [VD18-Rundgespräch / 2004], 61–74

Ausgabe bestimmen und separat beschreiben zu müssen."[10] Am anderen Ende der Skala plädiert (stellvertretend für viele andere und mit sehr guten Gründen) Klaus Garber als Vertreter der Forschung für den Nachweis auch unselbständiger Beiträge in Zeitschriften, Reihen und anderen Sammelwerken des 18. Jahrhunderts.[11] Gerade was den Erschließungsstandard angeht, sind wir auf weitere Ergebnisse einer Projektstudie angewiesen: Ist der Verzicht auf die „bibliographische Individualisierung" vertretbar? Oder anders gefragt: Was oder wem nützte eine Nationalbibliographie, die entweder (ausgerechnet im 18. Jahrhundert!) nicht verlässlich zwischen verschiedenen Auflagen und Ausgaben zu unterscheiden vermöchte oder aber die überlieferten Exemplare den entsprechenden Titelaufnahmen nicht zweifelsfrei zuordnen könnte? Welche Konsequenzen hinsichtlich Dauer und Kosten hätte andererseits die von Garber geforderte Erschließung unselbständiger Beiträge in Sammelwerken?

Auch andere, scheinbar kleinteilige Fragen sind zu klären, weil sie sich nicht nur auf die Qualität, sondern auch auf die Kosten auswirken: Ist beispielsweise die Ermittlung von Kollationsformel oder Fingerprint zwingend erforderlich? In welchem Umfang könnte man Abstriche bei der Wiedergabe typographischer Besonderheiten im Sachtitelbereich machen, *wenn* man sich denn gleichzeitig entschließen könnte, standardmäßig zu jedem Titel das Titelblatt und ggf. das Inhaltsverzeichnis als Bilddatei zu erfassen? Im Rahmen der Vorstudie wäre zu prüfen, inwieweit der von der *Arbeitsgemeinschaft Alte Drucke beim GBV* definierte Standard[12], der seit geraumer Zeit im größten deutschen Bibliotheksverbund erfolgreich praktiziert wird, als Richtschnur für die Formalerschließung der Drucke des 18. Jahrhunderts geeignet wäre.

Von weiterreichender Bedeutung ist auch die Klärung der Frage, ob *exemplarspezifische Informationen,* wie z.B. die Angabe von Provenienzen, in ein VD18 eingebracht und damit auch überregional recherchierbar gemacht werden sollen oder nicht.

Der Vollständigkeit halber sei in diesem Zusammenhang noch der Aspekt der *„Sacherschließung"* erwähnt, der bei Alten Drucken von besonderer Komplexität ist. Es wird zu klären sein, in welchem Umfang man das u.a. im VD17 eingeführte Konzept der *Gattungsbegriffe* für ein VD18 nutzen kann, um einen nicht unbeträchtlichen Teil des Titelmaterials nach „formal-inhaltlichen" Aspekten suchbar zu machen. Darüber hinaus sei auf den Beitrag

[10] Schnelling, Heiner: Zeitrahmen, Mengen- und Kostengerüste eines VD18, in: [VD18-Rundgespräch / 2004], 79

[11] Garber, Klaus: Für ein nationales Verzeichnis der Drucke des 18. Jahrhunderts!, in: [VD18-Rundgespräch / 2004], 122

[12] http://aad.gbv.de/empfehlung/m_standard.htm

Thomas Bürgers[13] verwiesen, der in Halle darüber referierte, wie die in den meisten alten Bibliothekssignaturen enthaltenen sachlich-systematischen Informationen für eine weitergehende Erschließung nutzbar gemacht werden könnten.

Bezüglich der aus den Parametern „Mengengerüst" und „Erschließungstiefe" abzuleitenden *Organisationsmodelle* und *Kostengerüste* gibt es zwei grundsätzliche Optionen:

Variante 1: Man verfährt analog zum VD17, d.h. man baut eine VD18-Datenbank zunächst aus den Nachweisen eines überschaubaren Kreises von großen Bibliotheken mit umfangreichen Beständen des 18. Jahrhunderts auf, die sich idealiter möglichst wenig überschneiden. In einer späteren Phase integriert man – beispielsweise unter Auswertung des *Handbuchs der historischen Buchbestände*[14] – die Bestandsnachweise solcher Bibliotheken, die unter regionalen, fachlichen oder anderen sammlungsgeschichtlichen Aspekten eine möglichst große Anzahl *neuer* Titelnachweise in die Datenbank einbringen können.

Variante 2 hingegen würde der anglo-amerikanischen Praxis des *English Short-Title Catalogue (ESTC)* folgen und auf die Einrichtung einer Zentralredaktion abstellen, die die Datenzulieferungen von einer möglichst großen Anzahl von Bibliotheken bearbeitet – im Falle des ESTC sind es derzeit über 2.400[15] aus aller Welt!

Folgt man dem VD17-Muster, wie es Heiner Schnelling in einer zum damaligen Zeitpunkt notwendigerweise groben Skizze getan hat, wäre zu erwarten, dass „in einer etwa dem VD17 vergleichbaren Projektdauer (10–15 Jahren) bei vergleichbaren Kosten die (...) doppelte Titelanzahl bearbeitet werden kann."[16] Vor diesem Hintergrund plädiert Schnelling dafür, das VD18-Projekt mit sechs bis acht Bibliotheken zu starten und später sukzessive zu erweitern.

Bevorzugt man jedoch die anglo-amerikanische Variante, hätte man sicherlich den Vorteil, nach Aufbau eines Datengrundbestands sehr viel rascher eine sehr viel größere Anzahl an Bibliotheken mit sehr unterschiedlichen einschlägigen Beständen einbeziehen zu können. Allerdings hinge der Projektfortschritt dann sehr stark von der Kapazität und der Effizienz der Zen-

[13] Bürger, Thomas: Historische Drucke in Virtuellen Fachbibliotheken? Nutzen und Möglichkeiten sachlicher Sucheinstiege in das VD17 und VD18, in: [VD18-Rundgespräch / 2004], 85–94

[14] Handbuch der historischen Buchbestände in Deutschland / digitalisiert von Günter Kükenshöner. Hrsg. von Bernhard Fabian. Elektronische Ressource: CD-ROM. Hildesheim 2003 [Enthält ebenfalls: Handbuch der historischen Buchbestände in Österreich; Handbuch deutscher historischer Buchbestände in Europa].

[15] Lt. Projektinformation der nordamerikanischen Regionalredaktion der University of California, Riverside (http://www.rlg.org); 28.3.2005

[16] Schnelling / [VD18-Rundgespräch / 2004]; 82; hier Modellrechnungen mit 12, 15 und 18 TA pro Person und Arbeitstag.

tralredaktion ab. Darüber hinaus wäre es sinnvoll – und dies gilt auch für Variante 1 – ein *Anreizsystem* zu schaffen, mit dem Datenlieferungen aus möglichst vielen Bibliotheken ermuntert werden.

Die Studie wird klären müssen, welche Variante unter den spezifischen Bedingungen des deutschen Bibliothekswesens als die Erfolg versprechendere anzusehen ist; eine *modulare* Projektorganisation mit möglichst offenen Strukturen, die ein möglichst großes Maß an Flexibilität erlauben, erscheint angesichts des Umfangs, der Dauer und der Kosten unverzichtbar.

Abschließend sei auf einen Aspekt hingewiesen, der für die Bibliotheken immer größere Bedeutung gewinnt: den der retrospektiven *Digitalisierung*.[17] Neben dem verlässlichen *bibliographischen Nachweis* alter Drucke wird deren *elektronische Bereitstellung* immer wichtiger. Es steht außer Frage, dass ein nationalbibliographisches Verzeichnis der deutschen Drucke des 18. Jahrhunderts von den zur Verfügung stehenden technischen Möglichkeiten optimalen Gebrauch machen sollte. Das Markanteste, was das VD17 an technischer Neuerung brachte, war die Verzahnung von bibliographischen Daten mit *Bild*daten ausgewählter Schlüsselseiten. Vor dem Hintergrund der heutigen technischen Möglichkeiten ist dieses Konzept für ein VD18 sicher nicht mehr hinreichend – angesichts der erheblichen Kosten wäre der Nutzen allein von einigen wenigen Schlüsselseiten zu gering. Im Rahmen der geplanten Projektstudie sollte deshalb sehr genau geprüft werden, wie die Integration möglichst vieler *vollständiger* digitaler Faksimiles bzw. *kompletter* digitaler Volltexte in ein nationalbibliographisches VD18 erreicht werden kann – wo sonst, wenn nicht an einem sauberen nationalbibliographischen Datenkorpus, wollte man denn die entstehenden Digitalisate sinnvollerweise anhängen? Auch in dieser Frage lohnt der viel zitierte Blick über den eigenen Tellerrand: Wie man kooperativ und im Wege von *public-private joint ventures* in überschaubaren Zeiträumen zu einer imposanten Anzahl sauberer Volltextversionen englischer Drucke des 17. und 18. Jahrhunderts kommt, machen uns gerade unsere anglo-amerikanischen Kollegen vor. Zur arbeitsteiligen Erzeugung digitaler Volltexte haben sich sowohl für die Projekte „Early English Books Online (EEBO)“[18], „Eighteenth Century Collections Online (ECCO)“[19] und „Early American Imprints (Evans Digital)“[20] so genannte Text Creation Partnerships[21] organisiert, in denen eine Vielzahl bedeutender Bibliotheken

[17] Bötte, Gerd-J.: VD18: Vom bibliographischen Nachweis zum digitalen Dokument, in: [VD18-Rundgespräch / 2004], 95–109

[18] http://eebo.chadwyck.com/home

[19] http://www.gale.com/EighteenthCentury/

[20] Vgl. http://www.americanantiquarian.org/digital2.htm

[21] http://www.lib.umich.edu/tcp/

zusammenarbeiten. Eine Studie über ein VD18 sollte genau prüfen, inwieweit wir auch in Deutschland von einem ähnlich zukunftsfähigen Modell[22] profitieren könnten. Um nicht missverstanden zu werden: Nichts spricht grundsätzlich gegen eine auch im Zusammenhang mit dem VD18 ins Gespräch gebrachte „Nachfrage orientierte Digitalisierungspolitik“[23], die auf ein *„digitization on demand“* hinausläuft. Allerdings sollte man diesen Ansatz nicht von vornherein zum allein selig machenden erheben. *Digitalisierung bedeutet mehr als nur Scannen! Nachhaltige* Digitalisierung erfordert immer die Erzeugung hochwertiger Metadaten und, wo möglich, sauber kodierter Volltexte; nachhaltige Digitalisierung kann auf akkurate Nachweise der Digitalisate in Online-Verbundkatalogen und dem künftigen *Portal Digitalisierter Drucke* nicht verzichten – andernfalls wären unsere Digitalisate totes Kapital, um nicht zu sagen „Elektroschrott“. Digitalisierung ist mithin aufwändig und teuer – nicht zuletzt deshalb würde es sich sehr empfehlen, im Vorfeld darüber nachzudenken, wie ein die bibliographische Erschließung des 18. Jahrhunderts begleitendes kooperatives Digitalisierungsprogramm realisiert werden könnte.

Diese und viele andere Fragen sind im Zuge einer vorgeschalteten Projektstudie zu erörtern, um dann – wenn die Hauptphase des VD17 als abgeschlossen betrachtet werden kann – gut gerüstet zu sein für die letzte große Herausforderung im Bereich der retrospektiven deutschen Nationalbibliographie.

[22] Vgl. Bötte (Anm. 17), 102-109. EEBO weist rund 125.000 Werke der Erscheinungsjahre 1475–1700 nach, die komplett mit ditialen Faksimiles verknüpft werden sollen. Darüber hinaus sollen durch die EEBO Text Creation Partnership 25.000 Titel, d.h. 20% der Gesamtmenge, in hoher Qualität nach TEI Level 3 als XML-strukturierte Volltextdigitalisate erzeugt werden. Für ECCO werden in gleicher Qualität zunächst 10.000 (von insgesamt 150.000) von einer Text Selection Task Force ausgewählte Titel als elektronische Volltexte angestrebt, bei Evans Digital sind es 6.000 von 40.000 Titeln.

[23] Erste Planungen (Anm. 6), 1570

MAX PLASSMANN

Sondersammlungen – Historische Sammlungen – Altbestände: Innovation durch Integration[1]

Der Begriff der bibliothekarischen Sondersammlungen hat etwas Unspezifisches an sich, denn er definiert einen bestimmten Arbeitsbereich oder eine Bestandsgruppe einer Bibliothek negativ als „besonders", als abgesondert vom eigentlichen Geschäft[2]. Er sagt jedoch nichts Positives darüber aus, was genau unter Sondersammlungen zu verstehen ist. Man könnte ihn daher für den praktischen Gebrauch ablehnen. Dennoch liegt gerade in dem Unspezifischen des Begriffs im Unterschied zu älteren Bezeichnungen, die Ähnliches meinen, aber genauer beschreiben, eine Chance zur Modernisierung. Denn Handschriftenabteilungen, Abteilungen für Alte Drucke oder Autographenabteilungen haben vor allem ihr klar, über ein bestimmtes Bestandssegment definiertes Aufgabengebiet im Blick. Da in diesen Bereichen Zuwächse eher selten sind, haftet ihrer Tätigkeit und Perspektive auch etwas Statisches an, während der Begriff der Sondersammlungen eher dynamisch ist. Zu ihnen gehören wie etwa in der Universitäts- und Landesbibliothek Düsseldorf (um die es im Folgenden hauptsächlich gehen soll) zwar auch die genannten Abteilungen oder Arbeitsstellen, aber grundsätzlich sind sie offen für Zuwächse, nämlich für alles, was innerhalb der Bibliothek als besonders erkannt und definiert wird. In ihnen sind nicht mehr Handschriftenbibliothekare oder Experten für Alte Drucke im klassischen Stil tätig, sondern Sondersammlungsbibliothekare, die das ganze Spektrum der Bestände einer bald 250 Jahre alten Bibliothek abdecken können.

In Bibliotheken, die einen laufenden Bestand und Sondersammlungen mit Handschriften, Autographen, Alten Drucken, Rara und anderen Spezialitäten umfassen, besteht die Gefahr einer Separierung beider Zweige voneinander. Jeder Zweig, der konventionelle der aktuellen Literaturversorgung und der der Sondersammlungen, stellt an die Mitarbeiterinnen und Mitarbeiter eigene Anforderungen, die sich bisweilen kaum in Deckung bringen lassen. Manche Sondersammlungsbibliothekare pflegen ein ausgeprägtes Elitebewusstsein gegenüber Kolleginnen und Kollegen, die „nur" als Fachreferenten aktuelle Literatur beschaffen oder den Auskunftsdienst in Lesesälen organisieren.

[1] Der Vortragsstil wurde für die Veröffentlichung beibehalten.
[2] Vgl. Lexikon des gesamten Buchwesens, Bd. 7, Stuttgart 2004, 136f.

Nichts ist jedoch abwegiger als ein solcher Ansatz, genauso wie das umgekehrte Vorurteil, bei den Sondersammlungen handele es sich um so etwas wie eine museale Spinnerei, die nur Geld und Personal vom eigentlich wichtigen Geschäft der laufenden Literaturversorgung abziehe, um ein gleichermaßen schmutziges, weil staubiges, wie abseitiges Tätigkeitsfeld für Außenseiter. Wenn an dieser Stelle auch bewusst übertrieben wurde: Beide Denkweisen lassen sich mehr oder minder ausgeprägt beobachten (was ausdrücklich nicht auf das Düsseldorfer Beispiel bezogen ist), und beide gilt es zu überwinden. Es muss an dieser Stelle nicht erläutert werden, warum die Pflege der Sondersammlungen von ebenso grundsätzlicher Bedeutung ist wie die aktuelle Literaturversorgung. Es sei bei dem Hinweis belassen, dass die heute erworbenen Bestände die Sondersammlungen von Morgen sein können, dass also eine strenge Scheidung zwischen Sondersammlungen und „normalem" Bestand so gut wie nicht möglich ist.

Der Begriff der Sondersammlungen muss daher dynamisiert werden. Unstreitig gehören mittelalterliche Handschriften und Alte Drucke zu diesen. Sie bilden allein schon wegen ihres Umfanges, wegen ihrer überregionalen Bedeutung und der Intensität ihrer Benutzung den Kern der Sondersammlungen auch der Universitäts- und Landesbibliothek Düsseldorf und damit den Schwerpunkt der Arbeit, wobei als moderne Sondersammlung die Thomas-Mann-Sammlung hinzukommt, deren Bestände von nationaler Bedeutung sind, da an wenigen anderen Stellen ähnlich viel und ähnlich gut erschlossenes Material zu Leben und Werk des Dichters auf so gedrängtem Raum verfügbar ist.

Jedoch schon bei den älteren Drucken beginnen Definitionsprobleme: Wo liegt die Grenze zwischen Altbestand (im Sinne von besonders schützenswert und besonders zu bearbeiten) und allgemeinem Bestand, der keinen besonderen Nutzungsbeschränkungen – vielleicht mit Ausnahme der Pflichtliteratur – zur Präsenznutzung unterliegt? Wann schlägt ein veraltetes Buch im Sinne von nicht mehr zur aktuellen Literaturversorgung gehörig in ein altes Buch im Sinne von altehrwürdig und schützenswert um? Zwischen diesen beiden Polen liegt eine Grauzone, in der den Beständen, die vielleicht erst 30 Jahre später als wertvoll erkannt werden, die größte Gefahr droht: Die Sondersammlungen interessieren sich noch nicht für sie, die Fachreferenten und die Benutzung nicht mehr, und so drohen Vernachlässigung oder sogar Makulierung.

Natürlich sind nicht in jeder Bibliothek alle einmal erworbenen Bände für alle Zeiten aufzubewahren[3]. Aber jede Bibliothek kann potentiell Bücher erwerben, die später einmal einen besonderen Wert haben können. Entweder,

[3] Dies ist nur für die Pflichtabgaben an Landes- und Staatsbibliotheken bzw. Die Deutsche Bibliothek der Fall.

weil sie 100 Jahre nach Erscheinen in keiner oder nur sehr wenigen anderen wissenschaftlichen oder öffentlichen Bibliotheken verfügbar sind. Dann werden sie unabhängig von Inhalt oder äußerer Form automatisch zu einem schützenswerten Rarum. Das gilt natürlich auch für Stücke, die oft aus nicht vorhersehbaren Gründen einen hohen finanziellen Wert erlangen, weil es Sammler für diese spezielle Art von Literatur gibt. Vielleicht erwirbt die Bibliothek als Geschenk auch Widmungsexemplare, die erst später, wenn die widmende Person zu Ruhm und Ehren gelangt ist, wertvoll werden. Bände können auch dann wichtig werden, weil es sich bei einem bestimmten Segment des Bestandes zwar nicht in jedem Einzelfall um ein seltenes oder wertvolles Buch handelt, jedoch dieses Segment eine schützenswerte geschlossene Spezialsammlung darstellt, die als Ensemble intakt zu halten ist.

Solche Sammlungen können auch Bibliotheken besitzen, die wesentlich jünger als die Universitäts- und Landesbibliothek Düsseldorf sind, beispielsweise die Bibliotheken sehr junger Universitäten und Fachhochschulen, die bei ihrer Gründung über Sondermittel Nachlassbibliotheken als Grundstock aufkaufen konnten oder sie von ihren Professoren geschenkt bekommen haben.

In all diesen Fällen besteht in der erwähnten Grauzone zwischen veraltet und noch nicht altehrwürdig die Gefahr von Verlusten, weil nicht geschultes Personal – und hier sind ausdrücklich Fachreferenten einzuschließen, die bei ihrer Tätigkeit den Kulturgutaspekt über die aktuellen Nöte der Literaturversorgung aus den Augen verlieren können – für Entscheidungen nicht nur bezüglich einer eventuellen Makulierung, sondern auch für Fragen der Bestandserhaltung und -sicherung zuständig ist. Hier drohen viele Gefahren, z.B. die Haltung, dass veraltete Bücher, die schon leicht beschädigt sind, ruhig kaputtbenutzt werden können, weil man sie dann ja unbesehen makulieren kann.

Eine andere Gefahr droht vom entgegengesetzten Spektrum der möglichen Maßnahmen: Bücher werden ohne Rücksicht auf die Originalsubstanz repariert, z.B. durch Anbringen eines neuen, mit Kunstharz verklebten Gewebeeinbandes. Sie sind dann zwar wieder benutzbar, allerdings ist eventuell der Wert verloren, wenn der sich nicht nur anhand des Inhalts, sondern am Einband, an Vorsatzblättern oder anderen äußeren Merkmalen manifestiert hatte. Das gilt natürlich auch für Stempel und Etiketten, die bisweilen rücksichtslos angebracht werden.

Eine völlige Vernachlässigung, d.h. weder Benutzung noch Reparatur, birgt auch Risiken. Insbesondere der Papierzerfall wirkt immer weiter fort, und was man bei rechtzeitig eingeleiteten Maßnahmen vielleicht noch hätte retten oder per Mikroverfilmung wenigstens als Abbild der Informationen hätte sichern können, kann nach einigen Jahrzehnten der Vernachlässigung unter den Händen zerbröseln.

Die Antwort auf all diese Probleme kann nicht sein, pauschal in die Erhaltung aller Altbestände zu investieren, nur weil sie vielleicht irgendwann einmal einen besonderen Wert erhalten könnten. Die Sondersammlungen sollen die Grauzone also nicht vollständig okkupieren.

Aber sie sollte in sie hineinwirken, um unnötige und unbeabsichtigte Kulturgutverluste zu vermeiden und sukkzessive Verantwortung für die Teile zu übernehmen, die als wertvoll genug erkannt werden, um sie als Teil der Sondersammlungen anzusehen. Dies kann entweder auf das einzelne Buch bezogen geschehen oder sich auf ganze Teilbestände, Signaturgruppen oder geschlossene Sammlungen beziehen. In Düsseldorf werden seit den frühen 1980er Jahre so genannte „Rara" separiert, also einzelne Bände aus dem gesamten allgemeinen Bestand, die besonders wertvoll, selten oder schützenswert sind. Seitdem wurden auch sukkzessive zunächst die Drucke des 16. und nun die des 17. Jahrhunderts aus dem allgemeinen Altbestand separiert, gesondert aufgestellt und der Obhut der Sondersammlungen übergeben. Auch die Pharmaziehistorische Sammlung Vester, eine überaus wertvolle Spezialbibliothek mit Bänden aus dem 16. bis 20. Jahrhundert, wurde ebenso wie die übrigen Deposita dem Verantwortungsbereich der Sondersammlungen zugeschlagen.

Wenn die Sondersammlungsbibliothekare auf diese Weise ihre Tätigkeit als dynamisch verstehen, mithin also die Bestände in ihrem Verantwortungsbereich ständig wachsen (wobei dahingestellt sei, mit welcher Geschwindigkeit), handelt es sich nur oberflächig betrachtet um einen Kostenfaktor, um ein Abziehen von Ressourcen aus anderen Bereichen der Bibliothek, wo sie gerade in der heutigen Zeit dringender benötigt werden.

Bei näherem Hinschauen nehmen die Sondersammlungen jedoch so eine wichtige Servicefunktion für die gesamte Bibliothek wahr, die sie letztlich von Kosten entlastet. Sondersammlungen haben ihrer Natur gemäß viel stärker als andere Bereiche der Bibliothek den Kulturgutaspekt von Altbeständen im Auge, und sie stehen in viel engerem Kontakt zu den Benutzergruppen, denen es auf qualitative Forschung und nicht auf das schnelle Nachschlagen ankommt. Sie sind überdies mit Wertanalysen vertraut, da diese schon für die Vorbereitung von Ausleihen zu Ausstellungszwecken nahezu tägliches Geschäft sind. Dieses Fachwissen können sie direkt in den Dienst der gesamten Bibliothek stellen, was anderen Bereichen den Rücken für die aktuellen Probleme anderer Art freihält.

Es ist aus all diesen Gründen viel wirtschaftlicher, die Zuständigkeit für schützenswerte Bestände aller Art den Sondersammlungen zuzuschlagen, als sie dezentral und verteilt etwa bei den einzelnen Fachreferenten, der Benutzungsabteilung und der Einbandstelle anzusiedeln. Dem hat die Universitäts- und Landesbibliothek Düsseldorf Rechnung getragen, indem sie 2003 die technischen Werkstätten, also Buchbinderei, Restaurierungswerkstatt und Reprostelle, den Sondersammlungen angliederte, da diese zu einem großen Teil – wenn auch nicht ausschließlich – im Bereich der schützenswerten Altbestände tätig sind. Hinzu kommt ein Teil der Verantwortung für die Bestandserhaltung der Bibliothek insgesamt. Auch das Ausstellungswesen liegt mittlerweile vollständig in der Hand der Sondersammlungen und ist damit eng verknüpft mit der Bestandserhaltung, so dass dieser Aspekt bei der Bestückung der Vitrinen nun wesentlich größeres Gewicht bekommen hat. Mit den Ausweitungen der Tätigkeitsfelder der Sondersammlungen wurde erreicht, dass zum einen eine feste Zuständigkeit für die Bearbeitung und Beurteilung der Bestände in der erwähnten Grauzone zwischen aktuell und altehrwürdig besteht. Die Möglichkeiten, hier schützenswerte Bände zu entdecken und zu sichern, haben sich so deutlich erweitert, und oft reichen einfache Maßnahmen aus, um ein Kaputtbenutzen zu verhindern. Und zum anderen ist der notwendige technische Sachverstand, der nun direkt innerhalb der Sondersammlungen zur Verfügung steht, deutlich ausgeweitet worden.

Insgesamt kann man schon hier eine deutliche Verstärkung der Integration der Sondersammlungen in die Tätigkeit der gesamten Bibliothek feststellen. Statt wie bisher nur einzelne Bestände komplett zu übernehmen, sie gleichsam aus der allgemeinen Bibliothek in die Sondersammlungen zu überführen (das findet natürlich nach wie vor statt, wo es sinnvoll und notwendig ist), gehört die Arbeit in der Grauzone und damit im Verbund mit der ganzen Bibliothek nun zum festen Bestandteil des Tätigkeitsprofils und das aus beiden Richtungen. Denn gerade mit den technischen Werkstätten und dem Arbeitsbereich Bestandserhaltung werden Sondersammelgebietsbibliothekare natürlich auch für solche Bestände tätig, die man nicht unbedingt in den Rang einer Sondersammlung erheben möchte.

Mit der Erschließung oder Katalogisierung lässt sich ein weiterer Themenkreis ansprechen, bei dem die Sondersammlungen Kompetenzen einbringen, die nicht der sonstigen, allgemeinen bibliothekarischen Tätigkeit entstammen. Zu nennen ist hier insbesondere die exemplarspezifische Beschreibung, die ja bei der Handschriftenkatalogisierung besonders ausgeprägt ist, die aber auch bei der Arbeit mit Inkunabeln und Alten Drucken eine nicht zu unterschätzende Rolle spielt. Hier interessieren wir uns für Vorbesitzer, besondere Einbandformen, Randbemerkungen und vieles andere mehr, und es ist wenigstens zu vermuten, dass sich künftige Benutzer wenigstens bei einem Teil der Bestände aus dem 19. und 20. Jahrhundert ebenfalls für derartige individuelle Merkmale interessieren werden. Warum nicht Mentalitätsgeschichte anhand einer übernommenen Vereinsbibliothek betreiben, warum nicht Bildungsgeschichte anhand von Gebrauchsspuren? Im allgemeinen, herkömmlichen Bestand leidet jedoch die Katalogisierung solcher Merkmale und das zu Recht, denn nicht jeder Bleistiftstrich eines Studenten ist von bleibendem Wert. Oft kann erst mit dem Abstand von Jahrzehnten erkannt werden, was einfach nur eine Verunstaltung eines Buches ist und was kulturhistorisch relevante, singuläre Gebrauchsspuren sind. D.h., auch hier ist eine Ausweitung der Tätigkeit der Sondersammlungen in die Grauzone der veraltetenBestände notwendig, und es gibt zahlreiche Negativ-Beispiele dafür, an welch unmöglichen Stellen beispielsweise Signaturschilder und Stempel angebracht werden, wenn dies nicht geschieht.

Dabei geht der Auftrag der Sondersammlungen weiter. Es hat nämlich keinen Sinn, im oben skizzierten Sinne interessante Bücher einfach nur zu separieren und zu schützen. Es ist vielmehr auch wichtig, sie in einer Weise zu erschließen, die potentiellen Benutzern den Weg zu ihnen ebnet. Dabei spielen zwei maßgebliche Gesichtspunkte eine Rolle: Zum einen darf diese Erschließung nicht so aufwändig sein, dass große, nicht mehr einholbare Erschließungsrückstände entstehen. Und zum anderen muss sie geeignet sein, Benutzer tatsächlich zu einem Objekt zu führen, anstatt das Auffinden nur Zufallstreffern zu überlassen. Damit scheidet die Möglichkeit, kurze Kommentare im normalen Katalog zu verankern, aus. Sie wären dann zwar via Opac im World Wide Web verfügbar, aber nur theoretisch, da Interessenten nicht wissen können, dass etwa die Universitäts- und Landesbibliothek Düsseldorf einige wenige Bibeldrucke des späten 18. Jahrhunderts besitzt, die im 19. Jahrhundert mit frömmigkeitsgeschichtlich interessanten Konfirmationswidmungen versehen wurden. Er würde im Katalog daher nur auf sie stoßen, wenn er zufällig „Konfirmationswidmung“ als Suchwort eingeben würde und zufällig in einem Kommentarfeld dieses Wort verwendet worden wäre. Derartige Fälle lassen sich noch zahlreich anführen. Sie alle weisen darauf hin, dass bei der Erschließung solcher Bücher eher individuelle Gesichtspunkte als ein starres Regelwerk eine Rolle spielen müssen. Bisweilen ist ein Eintrag in einem Sonderkatalog möglich, mitunter wird man einen solchen Katalog auch als gedrucktes Buch herausbringen oder – wenn es sich um einige wenige, aber hochkarätige Einzelstücke handelt – durch einen Aufsatz in einer Fachzeitschrift auf den Fund hinweisen[4]. Manchmal wird es auch genügen, zunächst

[4] Max Plassmann: Reste der Registratur des Lübecker Kaufmanns Albert Norbecke aus dem frühen 17. Jahrhundert in der Universitäts- und Landesbibliothek Düsseldorf, in: Zeitschrift der Gesellschaft für Schleswig-Holsteinische Geschichte 129 (2004), 163–169; Ders.: Eine unterfränkische Spitalrechnung aus dem Jahr 1628 in der Universitäts- und Landesbibliothek Düsseldorf, in: Würzburger Diözesan-Geschichtsblätter 66 (2004), 401–405

einmal interne Listen anzulegen, die auf Anfrage hin konsultiert werden, und die eine spätere tiefere Erschließung vorbereiten. Damit beginnen wir in Düsseldorf erst, insofern könnten hier nur rudimentäre Ergebnisse präsentiert werden. Deutlich wird aber, dass die Erschließung individuell auf bestimmte Bestandssegmente abgestimmt werden und dazu eine inhaltliche Analyse des vorliegenden bzw. aufgefundenen Materials vorangehen muss[5]. Die Arbeitsweise nähert sich somit einer wissenschaftlichen Auswertung an. Die dazu notwendige Fachkompetenz kann auch bei bester personeller Ausstattung nicht in einer Abteilung versammelt werden. Deshalb ist hier ein enger Kontakt mit Wissenschaftlern von außerhalb der Bibliothek zwingend, dessen Pflege – um den Titel aufzugreifen: die Integration in eine Wissenschafts- und Forschungslandschaft – einen Teil der Arbeitskapazität schluckt. Doch dieser Teil ist gut investiert, da so für die Arbeit wichtige Impulse aufgenommen werden können. So hat die ULB Düsseldorf bei der Analyse hebräischer Bestände sehr gute Erfahrungen mit der Kooperation mit entsprechenden Experten aus Düsseldorf und Köln gemacht, ohne deren Hilfe sieschon mangels erforderlicher Sprachkenntnisse nicht vorangekommen wären[6].

Bei der individuellen Klärung der Vorgehensweise bei der Erschließung besteht die Möglichkeit, die Erschließungstiefe ebenfalls individuell festzulegen. Im Unterschied zur Befolgung eines Regelwerks lassen sich daher Arbeitskapazität und angenommene Bedeutung des Vorhabens in Einklang bringen. Eine Flexibilisierung der Arbeitsweisen verhindert, dass wie bei der Richtlinienkatalogisierung von Handschriften auch nach Jahrzehnten noch kein Abschluss in Sicht ist, weil dort, wo es sich augenscheinlich nicht lohnt, der Aufwand reduziert werden kann. Erfolgreich praktizieren wir das in dem DFG-Projekt „Inventarisierung und Digitalisierung der mittelalterlichen Handschriftenfragmente“[7], in dem sich – abgesehen von unverzichtbaren,

[5] Der Vorstellung, man könne alle Medien von der mittelalterlichen Handschrift bis zur Online-Ressource in einer Bibliothek über ein einziges Nachweissystem (d.h. in der Regel via Opac) sinnvoll recherchierbar anbieten, muss dementsprechend eine klare Absage erteilt werden.

[6] Ein weiteres Beispiel für eine gelungene Kooperation mit einem Kunsthistoriker: Irmgard Siebert/Max Plassmann (Hrsg.): Cristoforo Buondelmonti. Liber insularum archipelagi. Universitäts- und Landesbibliothek Düsseldorf Ms. G 13. Faksimile. Mit Beiträgen von Arne Effenberger, Max Plassmann und Fabian Rijkers (= Schriften der Universitäts- und Landesbibliothek Düsseldorf. Bd. 38), Wiesbaden 2005

[7] Vgl. Klaus Zechiel-Eckes (Bearb.): Katalog der frühmittelalterlichen Fragmente der Universitäts- und Landesbibliothek Düsseldorf. Vom beginnenden achten bis zum ausgehenden neunten Jahrhundert (= Schriften der Universitäts- und Landesbibliothek Düsseldorf. Bd. 34), Wiesbaden 2003; Max Plassmann: Universitäts- und Landesbibliothek Düsseldorf (ULBD) – Ein Projekt zur Erschließung und Digitalisierung von mittelalterlichen Handschriftenfragmenten, in: ProLibris 8 (2004), Heft 1/2, 12–14

schnell erhobenen Grunddaten – Aufwand und Erschließungstiefe jeweils nach dem einzelnen vorliegenden Fragment richten. Ein mehrseitiges Fragment aus dem 8. Jahrhundert wird so mit wesentlich höherem Aufwand erschlossen als ein dreizeiliges aus dem endenden 15. Jahrhundert. Das Ungleichgewicht, das dadurch entsteht, nimmt die ULB gerne in Kauf, denn nur so kann ein Bestand von aktuell weit mehr als 1.000 Signaturen in einer vertretbaren Zeit komplett bearbeitet werden. Die elektronische Form der Inventarisierung ermöglicht ebenfalls eventuell notwendige Nacharbeiten, um zu einzelnen Stücken im Nachhinein noch weitere Informationen zu erfassen. Dabei handelt es sich um ein Pilotprojekt, dessen Erfahrungen grundsätzlich auch auf andere, neuere Bestände übertragen werden können.

Insgesamt ist ein Selbstverständnis anzustreben, Sondersammlungsbibliothekar zu sein. In großen Häusern mit guter personeller Ausstattung wird es zwar innerhalb der Sondersammlungen immer Experten für verschiedene Arbeitsrichtungen geben, aber es ist doch ein Unterschied, ob diese Experten nur auf Abteilungsebene zusammengefasst sind, oder ob sie tatsächlich in der Praxis gemeinsam arbeiten. Und ob sie die Belange aller „Sondersammlungen“ unter dem ihnen allen gemeinsamen Begriff des Kulturgutes im Blick haben, oder ob sie stets ihr eigenes Spezialgebiet in den Mittelpunkt stellen. Ein deutliches Innovationspotential, das mit der Arbeitsweise der modernen Kulturwissenschaft korrespondiert, liegt jedenfalls in einem multiperspektivischen Blick auf die Bestände der gesamten Bibliothek, in einer Integration der verschiedenen bibliothekarischen Fachgebiete innerhalb der Sondersammlungen sowie eine Verzahnung der Arbeit der Sondersammlungsbibliothekare mit der übrigen Bibliothek, die durch ein dynamisches Verständnis des Begriffs „Sondersammlungen“ ermöglicht wird. Dass ein solcher Ansatz auch einen flexibeleren Personaleinsatz auf allen Ebenen ermöglicht und so wirtschaftlicher ist als streng abgeschottete Abteilungen, sei nur nebenbei vermerkt.

BERND REIFENBERG

Ein Leitfaden für die Suche nach NS-Raubgut in Bibliotheken

Als der Bundesbeauftragte für Kultur und Medien vor vier Jahren eine *Handreichung* veröffentlichte, die Museen, Bibliotheken und Archiven als Hilfestellung bei der Suche nach NS-Raubgut dienen sollte,[1] wurde diese Handreichung von Seiten der Bibliothekare – sofern sie sie überhaupt zur Kenntnis nahmen – als unzureichend kritisiert. Sie sei, hieß es, hinsichtlich des Praktisch-Nützlichen sehr auf die Angelegenheiten von Museen und Kunstsammlungen bezogen und biete in Bezug auf die speziellen Schwierigkeiten bei der Provenienzermittlung von Büchern wenig Hilfe. Das ist zwar einerseits richtig, andererseits aber etwas ungerecht, denn besagte „Einäugigkeit" der Handreichung hatte einen ganz einfachen Grund: Aus den Bibliotheken lagen damals kaum Erfahrungen vor, die man hätte vermitteln können.

Inzwischen sind wir ein paar Jahre weiter und die Situation hat sich geändert. Einige Bibliotheken begannen – teils mehr, teils weniger freiwillig – sich mit dem Thema zu beschäftigen und es gab, angefangen mit dem Hannoverschen Symposium „Jüdischer Buchbesitz als Beutegut" im November 2002, eine ganze Reihe von Veranstaltungen, auf denen die Erfahrungen mit der Suche nach NS-Raubgut in Bibliotheken gesammelt und ausgetauscht wurden.

Auf einer dieser Veranstaltungen, einem Workshop, der im Herbst 2003 vom Zentrum für Aus- und Fortbildung der Niedersächsischen Landesbibliothek ausgerichtet wurde,[2] entstand schließlich die Idee, eine speziell auf die Belange der Bibliotheken bezogene Ergänzung zur *Handreichung* zu erstellen. Diese liegt jetzt als „Leitfaden für die Ermittlung von NS-verfolgungsbedingt entzogenem Kulturgut in Bibliotheken"[3] vor und soll hier kurz vorgestellt werden.

[1] Handreichung vom Februar 2001 zur Umsetzung der „Erklärung der Bundesregierung, der Länder und der kommunalen Spitzenverbände zur Auffindung und zur Rückgabe NS-verfolgungsbedingt entzogenen Kulturgutes, insbesondere aus jüdischem Besitz" vom Dezember 1999. Hrsg.: Beauftragter der Bundesregierung für Angelegenheiten der Kultur und der Medien. 2. Aufl., Berlin 2001 (http://www.lostart.de/stelle/handreichung.php3?lang=german)

[2] NS-Raubgut und Restitution in Bibliotheken. Niedersächsische Landesbibliothek Hannover, 18. November 2003

[3] Bearbeitet von Veronica Albrink, Jürgen Babendreier und Bernd Reifenberg (www.ub.uni-marburg.de/allg/aktiv/Leitfaden.pdf). Auch in: Die Suche nach NS-Raubgut in

Worin bestehen die spezifischen Probleme bei der Suche nach NS-Raubgut in Bibliotheken? Es sind nicht die juristischen Fragen – wer war NS-Verfolgungsopfer, wann liegt ein „verfolgungsbedingter Entzug" vor, wer ist der rechtmäßige Besitzer eines geraubten Buches? Das wird in dem Leitfaden zwar auch abgehandelt, unterscheidet sich aber nicht von dem, was in Bezug auf Museen oder Archive gilt.

Auch die Frage, wonach gesucht wird, lässt sich relativ einfach beantworten: Bibliotheken haben im Dritten Reich auf verschiedene Weise von den Beutezügen und Unterdrückungsmaßnahmen des NS-Regimes profitiert. Sie dienten als Sammelstellen für verbotene Literatur, waren Nutznießer der auf vielfältige Weise erfolgenden Enteignung der Verfolgungsopfer und erhielten Zuweisungen aus den während des Krieges als Beutegut verschleppten Büchern und Bibliotheken.

Aber wie findet man diese Bücher in einer Bibliothek und wie bekommt man heraus, wem sie gehört haben? Im Unterschied zu den meisten Kunstgegenständen sind Bücher in der Regel keine unverwechselbaren Einzelstücke. Es gibt sie in einer Vielzahl von Exemplaren, von denen nur wenige durch Exlibris, Besitzstempel, handschriftliche Eintragungen, Signaturen, spezielle Einbände und Ähnliches eine Art sichtbarer Individualität haben. Fehlen solche individuellen Merkmale, wird die Suche nach den Vorbesitzern zweifelhafter Zugänge schwierig.

Hinzu kommt das Problem der großen Zahl. Auch eine nur mittelgroße Universitätsbibliothek konnte während der NS-Zeit gut und gern 100.000 Bücher erwerben, darunter viele aus zweiter Hand: im Tausch, als Geschenk oder durch antiquarischen Kauf. Und unter diesen Zugängen aus zweiter Hand sind auch die geraubten Bücher, die es zu ermitteln gilt.

Wenn man auf der Suche nach NS-Raubgut die Erwerbungsunterlagen einer Bibliothek durchsieht, also Zugangsbücher und eventuell erhaltene Korrespondenzen, Rechnungen etc., ergibt sich folgendes Bild:

- Auf der einen Seite finden sich einige Zugänge, bei denen aufgrund ihrer Herkunft mit ziemlicher Sicherheit angenommen werden kann, dass es sich um Raubgut handelt. Das betrifft „Geschenke" von Polizeidienststellen, Bürgermeisterämtern und Landratsämtern (hier handelt es sich in der Regel um beschlagnahmte verbotene Literatur) sowie Zugänge, bei denen als Quelle Finanz- oder Zollbehörden oder auch ganz unverhohlen „Judenauktion" angeführt wird.

Bibliotheken. Recherchestand, Probleme, Lösungswege. Marburg 2005 (= Schriften der Universitätsbibliothek Marburg, 125)

- Auf der anderen Seite gibt es eine große Zahl von definitiv unverdächtigen Zugängen: die über den Buchhandel erworbenen Neuerscheinungen, im Rahmen des Schriftentauschs erhaltene Veröffentlichungen der Tauschpartner oder Bücher, die der Bibliothek von den Verfassern, Herausgebern oder Verlagen geschenkt wurden.
- Bei allen übrigen Erwerbungen, also fast allen Büchern, die seit 1933 aus zweiter Hand in die Bibliothek gekommen sind (und nicht unter die erstgenannte Kategorie fallen), kann man anhand der Erwerbungsunterlagen geraubte Bücher nicht von rechtmäßigen Zugängen unterscheiden. Der weitaus größte Teil dessen, was den Opfern der Verfolgung an Büchern geraubt wurde, gelangte völlig „anonym", d.h. ohne jeden Hinweis auf seine Provenienz in Umlauf. Bibliotheken konnten diese Bücher im Antiquariatshandel erwerben, sie erhielten sie als Tauschzugänge von anderen Bibliotheken oder der Reichstauschstelle und nicht zuletzt als Geschenke aus dem Besitz von Privatpersonen – auf Wegen also, auf denen sie sich mit regulären Zugängen vermischten.

Das bedeutet jedoch nicht, dass man in Bezug auf diese Bücher resignieren muss und die Akte mit dem Ergebnis „keine Hinweise auf NS-Raubgut" schließen kann. Die Handreichung besagt ganz eindeutig, dass sich die Ermittlungen nicht auf nachweislich geraubte Bestandsobjekte beschränken dürfen, sondern auch solche Objekte einzubeziehen sind, „bei denen verfolgungsbedingter Entzug vermutet wird bzw. *nicht ausgeschlossen werden kann*".[4]

Die Aufgabe ist also klar und die Lösung liegt auf der Hand: Wenn man unter den fraglichen Zugängen die geraubten Bücher nicht gezielt ermitteln kann, müssen *alle* in Betracht kommenden Zugänge in die Suche einbezogen werden: Die Raubgutfälle sind dann bestimmt mit dabei.

Die Suche ist daher methodologisch denkbar einfach (das Gute ist: Man braucht über die verschlungenen Wege des NS-Kulturgutraubs und die vielen daran beteiligten Institutionen und Personen im Grunde nicht viel zu wissen) – macht aber Arbeit. Es gilt, einige tausend Bücher zu ermitteln, zu erfassen und auf Besitzvermerke, Widmungen und andere individuelle Merkmale zu untersuchen. Und man muss – dieser Aspekt wird im Leitfaden sehr ausführlich behandelt – die Ergebnisse dieser Durchsicht zusammen mit den Erwerbungsdaten und allen weiteren für die Provenienzrecherche wichtigen Angaben systematisch erfassen, aufbereiten und zugänglich machen.

Das ist sicher ein mühseliges Geschäft und zunächst auch ein frustrierendes: In einem Großteil der Bücher findet sich überhaupt kein Besitzvermerk und bei dem Rest – nach den bisherigen Erfahrungen etwa einem Viertel – ergibt

[4] *Handreichung* (Anm. 1), 7, Hervorhebung durch d. Verf.

sich aus dem Besitzvermerk in den allermeisten Fällen noch kein Hinweis darauf, ob es sich um Raubgut handelt oder nicht – jedenfalls wenn es sich um Bücher aus Privatbesitz handelt.

Besitzvermerke von Körperschaften sind da schon aufschlussreicher: Ein Buch mit dem Stempel des Reichskolonialamts, abgegeben von der Bibliothek des Auswärtigen Amts und erworben über die Reichstauschstelle, ist offensichtlich *kein* Raubgut, wohingegen ein als Geschenk der Preußischen Staatsbibliothek erworbenes Buch mit dem Stempel eines Arbeiterbildungsvereins oder einer Freimaurerloge zu den hochgradig verdächtigen Zugängen zu rechnen ist.

Aber auf der anderen Seite, bei den Büchern aus Privatbesitz, führen die Recherchen zu einigen hundert unbekannten Personennamen, und es ist illusorisch, alle diese Personen ermitteln zu wollen. Zumal man sich auch darüber im Klaren sein muss, dass ein Besitzvermerk nicht *den* Vorbesitzer eines Buches, sondern *einen* von ihnen benennt. So kann zum Beispiel in einem Buch, das in der NS-Zeit „verfolgungsbedingt" in andere Hände kam, der Name des Verfolgungsopfers stehen, der Name eines früheren Vorbesitzers, aber auch der Name desjenigen, der das Buch erst während der NS-Zeit – zum Beispiel auf einer „Judenauktion" – erworben hat.

Die vorgefundenen Namen privater Vorbesitzer bieten daher – für sich genommen – in der Regel noch keine Handhabe, ein Buch als „regulären" oder „verdächtigen" Zugang einzuordnen. Trotzdem ist mit der Erfassung dieser Zugänge ein wichtiges Ergebnis erreicht:

- Die Bibliothek kann bei Anfragen und Suchmeldungen Auskunft darüber geben, ob sich in ihrem Bestand Bücher mit dem Namen oder Exlibris bestimmter Personen befinden, deren Besitz in der NS-Zeit beschlagnahmt wurde.
- Sie kann – sofern die Erwerbungsunterlagen erhalten sind – außerdem angeben, ob sie bestimmte Bücher, die aus enteignetem Besitz stammen und deren weiterer Weg (z.B. in ein bestimmtes Antiquariat) sich verfolgen lässt, aus der betreffenden Quelle erworben hat.

In Fällen, die einen konkreten Verdacht auf unrechtmäßigen Entzug nahe legen, sollte man sich allerdings auch selbst auf die Suche machen. Der Leitfaden gibt dazu eine Reihe von Hinweisen. Und schließlich muss man – auch darauf wird nachdrücklich hingewiesen – die Ermittlung der Vorbesitzer, der Umstände des Besitzwechsels, der rechtmäßigen Erben etc. nicht unbedingt und ausschließlich auf eigene Faust durchführen. Es gibt viele Möglichkeiten, auf kompetente Hilfe zurückzugreifen. Genannt seien hier nur die von Bund und Ländern getragene Koordinierungsstelle für Kulturgutverluste, das

Bundesamt zur Regelung offener Vermögensfragen, die Mailingliste der Lostart-Datenbank und die Commission for Looted Art in Europe sowie – als Ansprechpartner vor Ort – die lokale Presse, Geschichtsvereine, jüdische Gemeinden usw.

Der Titel „Leitfaden für die Ermittlung von NS-verfolgungsbedingt entzogenem Kulturgut in Bibliotheken" mag etwas sperrig-bürokratisch klingen. Das hat seinen Grund nicht in der Intention oder Denkungsart der Verfasser, sondern in der Komplexität der Materie. Wonach zu suchen ist, beschränkt sich nicht auf jüdischen Besitz und auch nicht auf im engeren Sinn „geraubte" (enteignete, beschlagnahmte) Bücher – so ist zum Beispiel auch all das als „verfolgungsbedingt entzogen" in die Recherche mit einzubeziehen, was die Opfer des NS-Regimes in ihrer Notlage verkauften, um ihren Lebensunterhalt zu bestreiten oder ausreisen zu können.

Die Wege zur Ermittlung dieser Bücher sind jedoch einfach, und genau so einfach und leicht nachvollziehbar sind sie in dem Leitfaden dargestellt. Nach langen Jahren des Verschweigens und Wegsehens ist die Verstrickung der Bibliotheken in die Raubzüge des NS-Regimes heute ins Bewusstsein nicht nur der Fachöffentlichkeit getreten. Der Leitfaden soll dabei helfen, daraus praktische Konsequenzen zu ziehen.

LESEFÖRDERUNG UND INFORMATIONSKOMPETENZ

KLAUS DAHM

Neue Formen der Kooperation von Bibliothek und Schule

Es tut sich Überraschendes in unserem Lande! Bibliothekare und Lehrer stellen fest, dass sie doch miteinander können, das Thema Schulbibliotheken wird als wichtig entdeckt, Kultusministerien schließen Verträge mit Bibliotheksverbänden. Einsicht, Weitsicht oder nur Zwangsehen? Kann man in Sachen Bibliotheken von einem Paradigmenwechsel sprechen – einer Bewegung von der Kultureinrichtung hin zur Bildungsinstitution, vom Medienvermittler hin zum Bildungspartner und Lernort? Ich möchte in einem kursorischen Überblick einige wesentliche Entwicklungen in Sachen Verknüpfung und Kooperation von Bibliothek und Schule aus jüngster Zeit aufzeigen. Vieles ist wirklich neu, Manches erscheint mit neuem Namen, obwohl es schon lange praktiziert wird, auch Bewährtes soll kurz angesprochen werden. Die Beschäftigung mit diesem Thema hat einige ursächliche Gründe:

1. *PISA 2000 wie 2003* haben im Bildungsbereich ein Erdbeben mit Folgen verursacht. Schockartig wurde bewusst, dass Deutschland im Begriff ist, sich in Sachen Lesefähigkeit seiner Bevölkerung ins internationale Abseits zu stellen. Leseförderung und Stärkung der Lesekompetenz stehen seither ganz oben auf der Bildungsagenda, Begriffe, die man in der Euphorie der 90er Jahre über den Computereinsatz und das Internet im Unterricht ausgeblendet hatte.
2. Eine der wesentlichen Ursachen für das schlechte Abschneiden deutscher Schüler liegt – so lautet die Analyse – vor allem in der fortgesetzten Vernachlässigung schwächerer Schüler, die nach Auffassung des Bundesbildungsministeriums durch eine Optimierung des bestehenden Bildungssystems gemindert werden könnte. Deshalb hat der Bund das Investitionsprogramm „Zukunft Bildung und Betreuung" (IZBB) mit einem Gesamtvolumen von 4 Milliarden Euro aufgelegt, das zum Aufbau von mehr als 3000 *Ganztagsschulen* führen soll. Man sollte annehmen, dass in diesen Zielkontext (Ganztagsangebote in Sachen Bildung und Betreuung) auch Schulbibliotheken gehören, dass hier und dort der Ausbau der Schulbibliothek zu

einer attraktiven, einer Ganztagsschule würdigen Einrichtung gefördert wird. In einigen Länderverordnungen zum Ganztagsschulausbau (z.B. in Bayern) sind die Schulbibliotheken auch als förderfähige Einrichtungen genannt. Wie in einem föderalen System nicht anders zu erwarten, hat jedoch jedes Bundesland seine eigenen Pläne, Prioritäten und Vorstellungen, wo die Mittel einzusetzen sind. Vielfach sind die Voraussetzungen und Anforderungen in den entsprechenden Länderverordnungen sehr vage und allgemein formuliert, Schultyp und Förderbereiche differieren, oft entscheidet der Schulträger vor Ort, was er mit den Fördergeldern machen will. Bibliotheken und ihre Verbände haben erkannt, dass sich aus dem Bedarf an ganztägiger Schülerbetreuung und dem Ausbau schulischer Leseförderungsaktivitäten Chancen für eine wirkungsvolle Profilierung ihrer ureigenen Stärken in Sachen Leseförderung und Informationskompetenz ergeben. Daraus erwuchsen eine Vielzahl von lokalen, regionalen und Landesinitiativen, über die nachfolgend zu berichten sein wird.

3. Reichhaltigen Diskussionsstoff hat das im vergangenen Jahr von der Bertelsmann Stiftung und der Bundesvereinigung Deutscher Bibliotheksverbände vorgestellte Strategiekonzept *Bibliothek 2007* geliefert. Sie kennen die Inhalte und Grundanliegen des Empfehlungspapiers. Ein nachhaltiges Echo hat besonders die im Vergleich mit anderen Industrienationen unterentwickelte Verankerung und Wahrnehmung der Bibliotheken in Deutschland als Teil des Bildungssystems hervorgerufen. Die ausschließliche Zuordnung der Öffentlichen Bibliotheken zum Kultursektor erweist sich ja bekanntermaßen angesichts der derzeitigen Finanzkrise der öffentlichen Haushalte als äußerst gefährlich und vielfach schädlich. Was freiwillig ist, dem droht die Kürzung bis hin zur Auflösung. In den Bibliotheken ist die Botschaft angekommen. Das Profil als Fachinstanz in Sachen Leseförderung, lebenslangem Lernen, der Vermittlung von Informations- und Medienkompetenz wird geschärft, die Zusammenarbeit mit Schulen als Auftrag und Chance wahrgenommen.

Die Bund-Länder-Kommission für Bildungsplanung und Forschungsförderung empfiehlt in ihren 2004 verabschiedeten „Leitlinien zur Verbesserung der Zusammenarbeit zwischen außerschulischem Bereich, Bibliotheken und Schulen sowie anderen Bildungseinrichtungen“ Folgendes: „Die vor Ort in Sachen Leseförderung aktiven Einrichtungen (z.B. Bibliotheken, Schulen, Kindergärten, Stiftungen, Kommunen, Volkshochschulen, Elternvertretungen, Familienstätten, Familienzentren, Kinderschutzbund, weitere außerschulische Partner und Partner des Gemeinwesens sowie die Wirtschaft) sollten Art und Intensität ihrer Zusammenarbeit in einer Kooperationsvereinbarung regeln. Die Kooperationsvereinbarung sollte zunächst für ein bis zwei Jahre abgeschlossen werden, danach sollte sie unter Einbeziehung der in diesem Zeitraum gemachten Erfahrungen fortgeschrieben werden".

Um dem auf Landesebene eine mehr oder weniger verbindliche, auf jeden Fall politisch wirksame Grundlage zu geben, wurden in zahlreichen Bundesländern zwischen den DBV-Landesverbänden und den für die Schulen zuständigen Ministerien Kooperationsvereinbarungen und Rahmenverträge abgeschlossen.

Die Verträge sind zumeist ähnlich formuliert und enthalten als Verpflichtung des Landes,

- dass Schulklassen die Öffentlichen Bibliotheken regelmäßig besuchen.
- dass dies auch in den Lehrplänen und Empfehlungen des Ministeriums verankert wird.
- dass sich die Lehreraus- und -fortbildung stärker als bisher dem Thema Medien- und Informationskompetenz in Verbindung mit der Nutzung von Bibliotheken annimmt.
- dass die staatlichen Fachstellen Informations- und Fortbildungsangebote zum Thema bereitstellen.

Die DBV-Landesverbände verpflichten sich,

- dass die Öffentlichen Bibliotheken mit Modellen zur Leseförderung an die Schulen herantreten.
- dass der DBV zusammen mit den Fachstellen und geeigneten Bibliotheken Fortbildungsangebote für Lehrkräfte, Erzieher und Bibliotheksmitarbeiter erstellt.

Darüber hinaus wird empfohlen, regionale Kooperationsvereinbarungen zur Leseförderung und zur Entwicklung von Medienkompetenz bei Schülern zwischen Schulen und Öffentlichen Bibliotheken abzuschließen. Der Büchereiverein Schleswig-Holstein bietet zusätzlich noch praktische Dienstleistungen für Schulen (Mobile Schülerbücherei, Medienboxen) an.

Es ist aus meiner Sicht unbefriedigend, dass die Begriffe Ganztagsschule und Schulbibliothek in fast allen bestehenden Vereinbarungstexten nicht auftauchen. Gerade die Einbeziehung des schulischen Bibliotheksangebots in gemeinsame Initiativen in Sachen Leseförderung und Informationskompetenz scheint mir ein wichtiges, ja grundlegendes Desiderat zu sein. Die gezielte Einbindung der schuleigenen Bibliotheken in das Investitionsprogramm zum Ausbau von Schulen zu Ganztagsschulen ist in den bestehenden Kooperationsverträgen nicht vorgesehen. Damit wird leider dem dringenden Bedarf am Ausbau der Schulbibliotheken zu ganztägig nutzbaren Lese-, Lern- und

Kommunikationsorten, wenn möglich in Partnerschaft mit der örtlichen Öffentlichen Bibliothek, keine Beachtung geschenkt. Überhaupt ist von Finanzierung nicht die Rede. Es werden keine Sonder- und Projektmittel im Rahmen der Kooperationsvereinbarungen konkret in Aussicht gestellt, weshalb es nicht verwundert, dass der Staatssekretär im thüringischen Kultusministerium anlässlich der Unterzeichnung des Kooperationsvertrags mit dem DBV-Landesverband im Februar in Erfurt von einer „symbolischen Handlung" sprach.

Eine echte Ausnahme stellen die vertraglichen Vereinbarungen in Rheinland-Pfalz dar. Zum einen schloss hier der DBV Landesverband mit dem Schulministerium eine Rahmenvereinbarung über die Gestaltung von außerunterrichtlichen Angeboten an neuen Ganztagsschulen durch Öffentliche Bibliotheken ab. Danach bietet die Öffentliche Bibliothek mit ihren Fachkräften der örtlichen Ganztagsschule Unterrichtsangebote in den Bereichen Literatur und Leseförderung, Medienkompetenz und Informationsrecherche an. Die Bibliothek erhält für den Personaleinsatz eine Kostenerstattung durch das Land.

Weiterhin fördert das Land über die Fachstellen Neustadt und Koblenz des Landesbibliothekszentrums den Aufbau von so genannten „Leseecken" in Ganztagsschulen, Räume zum „Stöbern und Schmökern" in Büchern als Entwicklungskerne für Schulbibliotheken. Ganztagsschulen könnten Anträge auf „Leseecken" in zwei unterschiedlichen Größen stellen. Eine „kleine Leseecke" mit einem Kostenvolumen von 10.000 Euro umfasst mindestens 300 Bücher und Medien, eine „große Leseecke" mit dem Kostenvolumen von 17.000 Euro mindestens 600 Bücher und Medien. 90 Prozent der Kosten werden vom Land aus IZBB-Mitteln übernommen, lediglich 10 Prozent der Kosten für Bücher, Medien, Material und Möbel sind vom Schulaufwandsträger zu tragen. Kein Wunder, dass dieses Angebot bei den Schulen auf riesige Nachfrage stößt.

In Nordrhein-Westfalen plant der Landesverband den Abschluss eines Rahmenvertrags mit dem Ministerium für Schule, Jugend und Kinder in Sachen offene Ganztagsschule. Sehr hilfreich sind die dort erarbeiteten „Handlungsschritte zur Beteiligung der Öffentlichen Bibliothek an der offenen Ganztagsgrundschule".[1]

Ein sehr wirksames, in seinen Maßnahmen und Ergebnissen sicher modellhaftes Unternehmen ist das von der Bertelsmann Stiftung und dem nordrhein-westfälischen Kultusministerium vereinbarte Projekt „*Medienpartner Bibliothek und Schule: Lese- und Informationskompetenz NRW*". Die dort neu- oder fortentwickelten Produkte gehören zum Grundinstrumentarium

[1] siehe: http://www.vbnw.de/Gesamtschule/Handlungsschritte.doc

der Kooperation zwischen Öffentlicher Bibliothek und Schule. Zu nennen sind hier Angebote wie Medienboxen, Unterricht in der Bibliothek, Medienpräsentationen im Unterricht, Aktionsprogramme (Mediennächte in der Bibliothek, Projektwochen in der Schule, Medien-Rallyes, Autorenlesungen, usw.), handlungsorientierte Klassenführungen, das Schülercenter in der Bibliothek, multimediale Klassenführungen, die Unterrichtseinheit Informationskompetenz und die Einbeziehung von Eltern in die Leseförderung. Das Projekt basiert auf dem bekannten von 1995 bis 2000 in sechs Bibliotheken durchgeführten Projekt „Öffentliche Bibliothek und Schule – neue Formen der Partnerschaft".[2]

Entscheidend ist, was auf lokaler Ebene passiert. Letztendlich müssen alle inzwischen in großer Zahl und vielfältigen Varianten bereitstehenden Aktionsmöglichkeiten auch aktiv in möglichst vielen Orten umgesetzt werden. Inzwischen haben zahlreiche Bibliotheken, gerade auch in Nordrhein-Westfalen, in Abhängigkeit von den vorhandenen Ressourcen mit den Schulen ihres Ortes Vereinbarungen getroffen, in denen Dienstleistungen und Angebote geregelt sind. Eine strukturierte Gesamtübersicht der verschiedenen Kooperationsmöglichkeiten und -formen bietet die von der Expertengruppe Bibliothek und Schule des DBV erarbeitete Handreichung „*Modelle schulbibliothekarischer Versorgung*", die unlängst in der Zeitschrift „Bibliothek Forschung und Praxis" veröffentlicht wurde.[3] Angesichts der Vielfalt an unterschiedlichen strukturellen, personellen und finanziellen Bedingungen der Bibliotheks- und Schullandschaft kann es nicht um *die* Lösung, sondern um das Aufzeigen erprobter und bewährter, verschieden modifizierbarer Optionen gehen. Wie können Schulen ohne Schulbibliothek unterstützt werden, wie können Kooperationen auf vertraglicher Basis aussehen, was sind die Voraussetzungen und Vorteile integrierter Lösungen wie sie sich in Form der kombinierten Schul- und Öffentlichen Bibliothek finden? Das hier Dargestellte bringt keine absoluten Novitäten, erweist sich aber dort, wo es praktiziert wird als hocheffizient und nachhaltig. Zu nennen sind hier auch die auf meist großstädtischer Ebene – leider viel zu selten – arbeitenden schulbibliothekarischen Arbeitsstellen der Stadtbibliotheken und die vor allem zwischen ÖB und Gymnasien in Bayern abgeschlossenen Kooperationsverträge, die ausdrücklich auch eine Integration des Schulbibliotheksbestands in die öffentliche Literaturversorgung vorsehen.

Abschließend darf ich als Mitglied der Expertengruppe Bibliothek und Schule und damit als einer der „Mittäter" auf die Informationen unter www.schulmediothek.de verweisen. Dort findet man unter der Rubrik „Öffentliche

[2] siehe: http://www.medienpartner-nrw.de

[3] siehe: Bibliothek, Forschung und Praxis, 29.2005. Nr. 1, 120–125

Bibliothek und Schule" Hinweise, Texte und Links zum Thema „Was können ÖBs für Schulen leisten" sowie eine von der DBV-Expertengruppe „Kinder- und Jugendbibliotheken" gepflegte Sammlung von Leseförderaktionen – Bausteine und Anregungen für zahlreiche neue Initiativen in Sachen Kooperation von Öffentlichen Bibliotheken und Schulen. Darüber hinaus beantwortet das Portal umfassend Fragen zur Organisation, Verwaltung sowie der unterrichtlichen Nutzung von Schulbibliotheken und wartet mit zahlreichen Adressen und Links rund um die Bibliotheksarbeit in und mit Schulen auf.

MARTINA LESCHNER

freestyle – Kundenbindung jugendlicher Bibliotheksbenutzer bei den Stadtbüchereien Düsseldorf

Das Konzept[1]

Die Stadtbüchereien Düsseldorf verzeichnen – wie viele andere Öffentliche Bibliotheken auch – einen deutlichen Einbruch bei den Nutzern ab 12 Jahren. Die Jugendlichen sind den Öffentlichen Bibliotheken abhanden gekommen – sie suchen diese für schulische Zwecke auf, aber nicht freiwillig als Treffpunkt oder zur Befriedigung ihrer Freizeitinteressen.

Die Ursachen sind vielfältig: Jugendliche sind lange nicht als eigenständige Zielgruppe wahrgenommen worden. Die so genannten Kinder- und Jugendbibliotheken sind in der Realität reine Kinderabteilungen, denen die Jugendlichen längst entwachsen sind und denen gegenüber sie sich abgrenzen möchten. Eigene Räume sind eher die Ausnahme als eine selbstverständliche Einrichtung für eine eigenständige Zielgruppe. Die für Jugendliche relevanten Medien werden – falls überhaupt vorhanden – nicht zentral und zielgruppenspezifisch präsentiert, sondern sind auf zahlreiche Standorte in der Bibliothek verteilt.

Schließlich spiegeln viele Öffentliche Bibliotheken mit ihrem Bestand nicht die reale Mediennutzung und -interessen Jugendlicher. Stark schul- und bildungsorientierte Bestände, ein zu geringer Anteil an elektronischen Medien sowie mangelnde Aktualität bei angesagten Titeln machen die Angebote Öffentlicher Bibliotheken unattraktiv für Jugendliche.

Vor diesem Hintergrund haben die Stadtbüchereien Düsseldorf, die Stadtbibliothek Mönchengladbach und die ekz-Bibliotheksservice GmbH in einer Projektpartnerschaft ein neues Jugendbibliothekskonzept „freestyle“ entwickelt, welches sich zeitnah unter folgenden Voraussetzungen umsetzen lässt:

- der Aufbau und Betrieb der Jugendbibliothek erfordert kein zusätzliches Personal; neue Aufgaben sind aus vorhandenen Personalressourcen und durch das Outsourcing bibliothekarischer Tätigkeiten zu leisten;

[1] Ausführliche Darstellung s. Behrendt, Brigitte; Schmidt-Coenen, Ursula; Leschner, Martina: freestyle – action + fun, boyz'n'girls, lifestyle, thrill. Das neue Bibliotheksangebot ab 14 in Düsseldorf und Mönchengladbach. In ProLibris 4/2003, 179–184

- zusätzliche Räume oder eigene Standorte sind nicht finanzierbar; neue Angebote sind in vorhandene Räumlichkeiten zu integrieren;
- die laufenden Betriebskosten müssen begrenzt und überschaubar sein.

Ziel ist es, durch die Implementierung von freestyle als zielgruppenspezifische Freizeitbibliothek in bestehende Stadtteilbüchereien, jugendliche Kunden dauerhaft zu binden. Kundenneugewinnung wird als positiver Nebeneffekt verstanden, ist aber nicht primäres Ziel des Projekts.

Kundenbindung umfasst „sämtliche Maßnahmen ..., die darauf abzielen, sowohl die bisherigen als auch die zukünftigen Verhaltensabsichten eines Kunden gegenüber einem Anbieter oder dessen Leistungen positiv zu gestalten, um die Beziehung zu diesem Kunden für die Zukunft zu stabilisieren bzw. auszuweiten“.[2] Dabei steht die angestrebte Kundenbindung am Ende eines dreistufigen Entwicklungsprozesses. Ausgehend von der Kundenorientierung als erstem Schritt wird die Kundenzufriedenheit angestrebt, die wiederum zentraler Erfolgsfaktor und Voraussetzung für Kundenbindung ist.[3]

Eine Bibliothek arbeitet dann kundenorientiert, wenn sie im Rahmen ihrer Zielsetzung alle Anstrengungen unternimmt, die jeweiligen Besucherwünsche und Bedürfnisse wahrzunehmen und sie dann langfristig zu bedienen. Voraussetzung ist eine permanente und systematische Benutzerforschung durch Befragungen, statistische Erhebungen, Kundenkontakte und Mitanbieteranalysen.

Demnach ist das wichtigste Prinzip von freestyle die ausdrückliche Kundenorientierung nach dem Motto „Genuss ist Muss“. Um Jugendliche dauerhaft zu binden, müssen Bibliotheken auf die Freiwilligkeit jugendlichen Interesses setzen. Da Schule und Lernen als wenig lustvoll empfunden werden – nur ein Drittel der Jugendlichen gehen gerne zur Schule – muss die neue Jugendbibliothek als reine Freizeitbibliothek ohne expliziten Bildungsauftrag mit einem schulfernen Angebot konzipiert werden. Entscheidend ist, wofür sich Jugendliche freiwillig und gerne interessieren – auch jenseits bibliothekarisch-pädagogischer Ambitionen. Durch attraktive und den realen Medieninteressen entsprechenden Angeboten wird eine positive Identifikation und damit die dauerhafte Bindung Jugendlicher an ihre Bibliothek erreicht.

Ohne zusätzliches Personal kann freestyle nur als Kooperationsprojekt verschiedener Partner und durch das Outsourcing bibliothekarischer Kerntätigkeiten realisiert werden. Die ekz-Bibliotheksservice GmbH leistet die komplette Medienauswahl sowie die Einrichtung nach Vorgaben der Projektbibliotheken und bietet freestyle als marktfähiges Produkt zur unkomplizierten

[2] Bruhn, Manfred: Kundenorientierung, München 2003, 104

[3] Vgl. Klein, Armin: Besucherbindung im Kulturbetrieb, Wiesbaden 2003, 31

Nachnutzung für andere Bibliotheken an. Je nach Größe, Zielsetzung und Finanzstärke können eine schlüsselfertige Jugendbibliothek oder nach dem Baukastenprinzip einzelne Bestandteile der Einrichtung oder des Bestands erworben werden. Damit wird ein ökonomisches Dienstleistungsangebot geschaffen – in Zeiten knapper Ressourcen eine gute Chance, ein attraktives Angebot für Jugendliche zu realisieren.

freestyle – Nutzung und Bewertung durch die jugendlichen Kunden

freestyle wurde im September 2003 in der Stadtteilbücherei Benrath eröffnet. Die ausleihstärkste Zweigstelle des Düsseldorfer Bibliothekssystems – 2004 wurden mit einem Bestand von 36.458 Medien 228.971 Entleihungen erzielt – wurde im Rahmen des Masterplans Bibliotheken komplett renoviert und neu eingerichtet, so dass freestyle von Anfang an in die Planung miteinbezogen werden konnte. Im Ortsteil liegen sechs weiterführende Schulen; eine große potentielle Klientel wohnt im Einzugsbereich der Stadtteilbücherei.

Nach 18 Monaten Betriebszeit lässt sich noch nicht überprüfen, ob die angestrebte Kundenbindung von Jugendlichen bereits erreicht wird. Die Kundenstatistik belegt zwar die Zunahme des Anteils der Jugendlichen an der Gesamtklientel um über 4 %, doch erst mit Hilfe einer Befragung kann die Kundenzufriedenheit als zweite Stufe des Kundenbindungsprozesses ermittelt werden. Im Rahmen ihrer Diplomarbeit führte eine Studentin bei 104 Jugendlichen eine Kundenbefragung durch, deren Ergebnisse im Folgenden vorgestellt werden.[4]

Bestand

freestyle bietet Medienvielfalt mit einem hohen Grad an Aktualität. Etwa die Hälfte der mittlerweile 3.013 Medien sind Bücher und Zeitschriften, die andere Hälfte setzt sich zusammen aus Nonbooks wie Musik-CDs, Hörbüchern, CD-ROMs, DVDs und Computerspielen. Das Angebot ist freizeitorientiert; entscheidend für die Auswahl der Medien ist das Kriterium, dass sie Jugendliche wirklich ansprechen! Populäre Freizeit- und Unterhaltungsbedürfnisse, Kulttitel, Trendthemen, traditionelle Jugendbücher sowie Romane junger Autoren sind vertreten. Ausnahmen von der Freizeitorientierung sind die Interessenkreise jobs und help!, die mit Titeln zur Berufswahl, Bewerbungsanlei-

[4] Scheuren, Katja: Kundenbindung von Jugendlichen am Beispiel der Jugendbibliothek freestyle der Stadtbüchereien Düsseldorf. Diplomarbeit Fachhochschule Köln 2005

tungen und Ratgebern Hilfe beim „Ernst des Lebens“ bieten. Schulrelevante Literatur ist nicht vorgesehen; diese ist bei Bedarf in unmittelbarer räumlicher Nähe zu freestyle im Sachbuchbestand der Erwachsenenbibliothek umfangreich vorhanden.

Erfüllt dieses Medienangebot die Wünsche und Erwartungen der Zielgruppe? Die Ausleihstatistik spricht für sich: Mit 8 % Anteil am Gesamtbestand werden 10,5 % Anteil an der Gesamtausleihe erreicht – die freestyle-Medien leihen sich überproportional aus. Durchschnittlich ein Drittel des Bestands ist ständig entliehen.

Die Auswertung der Kundenbefragung belegt ebenfalls den Erfolg des Medienangebots, erlaubt aber eine differenziertere Betrachtung.

Die am intensivsten von 74 % der Befragten genutzten Medien sind die Bücher! In Benrath bestätigt sich die Befürchtung nicht, dass Jugendliche zu wenig lesen – dies mag am hohen Bildungsniveau der freestyle-Kunden liegen. Die inhaltliche Bewertung in Bezug auf die Titelauswahl differiert sehr stark je nach Medienart, wobei das Buchangebot von allen Medien mit der durchschnittlichen Schulnote von 2,1 am besten abschneidet. Der von der ekz-Bibliotheksservice GmbH lektorierte Buchbestand scheint gut ausgewählt und trifft die Interessen und den Geschmack der Jugendlichen.

Durch die Befragung wird aber auch bestätigt, dass audiovisuelle und elektronische Medien einen großen Stellenwert besitzen – die Entscheidung, den Bestand zur Hälfte aus Nonbooks zu konzipieren, erweist sich als richtig. Die DVDs und Musik-CDs werden von zwei Dritteln der Jugendlichen genutzt – daneben von sehr vielen Erwachsenen oberhalb der eigentliche Zielgruppe – und werden ebenfalls positiv bewertet mit den Durchschnittsnoten von 2,2 bzw. 2,3.

Über die Hälfte der Jugendlichen nutzen die Computerspiele für den PC, 1/4 die Computerspiele für PlayStation 2. Hier dokumentieren sich die bekannten geschlechtsspezifischen Unterschiede bei der Mediennutzung: Mädchen greifen eher zum Buch, während die Computerspiele vorwiegend von männlichen Kunden genutzt werden. Von allen Angeboten schneiden die Computerspiele in der Bewertung am schlechtesten ab – vor allem das Angebot an PlayStation-2-Spielen wird sehr kritisch bewertet (Note 3,2) und muss dringend nachgebessert bzw. ausgebaut werden. Gründe für die schlechte Bewertung liegen in der Beschränkung des Angebots auf nur eine Plattform, im quantitativ zu geringen Angebot sowie in der durch hohe Absenzquoten mangelnden Verfügbarkeit.

Besonders wichtig für den langfristigen Erfolg von freestyle ist die größtmögliche Aktualität des Bestands. Bedingt durch die schnelllebigen Trends der Jugendkultur und die hohe Verschleißquote der Medien durch häufige

Entleihungen ist der schnelle Zufluss aktueller Medien absolut vorrangig. Eine jährliche Erneuerungsquote von mindestens 500 Titeln ist notwendig. Um ein dauerhaft attraktives Angebot bereitzustellen, müssen vor allem die Musik-CDs, die DVDs und die Computerspiele ständig anhand der Charts, der aktuellen Trends und Medienereignisse ausgewählt und sofort bereitgestellt werden. Die Bewertung der Aktualität durch die Zielgruppe deckt sich mit der inhaltlichen Beurteilung: Wieder schneiden die Bücher am besten ab mit der Durchschnittsnote von 2,1; die Bewertung bei den Nonbooks fällt weniger gut aus: die Musik-CDs erhalten die Note 2,3; die DVDs die Note 2,4. Dringender Handlungsbedarf besteht bei den Computerspielen für PC (Note 3,3) und PlayStation 2 (Note 3,9!), mit denen über 40 % der Befragten sehr unzufrieden sind. Zurückzuführen ist dies auf die intensive Bewerbung von Neuerscheinungen in den Medien und auf die detaillierte Markt- und spezialisierte Fachkenntnis der zahlreichen Fans.

Die Frage nach den Interessen und Themenvorlieben belegt abermals den Stellenwert der Nonbooks. Die Lieblingsthemen der Jugendlichen decken sich mit den Interessenkreisen movies + tv, just music, games und thrill, die sehr große Anteile an AV- und elektronischen Medien enthalten.

Insgesamt spiegelt der Bestand eine gute Auswahl von für Jugendliche interessanten Themen und findet großen Anklang. Der Aktivierungsgrad liegt bei durchschnittlich 95 %, allerdings sinken die zu Projektbeginn mit 45 % extremen Absenzquoten auf 30 %. Die in ihren Interessengebieten sehr spezialisierten Jugendlichen kennen mittlerweile alle für sie relevanten Medien. So lautet der bei der Kundenbefragung am häufigsten artikulierte Wunsch „mehr neue Bücher, mehr DVDs, mehr CDs, mehr games!“

Erschließung durch 14 Interessenkreise

Alle Medien werden unabhängig von ihrer äußeren Form inhaltlich nach Interessenkreisen erschlossen und präsentiert. In 14 attraktiven Themenbereichen (action + fun, boyz'n'girls, comics, fantasy + scifi, games, help!, @it, jobs, just music, lifestyle, movies + tv, mystery, reality, thrill) stehen Romane, Sachbücher, CDs, Hörbücher, DVDs, CD-ROMs und Konsolenspiele nach Inhalten zusammengeführt und als gleichberechtigte Medien nebeneinander. Statt mit Signaturen werden die Medien ausschließlich mit Interessenkreisaufklebern gekennzeichnet und stehen unsortiert innerhalb der Bereiche – eine Methode, die sich aufgrund ihrer Unkompliziertheit bei Kunden und Bibliothekspersonal sehr bewährt. Über zwei Drittel der Befragten vergeben die Note sehr gut oder gut (Durchschnittsnote 2,1) für die

Medienaufstellung und finden sich so gut zurecht, dass keine Hilfestellung des Personals erforderlich ist. Lediglich bei sehr großen Interessenkreisen ist die Suche nach bestimmten Titeln aufwändig, zudem gehen die viel gefragten Charttitel in der Menge leicht unter.

Einrichtung und technische Ausstattung

Mitentscheidend für den Erfolg von freestyle ist die Präsentation des Medienangebots. Jugendorientierung kann sich nicht allein in der Einrichtung eines Sonderbereichs erschöpfen, die Bibliothek muss in ihrer Gesamtheit jugendlicher und attraktiver werden. Wichtiger als eine trendig gestylte Einrichtung ist jedoch die größtmögliche Entfernung zur Kinderbibliothek! So wurde freestyle auf 49qm der Erwachsenenbibliothek angegliedert und als Sonderbereich abgegrenzt. Das „Shop-in-Shop-System“ erlaubt die optische Abgrenzung bei gleichzeitiger Durchlässigkeit. Die Deckelung mit einem Gerüstbausystem aus Stahlrohr, das die technische Infrastruktur wie Leitungen, Monitore und farbige Strahler trägt, unterstreicht den kühlen „Factorylook“. Ein raumhohes Graffiti mit dem Namensschriftzug freestyle markiert den Eingangsbereich. Statt herkömmlicher Regalbeschriftungen sind Fahnen vom Gerüst abgehängt, die die Standorte der Interessenkreise anzeigen. freestyle ist mit Standardregalen ausgestattet, die durch dekorative Displayelemente zur Frontalansicht der Medien aufgepeppt werden. Als besonderer Hingucker gedacht war die Präsentation der Comics, die unkonventionell in einem handelsüblichen Einkaufswagen als Alternative zur Regalpräsentation angeboten werden. Dieser schneidet mit Abstand am schlechtesten ab mit der Durchschnittsnote von 3,7. Hier kritisieren die Jugendlichen, dass sie die Idee zwar gut, die Nutzung aber sehr unpraktisch finden. Der Einkaufswagen habe den Charakter eines Wühltisches im Kaufhaus, das Durchsuchen sei unhandlich und lästig.

Neben der Medienpräsentation sieht das Einrichtungskonzept von freestyle auch vor, zum Kommunizieren und Verweilen einzuladen. Die Bedürfnisse sind vielfältig: Leute treffen, Medien aussuchen, lesen, Filme ansehen, Musik hören, sehen und gesehen werden, im Internet surfen. Diesen Bedürfnissen wird Rechnung getragen durch die Einrichtung mit verschiedenen Sitzmöbeln: sechs thronartigen Sesseln und zwei Bistrotischen mit Design-Barhockern. Beide schneiden in der Bewertung trotz augenscheinlich geringer Nutzung gut ab. In der Befragung wird jedoch häufig der Wunsch nach mehr Gemütlichkeit in Form eines kuscheligen Sofas geäußert. Insgesamt aber findet das Einrichtungskonzept großen Anklang und entspricht dem Geschmack der

Jugendlichen. 66 % vergeben für die Atmosphäre und den Wohlfühlcharakter die Note sehr gut oder gut, die Durchschnittsnote liegt bei 2,2.

Genauso unverzichtbar ist die technische Ausstattung des freestyle-Bereichs für die Mediennutzung vor Ort. Inspiriert von Medienkaufhäusern, ist freestyle ausgestattet mit einem DVD-Player mit Monitor und Funkkopfhörern, Abhörsäulen für Musik-CDs sowie einem Internet-PC.

Gut beurteilt werden die beiden Abhörsäulen für CDs, die besonders bei den jüngeren Kunden unter 14 Jahren sehr beliebt sind. Die älteren Jugendlichen fordern den häufigeren Wechsel der Musik-CDs – ein dem Benrather Personal sehr bewusstes Desiderat, das sich aufgrund des regen Benutzeraufkommens aber nur schwer befriedigen lässt.

Auch der DVD-Player mit Großmonitor erhält eine positive Note – allerdings eher für die Existenz als die Nutzung, da dieses Angebot wenig in Anspruch genommen wird. Die Jugendlichen zeigen sich weder am Ansehen von Spielfilmen noch von Musik-DVDs interessiert. Die Ausgabe der Funkkopfhörer und die Bedienung des DVD-Players am mitunter unbesetzten Auskunftsplatz sowie die geringe Auswahl an Präsenz-DVDs erweisen sich als Hemmschwelle. Durch die Einführung des digitalen Fernsehens – in den denkmalgeschützten Räumen der Bibliothek ist weder ein Kabelanschluss noch die Installation einer Satellitenschüssel möglich – wird zukünftig ein laufender Musiksender hoffentlich mehr Interessenten finden.

Auch das Internet findet nicht den erhofften Zuspruch – nur ein Fünftel der Befragten nutzt das Angebot. Die Gründe liegen in den hohen Gebühren, dem abseits gelegenen Standort sowie in der Bereitstellung auf einem unattraktiven, schreibtischartigen Möbel.

Insgesamt ist freestyle zum Zeitpunkt der Kundenbefragung im Juni 2004 noch nicht als Treffpunkt bei der Zielgruppe etabliert – nur ein Fünftel der Befragten trifft sich hier mit Freunden. Das ist bedauerlich, da das Zusammensein mit Freunden die wichtigste Freizeitbeschäftigung Jugendlicher ist. Bedingt durch die Nutzung von freestyle durch Erwachsene und jüngere Kunden sind die Jugendlichen zu wenig unter sich, zum wohligen Charakter eines Treffpunkts fehlen das oft gewünschte Sofa und ein Getränkeautomat. Nach Beobachtungen des Personals ist erfreulicherweise in den letzten Monaten eine steigende Nutzung und längere Verweildauer zu beobachten.

Fazit

Eine endgültige Bewertung des Modellprojekts freestyle ist erst nach mehrjähriger Laufzeit möglich. Es zeichnen sich bislang sehr positive Trends und wichtige Erfahrungen ab, die das Konzept als richtig und erfolgreich bestätigen, aber auch Nachbesserungsbedarf in einigen Bereichen.

Grundsätzlich fügt sich freestyle problemlos in den täglichen Ausleihbetrieb der Stadtteilbücherei Benrath ein und ist akzeptiert bei Mitarbeitern und erwachsenen Kunden. Die vorab befürchteten Interessenkonflikte mit der oft als problematisch angesehenen Zielgruppe sind ausgeblieben.

Im ursprünglichen Konzept ist diese festgelegt auf Jugendliche und junge Erwachsene im Alter von 14 – 25 Jahren. Diese Altersspanne erweist sich als zu breit, das „Endalter" ist zu hoch angesetzt und bereits nach einigen Monaten Ausleihbetrieb auf ca. 18 – 20 Jahre reduziert.

Diese Beobachtung wird durch die Auswertung der demographischen Daten der Kundenbefragung bestätigt, die Informationen bezüglich der Benutzerstruktur liefert. Die Hauptklientel überschreitet das Alter von 18 – 20 Jahren nicht. Der größte Teil (46 %) der Nutzer ist zwischen 14 und 18 Jahren alt, nur 1/8 der Befragten sind 19 Jahre und älter. Dagegen sind sehr viele Nutzer unter 14 Jahre (41 %) – ein Phänomen, das bei vielen Jugendbibliotheks-Modellen zu beobachten ist und das von der eigentlichen Zielgruppe sehr negativ bewertet wird. Gleichzeitig nutzen viele Kunden ab 25 Jahren die freestyle-Medien: die DVDs, die sonst in Benrath nicht angeboten werden, die Musik-CDs, Spannungsliteratur der Interessenkreise fantasy + scifi und thrill sowie die Bewerbungshilfen von jobs.

Über 90 % der Befragten sind Schüler, die restlichen 10 % verteilen sich auf Auszubildende, Studenten und Berufstätige. Auffällig ist das hohe Bildungsniveau der freestyle-Kunden: Über zwei Drittel sind Gymnasiasten oder haben bereits das Abitur, 27 % haben oder streben den Realschulabschluss an, nur 7 % sind Hauptschüler. Die weiblichen Nutzer sind erwartungsgemäß leicht in der Überzahl mit 56 %, unter den Neuanmeldungen in der Altersgruppe sind jedoch überproportional viele männliche Kunden.

Der größte Teil der jugendlichen Klientel (77 %) beschränkt sich nicht auf die Nutzung von freestyle, sondern nutzt auch andere Angebote der Bibliothek wie den Sachbuchbestand für schulische Zwecke oder auch die Kinder- und Jugendbibliothek. Das Konzept des durchlässigen Übergangs geht auf. Nur ein Fünftel der Befragten sind reine freestyle-Kunden, von denen viele sogar aus anderen Stadtteilen anreisen.

Die angestrebte Zielgruppe wird erreicht und beurteilt freestyle überwiegend positiv – die Voraussetzungen für eine dauerhafte Kundenbindung sind gegeben. Kundenzufriedenheit ist zwar die zentrale Voraussetzung, führt aber allein nicht automatisch zur Kundenbindung. Ein zufriedener Kunde ist nicht zwangsläufig auch ein treuer Kunde! Erst wenn die Erwartungen des Kunden in besonderem Maße erfüllt oder übererfüllt werden, entsteht die so genannte „Kundenbegeisterung", die zu starker Loyalität und langfristiger Bindung führt[5]. Um diese Kundenbegeisterung zu erreichen, besteht für freestyle Bedarf an inhaltlichen Verbesserungen in einzelnen Bereichen und an dem Angebot weiterer Leistungen:

- quantitativer Ausbau einzelner Bestandsmodule:
  Durch die intensive Nutzung des Bestands entsteht der Nachteil der mangelnden Verfügbarkeit gefragter Medien. Sinkende Absenzquoten bei gleichzeitigem Aktivierungsgrad von 95 % belegen, dass die Kunden die Medien ihrer bevorzugten Interessenkreise bereits alle kennen. Der in der Kundenbefragung am häufigsten geäußerte Wunsch lautet: mehr Medien!
- Verbesserung der Aktualität der Nonbooks:
  Sobald die Bibliothek den Bedarf an aktuellen Medien nicht mehr decken kann, verliert das Angebot seinen Reiz und langfristig seine Kunden!
- Angebot an Veranstaltungen:
  Zur Kundenbegeisterung reicht die Bereitstellung von Medien allein nicht aus. In der Kundenbefragung wird der Wunsch nach Veranstaltungen geäußert, die durch das Einbringen eigener Aktivitäten und Ideen eine stärkere Identifizierung mit freestyle bewirken. Veranstaltungsvorschläge der Jugendlichen sind u.a. Kinoabende „ohne Kinder", Graffitikurse sowie Ausstellungen von Kunstkursen. Bislang angeboten wurde ein Workshop „Mangazeichnen", geplant ist die Komposition eigener Klingeltöne für Handys.
- Im Sommer 2005 wird eine professionelle Homepage für freestyle erstellt. Da die Kommunikation über Internet für Jugendliche selbstverständlich ist, kann hier die wichtige Partizipationsmöglichkeit der Zielgruppe am Bestandsaufbau durch Kontaktformulare, Wunschlisten oder Newsletter rationell umgesetzt werden.
- räumliche Veränderungen:
  Der sehr schlecht bewertete Einkaufswagen für die Comics wird durch ein Regal ersetzt. Langfristig ist geplant, den Internet-PC in die Mitte von freestyle auf die Bistrotische zu verlagern.

Diese Verbesserungsmaßnahmen sind ohne immensen Aufwand nur in kleinen Etappen realisierbar. Sehr wichtig und wünschenswert ist darüber hinaus eine regelmäßige Zufriedenheitsmessung in Form weiterer Kundenbefragungen.

[5] Homburg, Christian; Becker, Annette; Hentschel, Fredericke: Der Zusammenhang zwischen Kundenzufriedenheit und Kundenbindung. In: Handbuch Kundenbindungsmanagement, hg. von Manfred Bruhn u. Christian Homburg, 4. Aufl., Wiesbaden 2003, 93 f.

Bei der Bewertung des Konzepts muss auch der Erfolg des Outsourcings bemessen werden. Aufgrund der Vielfältigkeit der Medien und der inhaltlichen Breite des Angebots quer durch alle Lektoratsgebiete ist der Bestandsaufbau aus eigener Personalkapazität nicht zu leisten. Das Outsourcing an die ekz- Bibliotheksservice GmbH erweist sich als gute und praktikable Möglichkeit, wobei einige Probleme nicht verschwiegen seien. An beträchtlichem Zusatzaufwand vor Ort fällt die aufwändige Bestandspflege und ständige Überprüfung der Nutzung an. Das Feedback an die ekz ist Voraussetzung für den Erfolg in einem Bereich mit sehr schnelllebigen Medien. Nur frühzeitiges Erkennen und flexibles, schnelles Reagieren auf wechselnde Trends in der Jugendszene garantieren ein dauerhaft attraktives und aktuelles Angebot. Die Einbindung Jugendlicher in den Bestandsausbau kann nicht unmittelbar erfolgen und wird durch die Weiterleitung an einen Dienstleister verkompliziert. Darüber hinaus ist durch die Standardisierung des Angebots kaum individueller Spielraum für besondere lokale Anforderungen möglich. Bereits die Nutzung von freestyle in Düsseldorf und Mönchengladbach zeigt große Unterschiede.

Nachnutzung des Modells

Bei den Stadtbüchereien Düsseldorf ist freestyle nicht als einmaliges Projekt, sondern als nachhaltiges Konzept angelegt. Ab 2006 wird die Stadtteilbücherei Derendorf freestyle in Komplettversion einrichten; die Stadtteilbüchereien Wersten und Rath bieten einzelne Module an.

Außer den Projektbibliotheken Düsseldorf und Mönchengladbach sind die Stadtbibliotheken Bremen und Bielefeld Komplettabnehmer; Teile des Bestands oder der Einrichtung haben u.a. Berlin-Lichtenberg, Chemnitz, Essen, Füssen und Straubing gekauft. Nach Auskunft der ekz-Bibliotheksservice GmbH bestanden im Januar 2005 etwa 20 weitere Planungen zu teilweisen oder kompletten Neueinrichtungen.

ANNEMARIE NILGES/MARIANNE REESSING-FIDORRA

Informationskompetenz als Gemeinschaftsaufgabe der Hochschulbibliotheken in NRW – eine Bilanz

Thema des vorliegenden Beitrags zur Vermittlung von Informationskompetenz in NRW sind Entstehung und Wirken der nordrhein-westfälischen Arbeitsgemeinschaft Informationskompetenz (AG Informationskompetenz) und die Bilanz ihres dreijährigen Bestehens.[1]

In ihrem Workshop im Dezember 2004 entschied sich die AG Informationskompetenz mit ihren Mitgliedern für eine im Sinne ihrer Aufgabenstellung und Zielsetzung aussagekräftige Wortfolge, die als visuelle Klammer ab sofort ihre Publikationen, den Webauftritt und eben auch den Vortrag auf dem Bibliothekartag 2005 gestalten bzw. gliedern soll. Dieser Slogan lautet *„gemeinsam verbunden für alle professionell immer besser gerüstet bekannt virtuell punkten“*.

gemeinsam

Der Pisa-Schock mit dem schlechten Abschneiden der deutschen Schülerinnen und Schüler, der Bologna-Prozess und die Einführung der gestuften Studiengänge und die Ergebnisse der *Stefi-Studie,* die bei deutschen Studierenden erhebliche Lücken im Umgang mit elektronischen Medien aufzeigten, waren grundlegend für eine bildungs-, wissenschafts- und hochschulpolitische Weichenstellung für die Vermittlung von Informationskompetenz der Hochschulbibliotheken in Nordrhein-Westfalen.

Der Verband der Bibliotheken Nordrhein-Westfalen mit seinen beiden großen Arbeitsgruppen – Arbeitsgemeinschaft der Universitätsbibliotheken (AGUB) und der Fachhochschulbibliotheken (AG FHB) – richtete deshalb mit Beginn des Jahres 2002 die Arbeitsgruppe Informationskompetenz ein. In der AG Informationskompetenz vertreten sind die Hochschulbiblio-

[1] Weitere Literatur zum Thema: Renate Vogt: Vermittlung von Informationskompetenz im Rahmen der Hochschullehre. In: Klaus Hilgemann und Peter Te Boekhorst (Hrsg.): Die effektive Bibliothek. Roswitha Poll zum 65. Geb. München 2004, 117–128; Annemarie Nilges und Anneke Thiel: Informationskompetenz im Wandel: Theorie und Praxis. In: Jahrbuch der Heinrich-Heine-Universität Düsseldorf 2003. Düsseldorf 2004, 513–529

theken des Landes und zwar Universitäts- und Fachhochschulbibliotheken gemeinsam mit zunächst acht und jetzt sieben Vertreterinnen und Vertretern unter der Leitung von Frau Dr. Vogt (ULB Bonn). Die AG trifft sich mehrmals im Jahr. Sie gibt den Direktorenkonferenzen Rechenschaft über ihre Arbeit.

Die enge Zusammenarbeit der mit dem Referat Fortbildung des HBZ in Köln, das in kundenorientierter, gelungener und vorbildlicher Abstimmung mit den Bibliotheken des Landes und ihren Fortbildungswünschen agiert hat und agiert, hat die Arbeit der AG entscheidend geprägt und ist hauptsächlich mitverantwortlich für die positive Bilanz.

verbunden für alle

Die AG Informationskompetenz hat, um wirksam arbeiten zu können, ein Netzwerk von Multiplikatorinnen und Multiplikatoren für die Vermittlung von Informationskompetenz in den einzelnen Bibliotheken geschaffen. In diesem Netzwerk sind alle Universitäts- und Fachhochschulbibliotheken vertreten. Außerdem arbeiten Kolleginnen und Kollegen des gehobenen und des höheren Dienstes zusammen. Die Multiplikatorinnen und Multiplikatoren setzen die Empfehlungen und Ergebnisse der AG in den einzelnen Bibliotheken in konkrete Arbeitsschritte und Projekte um. Sie treffen sich gemeinsam mit den Mitgliedern der AG Informationskompetenz in Workshops und arbeiten an der Professionalisierung des Schulungsprogramms. Ergebnisse ihrer Arbeit sind beispielsweise die Standards zur Vermittlung von Informationskompetenz[2] oder die Posterpräsentation auf dem Bibliothekartag 2005 in Düsseldorf.

Die AG Informationskompetenz ist folgenden Zielen verbunden:

- Effektivitätssteigerung bezogen auf die Leistungsfaktoren der NRW-Hochschulfinanzierung wie Steigerung der Absolventenzahlen und Verkürzung der Studienzeiten durch die Schlüsselqualifikation Informationskompetenz
- Stärkung der Position der Hochschulbibliothek als *Teaching Library* und Einbeziehung der Hochschulbibliothek in Bachelor- und Master-Studiengänge, die Hochschulbibliothek als Partner für *E-Competence*
- Effizienz durch Zusammenarbeit der Hochschulbibliotheken

[2] Annemarie Nilges, Marianne Reessing-Fidorra und Renate Vogt: Standards für die Vermittlung von Informationskompetenz an der Hochschule. In: Bibliotheksdienst 37(2003), 463–465. Weitere Informationen unter http://www.informationskompetenz.de

- Professionalisierung des bibliothekarischen Angebotes „Vermittlung von Informationskompetenz“.

Diese Ziele bestimmen die Arbeitsschwerpunkte der AG Informationskompetenz, die im Weiteren näher beschrieben werden.

professionell

Von Anfang an legte die AG Informationskompetenz im Interesse einer Effektivitätssteigerung der Bibliotheken und im Hinblick auf die Positionierung innerhalb der Hochschulen großen Wert auf eine Professionalisierung der Inhalte und Lernziele der Veranstaltungen, die Nachnutzung von Materialien, auf Methodik/Didaktik und auf die Ausweitung des Schulungsangebotes. Dabei kristallisierte sich sehr schnell immer deutlicher heraus, dass es kein für alle Bibliotheken einheitliches und damit komplett nachnutzbares Schulungskonzept gibt. Vielmehr ist die organisatorische und hochschulpolitische Infrastruktur vor Ort so unterschiedlich, dass es nur darum gehen kann, ein breites Angebot an Möglichkeiten aufzuzeigen und unterschiedliche Ansätze für Konzeptionen zu erarbeiten, aus denen die einzelne Bibliothek sich dann, angepasst an ihre jeweiligen Bedürfnisse, beim Aufbau individueller Lösungen bedienen kann.

Für die von allen Bibliotheken angestrebte Integration der Veranstaltungen in das Lehrangebot der Hochschulen ist es wichtig, inhaltlich gut vorbereitet zu sein und in den Gesprächen mit den Lehrstühlen sowohl fachspezifisch, als auch auf die konkrete Studiensituation bezogen, argumentieren zu können. Dazu wurden von schulungserfahrenen Fachreferenten im Land so genannte. „Schulungsraster“ für die Fächer Anglistik, Chemie, Elektrotechnik, Germanistik, Jura, Maschinenbau, Medizin, Musik, Pädagogik, Physik und Wirtschaft entwickelt.

Die Schulungsraster sowie viele, bereits fertige Veranstaltungen, Schulungs- und Lernmaterialien sind über die auf der Informationsplattform http://www.informationskompetenz.de zugänglich. Sie versteht sich als offenes Angebot für alle an der Vermittlung von Informationskompetenz Interessierten. Die hier angebotenen Materialien stehen zur kostenlosen Nachnutzung zur Verfügung. Auch für Input von außerhalb Nordrhein-Westfalens ist die AG stets dankbar. Darüber hinaus ist die Plattform ein Medium für interne Weiterbildung auf dem Gebiet der Vermittlung von Informationskompetenz und ein Kommunikationsforum. Ein Schwerpunkt der zukünftigen Arbeit der AG Informationskompetenz nach dem Bibliothekartag 2005 wird der Ausbau der Plattform zur zentralen deutschen Seite für die Vermittlung von Informationskompetenz sein.

Ein weiterer wichtiger Schwerpunkt der AG lag auf der guten Ausbildung der Schulungsbibliothekarinnen und -bibliothekare. Die AG Informationskompetenz organisierte daher für die Multiplikatorinnen und Multiplikatoren gemeinsam mit dem Referat für Fortbildung im HBZ methodisch-didaktische Fortbildungen. Aus diesen Veranstaltungen erwuchsen wertvolle Anregungen für die eigenen Bibliotheken, die häufig auch in bibliotheksinternen Arbeitsgruppen in die Praxis umgesetzt wurden. Neben didaktischen Grundkenntnissen wie z.B. der Körpersprache, verschiedenen Unterrichtsformen für unterschiedliche Veranstaltungstypen sowie der Planung von Veranstaltungen über Lernziele wurden die Multiplikatoren auch gezielt auf Massenveranstaltungen im Hörsaal vorbereitet. Ergänzt wird das Angebot didaktisch-methodischer Fortbildungen um *In-House-Schulungen*. So besteht für einzelne Bibliotheken die Möglichkeit, ihr immer größer werdendes Team an Schulungskräften gezielt fortzubilden.

Jede Bibliothek muss individuell entscheiden, für welche Zielgruppen sie Schulungsveranstaltungen anbietet und welche unterschiedlichen Zielgruppen sie definieren will. Im Rahmen des Globalhaushaltes und der sich daraus vielfach ergebenden Notwendigkeit, Drittmittel einzuwerben, werden Veranstaltungen für nicht-universitäre Zielgruppen zunehmend wichtiger. Bereits jetzt reicht das Spektrum an Veranstaltungen für Zielgruppen außerhalb der Hochschule von Veranstaltungen für Schüler und Senioren bis zum Kreistag, verschiedenen Banken und Gewerkschaften, Hebammenschulen und Versicherungen und vieles mehr.

immer besser

Nachdem die AG Informationskompetenz bereits Anfang 2003 Standards für Schulungskonzepte, für persönliche Anforderungen an den Schulungsbibliothekar, die Raumausstattung und das Marketing veröffentlicht hatte, beschäftigte sie sich 2004 vor allem mit Qualitätsmanagement und Qualitätssicherung. Mit den einzelnen Bibliotheken wurde vereinbart, für das Wintersemester 2004/05 statistische Erhebungen durchzuführen, um ein deutlicheres Gesamtbild der Schulungssituation an den Hochschulbibliotheken in NRW zu bekommen.[3] Derartige Daten können für die Positionierung innerhalb der Hochschulen eingesetzt werden. *Bench Marking* war von Anfang an nicht

[3] Das Ergebnis der Auswertungen sollte daher nicht kritisch mit der statistisch-sozialwissenschaftlichen Lupe betrachtet werden, denn es zeigt eher grobe Trends auf. Diese sind aber dennoch für die Einschätzung der Leistung der Hochschulbibliotheken in NRW und für den Umgang mit Informationskompetenz in der Zukunft interessant.

vorgesehen, da die Bibliotheken sich nicht als Mitbewerber sehen, sondern in NRW die Vermittlung von Informationskompetenz Gemeinschaftsaufgabe ist. Daher dienen sowohl die Statistik als auch die Evaluierung der Veranstaltungen, die als Pilotprojekt von einigen Bibliotheken zusätzlich durchgeführt wurde, als Auskunftsinstrument, um zu sehen, welche Bibliothek möglicherweise eine andere bei der Einführung eines neuen Angebotes unterstützen könnte. Ein aktuelles Beispiel dafür sind z.B. die Bemühungen der Bibliotheken, sich in die B.A./M.A.- Studiengänge curricular zu integrieren.

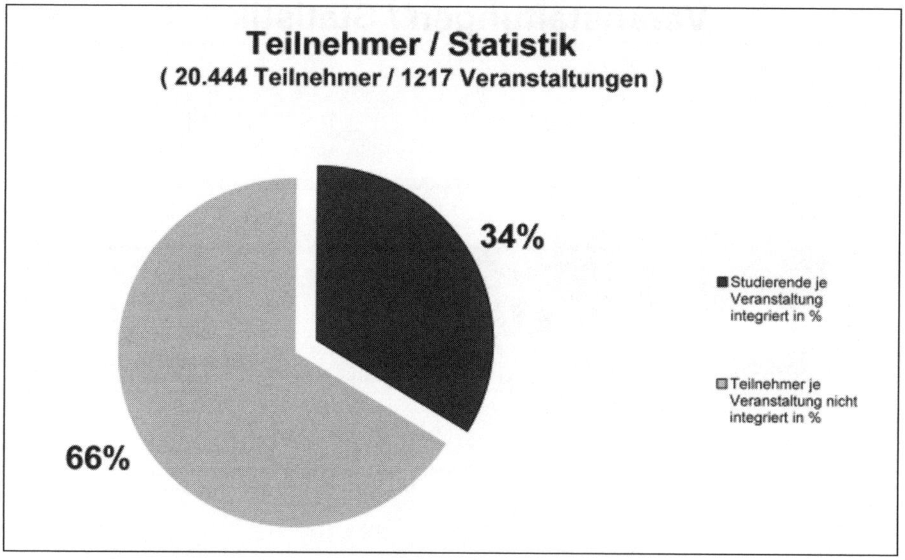

Abbildung 1

Insgesamt wurden im Wintersemester 2004/05 an den Hochschulbibliotheken in NRW 20.444 Personen in 1.217 Veranstaltungen geschult. Die Teilnehmerzahl entspricht immerhin der Studierendenzahl einer mittleren Hochschule. 34 % der Teilnehmer nahmen an bereits in die Lehrpläne integrierten Veranstaltungen teil.

Es lässt sich bei der Auswertung feststellen, dass viele Veranstaltungen nicht voll ausgelastet sind. Der sich rein rechnerisch ergebende Durchschnittswert pro Veranstaltung von rund 20 Teilnehmern entspricht nicht der Realität. In Wirklichkeit stehen wenigen Massenveranstaltungen für mehr als 100 Teilnehmer eine Fülle von Veranstaltungen für oft weniger als zehn Teilnehmer gegenüber. Die Kosten-Nutzen-Relation ist daher nicht sehr günstig. Hier besteht Verbesserungsbedarf und ist zu hoffen, dass sich durch eine stärkere

Einbindung der Veranstaltungen in die Lehre auch ein besseres Leistungsverhältnis ergeben wird.

Interessant ist im Hinblick auf das mittelfristige Ziel, möglichst viele Veranstaltungen in die Hochschullehre zu integrieren, herauszufinden, wie viele Studierende bereits jetzt an Veranstaltungen der Bibliothek, die in die Lehre integriert sind, teilnehmen, und wie viele aus eigener Motivation heraus das freie Angebot nutzen.

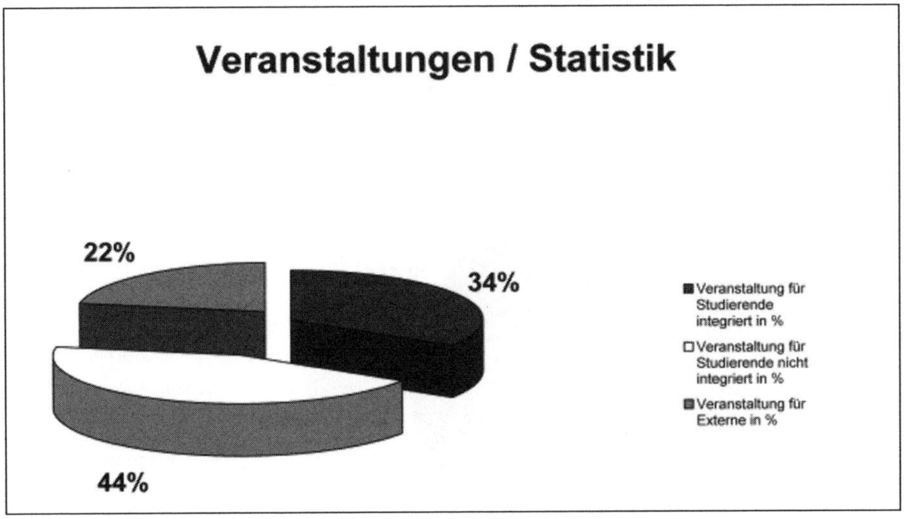

Abbildung 2

Neben den 34 % Studierenden, die bereits in ihre Lehrpläne integrierte Veranstaltungen der Bibliothek besuchen, kamen 44 % aus eigenem Antrieb in die Schulungsveranstaltungen.

Die Anzahl von 269, d.h. 22 % Veranstaltungen für externe Gruppen, bei der die Schüler die größte nicht-hochschulinterne Zielgruppe ausmachen, ist relativ hoch. Sollte es gelingen, die Integration von Informationskompetenz in die Hochschulcurricula voranzutreiben, wäre es denkbar, die Angebote für Externe zu reduzieren, um zusätzlich Personalkapazitäten für die Dienste innerhalb der Hochschule freizusetzen, z.B. zu Gunsten verstärkter Angebote in den B.A./M.A.-Studiengängen. Gerade im Hinblick auf den Globalhaushalt und die Notwendigkeit, sich stärker um Drittmittel bemühen zu müssen, muss jedoch jede Bibliothek die Zielgruppenfrage für sich entscheiden und in ihrem individuellen Schulungskonzept die Priorisierung bestimmter Zielgruppen festlegen.

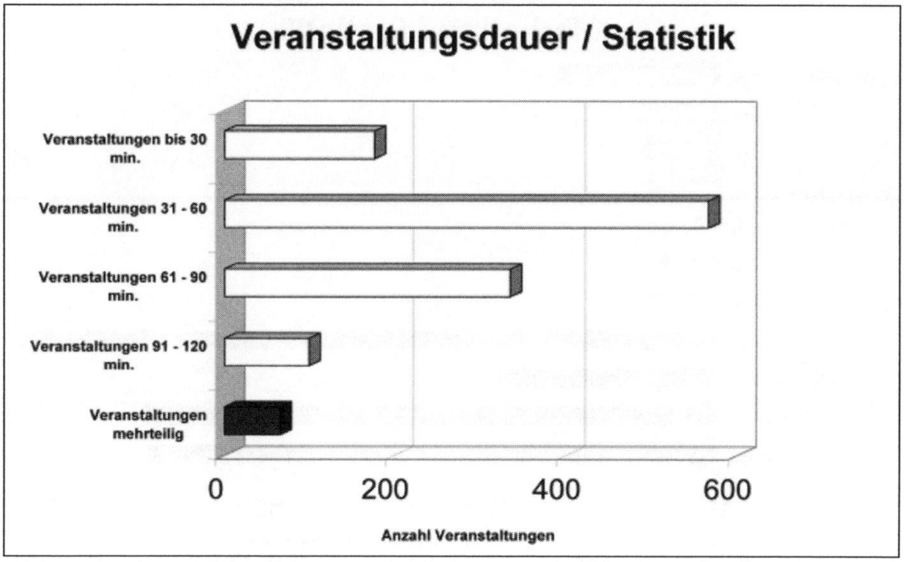

Abbildung 3

Mit insgesamt 567 Veranstaltungen überwiegen in den Hochschulbibliotheken in NRW deutlich die Einzelveranstaltungen von 31–60 Minuten Dauer, die inhaltlich einer ersten Einführung in die Bibliothek und in der Regel in die Katalogbenutzung entsprechen. Sie stellen eindeutig die Basis der bisherigen Dienste innerhalb und außerhalb der Hochschule dar. Die mehrteiligen Veranstaltungen, meist semesterlange Angebote, sind noch deutlich in der Minderzahl (66). Inhaltlich sind ihnen die Themen Datenbanken, Internetbenutzung, Dokumentlieferdienste, elektronisches Publizieren, Literaturverwaltungssysteme etc. zuzuordnen, die jedoch auch bereits in den Veranstaltungen von 61–90 Minuten (336) und von 91–120 Minuten (100) vorgestellt werden. Die in den einzelnen Bibliotheken individuell zu erarbeitenden Schulungskonzepte sollten für eine aufeinander aufbauende Vermittlung der Inhalte sorgen, die in ihrer Gesamtheit eine verbesserte Informationskompetenz der Teilnehmer gewährleisten.

Außerdem interessierte die Bibliotheken in NRW die Frage, durch welche Marketinginstrumente man die Schulungsteilnehmer am ehesten erreicht. Mit großem Aufwand werden in vielen Bibliotheken – in der letzten Zeit kosten- und personaleffizienter durch die Zusammenarbeit in der AG – Werbematerialien der unterschiedlichsten Art erstellt. Es wäre interessant herauszufinden, ob diese Marketinginstrumente greifen und über welche Wege vor allem die Studierenden in die Bibliothek kommen.

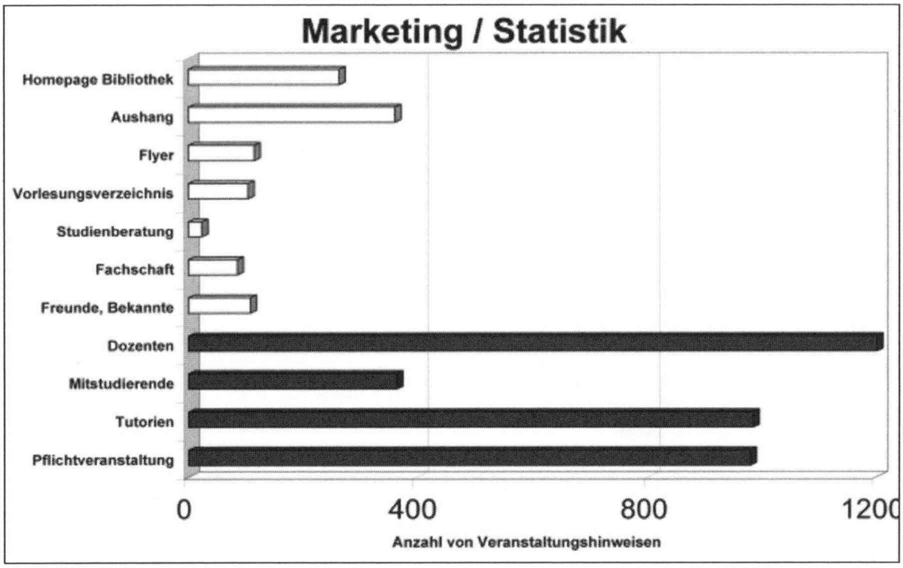

Abbildung 4

Das Ergebnis der Auswertung der Umfrage ist überraschend: Offensichtlich zeigen der Bekanntheitsgrad und die Akzeptanz der Bibliothek als Partner innerhalb der Hochschule, vor allem bei Dozenten, Pflichtveranstaltungen und Tutorien, den größten Effekt. Demgegenüber sind die in der Erstellung arbeitsintensiven und teuren Instrumente Flyer, Vorlesungsverzeichnis, Homepage etc. deutlich weniger effektiv. Je eher und besser es gelingt, die Veranstaltungen curricular zu verankern, desto eher müsste die Bibliothek demnach im Marketingbereich personelle Kapazitäten zurückgewinnen, da in die Lehrpläne integrierte Veranstaltungen nicht beworben werden müssen. Diese freien Kapazitäten könnten wiederum neuen oder erweiterten Schulungsangeboten zugute kommen. Der Untersuchung nach müssten demnach vor allem Veranstaltungen für die externen Zielgruppen in der üblichen Weise beworben werden.

Die bisher vorgestellten Ergebnisse sind Bestandteil der von allen nordrhein-westfälischen Bibliotheken durchgeführten statistischen Erhebungen. Darüber hinaus haben insgesamt 11 Bibliotheken im Rahmen eines Pilotprojektes im WS 2004/05 an einer Fragebogen-Evaluierung der Schulungsveranstaltungen durch die Teilnehmerinnen und Teilnehmer partizipiert. Zur Verfügung standen mit Hilfe von INFAS erarbeitete Fragebögen für die Veranstaltungstypen Rundgänge, Katalogschulungen und Blockveranstaltungen. Der Rücklauf betrug immerhin knapp 4.000 Fragebögen.

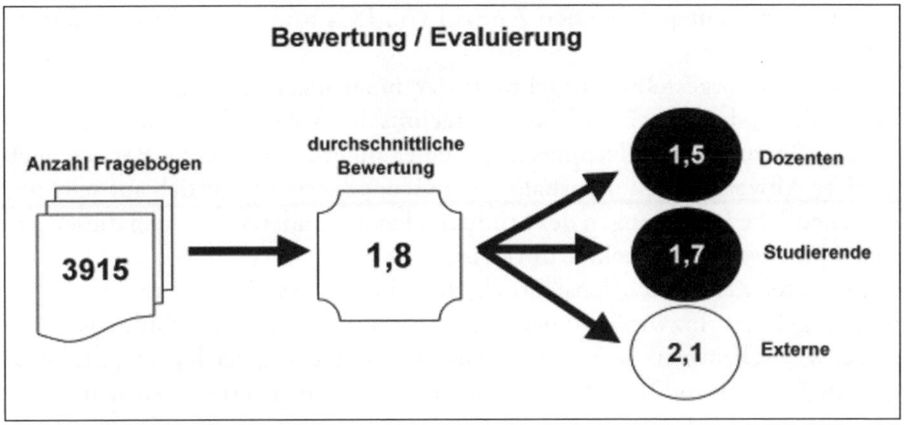

Abbildung 5

Insgesamt wurden die Bibliotheken hervorragend beurteilt und können sich so durchaus mit den sonst üblichen Lehrveranstaltungen innerhalb der Hochschule messen. Dabei ist das Ergebnis fast in jeder Bibliothek ähnlich. Landesweit gaben die Dozenten die besten Noten, gefolgt von den Studierenden. Damit wird erneut das Ergebnis der *Stefi-Studie* von 2001 bestätigt, dass die Hochschule mehr Veranstaltungen zur Vermittlung von Informationskompetenz für nötig hält und zu schätzen weiß.

Einen leicht negativen Trend bekommt die Bewertung durch die Noten der externen Zielgruppen, hier vor allem der Schüler. Vielleicht ist es gewagt, das Fazit zu ziehen, dass man da die besten Resultate erzielt, wo man am engsten am Kunden arbeiten kann und am meisten Kenntnisse über den Kunden hat. Fakt ist jedenfalls, dass die Hochschulbibliothek auch in der Hochschule am besten beurteilt wird. Das lässt hoffen, dass unsere Bemühungen um stärkere Einbindung in die Lehrpläne auch zu guten Ergebnissen führen werden.

Mit diesem Ergebnis können sich die NRW-Hochschulbibliotheken jedenfalls ihren Hochschulen als nachweislich professionelle und kompetente Anbieter von Informationskompetenz empfehlen.

gerüstet

Die *Standards zur Vermittlung von Informationskompetenz* haben Empfehlungen für die technischen Anforderungen gegeben. Inzwischen sind alle Hochschulbibliotheken technisch gut ausgerüstet. Sie verfügen über Schulungsräume, die Gruppen von 12–20 Studierenden aufnehmen können und mit einer entsprechenden Anzahl von PCs und einem Beamer ausgestattet sind.

Die oben vorgestellten Ergebnisse der Fragebogen-Umfrage zeigen, dass die Studierenden die räumliche und technische Ausstattung mit „sehr gut" bis „gut" beurteilen. Allerdings zeigt die Evaluierung in diesem Bereich auch größere Abweichungen innerhalb einer Gruppe, was vermutlich auf sehr unterschiedliche Erfahrungen der Studierenden mit anderen Räumen dieser Art in der Hochschule zurückzuführen ist.

In letzter Zeit wird offensichtlich, dass die Professionalisierung des Schulungsangebotes inzwischen neue Anforderungen an die Schulungsräume stellt. Wünschenswert wäre eine flexiblere Ausstattung der Räume, um ohne großen Zeitaufwand für verschiedene Lernsituationen gerüstet zu sein.

bekannt

Wie bereits bei der Auswertung der Marketinginstrumente erwähnt, widmet sich die AG Informationskompetenz auch der Professionalisierung der Informationsmaterialien. Durch Bewertung vorhandener Informationsmaterialien in den Multiplikatoren-Workshops, durch Beispielsammlungen und gezielte Fortbildungen des HBZs zu Gestaltung und Layout von Materialien, konnte eine erhebliche Qualitätsverbesserung der Informations- und Werbematerialien in NRW erreicht werden. Besonders positiv hat sich auch auf diesem Gebiet die Kooperationen der Bibliotheken ausgewirkt.

virtuell

Gerade die Auseinandersetzung mit den konsekutiven Studiengängen und die Kapazitätsberechnungen der einzelnen Bibliotheken im Hinblick auf die Frage, für wie viele Studierende denn Schulungsveranstaltungen überhaupt angeboten werden können, führt sehr schnell dazu, sich mit virtuellen Alternativen zu den herkömmlichen Veranstaltungen oder als Ergänzungen dazu zu beschäftigen. Alle Hochschulbibliotheken, deren Schulungskonzepte die Vermittlung von Informationskompetenz für möglichst viele Studierende zum Ziel haben und die sich nicht nur auf eine einzige Veranstaltung im Optionalbereich der B.A./M.A.- Studiengänge beschränken wollen, stehen früher oder später im Hörsaal vor sehr großen Studierendengruppen. Hier ist die Möglichkeit, auf *Online-Tutorials* für das individuelle Studium verweisen zu können, nicht nur ein didaktisch-methodisches, sondern vor allem ein personelles Muss. Daher beschäftigen sich immer mehr Bibliotheken mit der Gestaltung von *E-Learning*-Angeboten. Als Beispiel sei hier das im Wintersemester 2004/05 lancierte Katalog-*Tutorial* der FH Aachen[4] angeführt. Die ULB Düsseldorf ist ebenfalls in der Planung verschiedener Module weit fortgeschritten; Module, die die selbständige Erarbeitung von Informationskompetenz ermöglichen sowie zum Einsatz in oder als Nachbereitung von Veranstaltungen eingesetzt werden können. Auch dies ist wieder eine Herausforderung für viele Bibliotheken und ein Bereich, in dem enge Zusammenarbeit und Erfahrungsaustausch angesagt sind und innerhalb von NRW auch praktiziert werden.

punkten

Erklärtes Ziel der AG Informationskompetenz ist es, Informationskompetenz als Schlüsselqualifikation in den Rahmenvorgaben der Hochschulen für die Bachelor- und Masterstudiengänge zu verankern. Die AG hat in den vergangenen drei Jahren diese Diskussion über die Positionierung der Hochschulbibliotheken im Wesentlichen initiiert und unterstützt. Sie hat die verschiedenen Formen der Beteiligung an diesen neuen Studiengängen diskutiert und bekannt gemacht, unter anderem durch die Organisation eines eigenen Workshops zur Förderung des Erfahrungsaustauschs der auf diesem Gebiet experimentierenden Bibliotheken.

Die folgenden Beispiele demonstrieren, dass die Hochschulbibliotheken sowohl im Optional- wie im Pflichtbereich aktiv sind:

- Universität Bochum: „Informationskompetenz in Zeiten des Internet". Veranstalter: UB. Teilnehmende aus allen Fächern, maximal 12. Zweiwöchiges Blockseminar vor Beginn jedes Wintersemesters, 40 Kontaktstunden, 5 Leistungspunkte (LP). Benotung: aktive Teilnahme, mündliche Präsentation, Hausarbeit.
- Universität Düsseldorf: „Recherchekompetenz und Wissensmanagement in der Anglistik". Veranstalter: ULB. Teilnehmende: Studierende der Anglistik zwischen dem 2. und 3. Semester. Zweiwöchiges Blockseminar, 60 Kontaktstunden, 4 LP. Prüfungsleistung: Klausur oder schriftliche Hausarbeit. Das Schulungskonzept der ULB Düsseldorf für Studierende der neuen konsekutiven Studiengänge[5], das bereits innerhalb der Hochschule

[4] http://www.fh-aachen.de/fileadmin/scripts/webOPAC/startup/tutorial/tutorial/katalog/kat-index.htm

[5] Annemarie Nilges, Irmgard Siebert: Informationskompetenz im Curriculum: *Das Studienbegleitende Ausbildungskonzept zur Vermittlung von Informationskompetenz* der Universitäts- und Landesbibliothek Düsseldorf. In Bibliotheksdienst 39 (2005) 4, 487–495

verabschiedet ist, wird seit Beginn des letzten Wintersemesters schrittweise umgesetzt.

- Universität Duisburg-Essen, Campus Duisburg: „Digitale Medien". Veranstalter: ZIM und UB mit 4 Doppelstunden. Vorlesung als Pflichtveranstaltung für B.A. Kulturwirt. 2 SWS mit Multiple-Choice-Fragen, 2LP. 180 Teilnehmende. Erstellung von vorlesungsbegleitendem Material ist erforderlich.
- Universität Bonn: Vorlesung = Grundvorlesung fachübergreifend, 2SWS, 300 Studierende. Zu dieser Vorlesung muss eine fachspezifische Parallelveranstaltung oder ein fachspezifisches Seminar belegt werden, sie bauen auf der Grundvorlesung auf. Veranstalter der Grundvorlesung sind ULB und Hochschulrechenzentrum, die beiden anderen Veranstaltungen führt das jeweilige Fach mit Unterstützung von ULB und Hochschulrechenzentrum durch. 6 LP.

Die Hochschulbibliotheken in NRW sind also gut vorbereitet und gerüstet, um in den individuellen Diskurs mit ihren Hochschulen einzutreten und vor Ort auf die jeweilige Infrastruktur abgestimmte individuelle Konzepte zur Vermittlung von Informationskompetenz zu entwickeln.

DIENSTLEISTUNGEN

SIGRUN BACHFELD/ANNE CHRISTENSEN/JÜRGEN CHRISTOF

Automatische Auskunftsgespräche? Anforderungen an den Einsatz von Chatbots in Bibliotheken

1. Hintergrund zum Chatbot-Projekt der SUB Hamburg

Die Informationskompetenz der meisten Studierenden beim Thema „Elektronische Informationsmedien" ist ganz im Gegensatz zu deren stetig wachsender Bedeutung relativ gering, die Nutzung elektronischer wissenschaftlicher Informationen im Studium zumeist nicht regelhaft verankert. Eine noch immer gültige Situationsbeschreibung liefert der Endbericht des Projektes „Stefi – Studieren mit elektronischen Fachinformationen".[1] Unter anderem wird darin festgestellt, dass Studierende und teils auch Lehrende sich häufig auf das autodidaktische Stöbern im Internet mit Hilfe freier Suchmaschinen beschränken. Dieses Vorgehen geht von der irrigen Annahme aus, die so gefundenen Informationen könnten per se als relevant erachtet werden und spiegelten den gegenwärtigen Stand einer wissenschaftlichen Fragestellung wider. Die Online-Recherche in Fachdatenbanken und Bibliothekskatalogen, der Zugriff auf Volltextarchive und Virtuelle Fachbibliotheken tritt zugunsten einer Google-Suche zurück. Ein Hauptproblem besteht im Fehlen eines Problembewusstseins, das die gewählten Recherchestrategien kritisch mit Blick auf Ertrag, Relevanz und Vollständigkeit reflektiert, da die Treffermengen bei Internetsuchmaschinen zu jedem beliebigen Suchbegriff groß sind und Vollständigkeit suggerieren.

Bibliotheken reagieren auf diese Herausforderung, indem sie z.B. durch Schulungsangebote und Informationstexte in ihren Online-Auftritten ihre Klientel entsprechend zu sensibilisieren versuchen. Ein Teil der Studierenden wird darüber jedoch wenig oder gar nicht erreicht. Die Vermittlung von Inhalten stößt insbesondere bei den Nutzergruppen an Grenzen, deren Rezeptionsverhalten die Lektüre von zumeist recht umfänglichen Informationstex-

[1] Klatt, Rüdiger [u.a.]: Nutzung elektronischer wissenschaftlicher Information in der Hochschulausbildung: Barrieren und Potenziale der innovativen Mediennutzung im Lernalltag der Hochschulen; Endbericht. Dortmund, 2001. Online: http://www.stefi.de/download/bericht2.pdf

ten nicht vorsieht. Es gilt Nutzerbedürfnisse realistisch zu sehen und ist daher dringend geboten, niedrigschwellige Angebote zu entwickeln, die es erleichtern, den ‚first step' in die Welt der digitalen Fachinformation zu gehen. Zu den im Rahmen des Stefi-Projektes erarbeiteten Forderungen gehört deshalb auch die nach der „Erstellung und Weiterentwicklung virtueller Lehr- und Lernangebote zur Entwicklung der Informationskompetenz". [2]

Eine Umsetzungsform eines so verstandenen virtuellen Angebotes sind Chatbots[3] oder kurz Bots. Diese elektronischen Informationsassistenten ermöglichen Nutzern die umgangssprachliche Kommunikation mit Software-Agenten, die in einem abgegrenzten Themengebiet beratend und unterstützend zur Seite stehen. Das Antwortverhalten eines Bots wird durch ein Modul zur Sprachanalyse auf Grundlage einer speziell erstellten Wissensbasis gesteuert. Mit der Implementierung eines solchen Informationsassistenten bekommen Studierende und Lehrende die Möglichkeit, umgangssprachlich und interaktiv das Bibliotheksangebot zu erfassen und zu gebrauchen. Der Kunde wird bei der Formulierung seiner – in der Regel umgangssprachlich gestellten – Fragen abgeholt und in die Umgebung der Informationsressourcen eingeführt. Die Vermittlung geht dabei über die elektronische Fachinformation hinaus, da auch die konventionellen Bibliotheksangebote in die Wissensbasis des Bots eingebracht werden können. Ein Chatbot bietet als virtueller und zeitunabhängig präsenter Ansprechpartner allen Nutzern die Möglichkeit, ihr spezifisches Anliegen direkt vorzutragen und sich so Informationskompetenz anzueignen.

Im Falle der Staats- und Universitätsbibliothek Hamburg flankiert der Bot-Einsatz die bestehenden elektronischen Auskunftsangebote. Die Bibliothek bietet bereits die Auskunft per E-Mail sowie eine virtuelle Bibliotheksführung und mehrere „Guided Tours" zur Einführung in die Katalogbenutzung oder die Beschaffung von auswärtiger Literatur an. Mit dem Chatbot sollten diese Angebote um ein niedrigschwelliges Angebot ergänzt werden. Umgesetzt werden konnte dies durch eine Projektförderung durch das Hamburger E-Learning Consortium ELCH[4], über die die notwendigen Personal- und Sachmittel eingeworben wurden. Die Projektverantwortung lag im Bereich der Hauptabteilung IuK-Technik / Digitale Bibliothek.

[2] Klatt, 2001, 236

[3] Als Kombination und Kurzform von „to chat" und „roboter".

[4] ELCH (E-Learning-Consortium Hamburg): Gremium der Hamburger Hochschulen, der SUB Hamburg und der Hamburger Behörde für Wissenschaft und Forschung, das die Entwicklung von E-Learning- und Mulitmedia-Angeboten im Hochschulbereich fördert.

2. *Anforderungen an einen bibliothekarischen Chatbot*

Auf der Grundlage der beschriebenen Zielsetzung des Projektes sowie einer ausführlichen Studie der bereits im Einsatz befindlichen Chatbots wurde zu Beginn des Projektes ein Anforderungskatalog für den künftigen elektronischen Informationsassistenten der Staatsbibliothek entwickelt, der im Kern die folgenden Punkte umfasste:

Der Chatbot der Staatsbibliothek

- ist eine sympathische Figur mit eigener Biografie.
- ist als Kunstfigur erkennbar und nicht mit Kolleginnen des Auskunftsteams zu verwechseln.
- weist insbesondere auf die elektronischen Medien der Bibliothek hin und erläutert deren Benutzungsbedingungen.
- bildet in den Dialogen Auskunftsgespräche nach.
- gibt möglichst präzise Antworten, anstatt nur auf Seiten zu verweisen.
- hat einen prominenten und funktionalen Platz auf der Website der Bibliothek.

Diese Punkte lassen sich in drei Bereiche zusammenfassen: das Figurdesign, Wissen und Verhalten des Bots sowie die Einbindung des Chatbots in die Website der Bibliothek. Die Umsetzung der Anforderungen aus diesen Bereichen wird im Folgenden anhand des Chatbot-Projektes der Staatsbibliothek illustriert und anhand der dort gewonnenen Erfahrungen und Evaluationsergebnisse diskutiert.

2.1 Figurdesign

2.1.1 Allgemeines

Die aktuelle Forschung hinsichtlich virtueller Charaktere bringt bereits Persönlichkeiten hervor, die nicht nur optisch menschlich wirken, sondern darüber hinaus mit vielfältigen menschlichen Fähigkeiten ausgestattet sind: Die am Massachusetts Institute of Technology (MIT) entwickelte Agentin „REA“ beispielsweise sieht ihre Gesprächspartner sogar über eine Kamera und vermag deren Gesten und Mimiken zu interpretieren und in ihren Antworten zu berücksichtigen.[5] Diese so genannten „Embodied Conversational Agents“[6] finden zwar noch keinen Einsatz als Chatbots auf Websites, al-

[5] Bickmore, Tim/Cassell, Justine: Social Dialogue with Embodied Conversational Agents. In: Kuppevelt, L. [Hrsg.]: Natural, Intelligent and Effective Interaction with Multimodal Dialogue Systems. New York: Kluwer, 2004, 1–27

[6] Dieser Begriff bezeichnet die wie beschrieben ausgestatteten virtuellen Charaktere und wurde von der Forschungsgruppe „Media Laboratory“ am Massachusetts Institut of Technology um Justine Cassell geprägt.

lerdings wird die zukünftige Entwicklung virtueller Charaktere von diesen Forschungsergebnissen sowie dem jeweiligen State-of-the-art in Simulationscomputerspielen profitieren.

Viele Chatbots sind in ihrer Darstellung heute schon animiert (also bewegtdynamisch) oder verfügen über eine Sprachausgabe, um den natürlichen Dialog noch wirklichkeitsnäher zu simulieren.[7] Beides verlangsamt jedoch unter Umständen die auf Schnelligkeit ausgerichtete Kommunikation und verursacht in der Umsetzung zum Teil erhebliche Mehrkosten, abgesehen von der Tatsache, dass gewünschte Effekte wie Wirklichkeitsnähe oft genug ausbleiben.

Auch bei einem Verzicht auf diese eher technischen Ausstattungsmerkmale bleibt die Konzeption einer Figur natürlich eine Herausforderung, insbesondere im bibliothekarischen Umfeld, wo die Umsetzung der eigenen Leitbilder, Werte und Historie in moderne Marketinginstrumente wie eine Werbefigur nicht alltäglich ist und erst erlernt werden muss.

2.1.2 Umsetzung bei Stella

Die Anforderungen zur Schaffung einer sympathischen und charaktervollen Kunstfigur entstammen einem hausinternen Workshop zur Figurkonzeption des Chatbots. Insbesondere der Künstlichkeits-Gedanke hatte in den folgenden Überlegungen, die gemeinsam mit der Firma Kiwi Interaktive Medien angestellt wurden, hohe Priorität. Der Einsatz einer fotorealistischen Figur oder gar einer wirklichen Auskunftskollegin, ähnlich wie auf der Karriere-Seite des Unternehmens SAP, wo lange Zeit der tatsächliche Personalleiter als Chatbot fungierte, kam nicht in Frage. Vielmehr wurde angestrebt, durch die Künstlichkeit der Figur auch die vorhandenen Grenzen hinsichtlich der Kommunikationsfähigkeit und des Wissens zu unterstreichen und die Figur nicht in Konkurrenz zu den realen Auskunftskolleginnen zu stellen.

Mit Stella als selbst ernannter Schutzpatronin der Bibliothek wird dieser Anspruch umgesetzt: Sie verkörpert die Idee eines guten Hausgeistes, einer mit der Bibliothek verbundenen, historisch-mystischen Figur. Ihr Wissen ist umfassend, weil sie dem Haus bereits über Jahrhunderte nahe steht und daraus eine gewisse bibliothekarische Autorität bezieht, um deren Grenzen sie jedoch weiß und in der Konsequenz an vielen Stellen im Gespräch auf die höhere Qualität der persönlichen Beratung hinweist.

Der Name des Chatbots war, wie alle anderen Aspekte der Figur auch, Gegenstand langer Diskussionen und sorgfältiger Überlegungen. Ein Kunstname wie „Stabina“ in Anlehnung an den „Rufnamen“ des Hauses war lange Favorit,

[7] Ein Beispiel für einen Chatbot mit animierter Grafik ist Anna auf http://www.ikea.com/ms/de_DE/. Eine Sprachausgabe hat der „InfoFuchs“ auf http://www.schwaebisch-hall.de/

konnte aber aus politischen Gründen, nämlich dem angestrebten Zusammenwachsen von Stabi und Fachbibliotheken der Universität, nicht durchgesetzt werden. Mit Stella wurde ein Name gewählt, der die ebenfalls gewünschten nordisch-maritimen Assoziationen weckt und leicht merkbar ist.

Stella erscheint als eine ca. 30jährige Frau und ist damit sowohl für jüngere als auch für ältere Benutzerinnen und Benutzer glaubhaft. Die Künstlichkeit in der grafischen Darstellung erwies sich als nicht leicht zu erreichen, vor allem vor dem Hintergrund der angestrebten Anpassung der Figur an das „look and feel" der Stabi-Website. Dafür wurde unter anderem auf die ursprünglich geplante blonde Haarfarbe der Schutzpatronin verzichtet und stattdessen das weiße Haar gewählt, das zudem den Eindruck der Künstlichkeit verstärkt und besser in das Gesamtbild der Website passt.

Freundlichkeit, Verbindlichkeit, Humor und bei Bedarf auch eine gewisse Strenge beim Umgang mit zweideutigen oder unflätigen Eingaben der User prägen die Texte von Stellas Antworten.

Der folgende Beispieldialog verdeutlicht, wie sich Stella bei Bedarf selbst erklärt:

User	wieso heißt du stella
Stella	Stella heißt zwar in einigen Sprachen: Stern – aber ich bin ganz und gar von dieser Welt. Inzwischen allerdings habe ich mich zum virtuellen Stabi-Stern im weltweiten Web entwickelt.
User	Bist du Bibliothekarin?
Stella	Nein. Ich bin Stella. Die virtuelle Recherche-Lotsin der Stabi. Aber ich beantworte Ihre Fragen zur Bibliothek. Rund um die Uhr. Das würde man sonst niemandem zumuten. Aber mir macht es hier Freude.
User	Hast du studiert?
Stella	Ist es Zauberei? Als echte Bibliotheks-Angestellte hätte ich allerhand zu büffeln. Unsere Auskunfts-Damen haben es nämlich nicht leicht. Aber mir fliegt alles zu. Per Datenübertragung. Ein virtueller Geist zu sein, hat eben auch Vorteile.
User	Du siehst blass aus
Stella	Ich finde es angemessen, hier nicht so zu bunt zu schillern. Ihre Aufmerksamkeit soll ja nicht mir gehören – sondern dem Literatur-Angebot der Stabi.
User	zieh dich aus
Stella	Freut mich, wenn Sie mein Körper interessiert. Studieren Sie Human-Medizin? Soll ich Ihnen verraten, wo Sie Material dazu finden?

Abbildung 1: Beispieldialog

2.1.3 Evaluation

Aussehen, Geschlecht, Biografie und Humor von Stella haben zahlreiche starke und sehr unterschiedliche Reaktionen hervorgerufen. Die polarisierende Wirkung von Chatbots ist jedoch üblich und sogar mitunter beabsichtigt, um die User auf der Gefühlsebene anzusprechen und dadurch zu aktivieren.[8]

Mit Stella gelang es, das Publikum der Bibliothek wie auch die gesamte Öffentlichkeit Hamburgs zu überraschen, da insbesondere die jugendliche Figur und ihre zeitgemäße grafische Umsetzung für Pluspunkte sorgten.[9] Der auch in den Gesprächen vielfach spürbare Unterhaltungswert von Stella und ihrer „Homestory" rechtfertigt insofern die zeitaufwändigen Überlegungen für die Schaffung eines virtuellen Charakters. Darüber hinaus wird die Anwesenheit einer virtuellen Begleitung auch von der Forschung im Bereich des E-Learning als didaktisch sinnvoll angesehen.[10]

Die Wahl einer weiblichen Figur wurde vereinzelt scharf kritisiert und war auch hausintern umstritten. Ein Effekt dieser Wahl ist auf jeden Fall ein gewisser Anteil an Gesprächen einschlägig sexuellen Inhalts, die Stella jedoch souverän zu meistern weiß und die häufig auch nur zustande kommen, weil die User den Chatbot austesten wollen. Interessanterweise sind aber die meisten der im letzten Jahr online gegangenen Chatbots weiblich, was sicherlich generell und auch im Falle von Stella mit einer Dominanz von Frauen in Beratungsberufen im Allgemeinen sowie im Bibliothekswesen im Besonderen zu tun hat.

2.2 Wissen und Verhalten des Bots

2.2.1 Allgemeines

Die zentrale Aufgabe aller „Chat-Roboter" besteht darin, Gespräche zu simulieren. Voraussetzung dafür ist eine intelligente Sprachverarbeitung. Das ursprüngliche Ziel der Computerlinguisten war die Entwicklung eines Programms, das genauso gut kommunizieren kann wie ein Mensch. Dieses Ziel ist bisher unerreicht geblieben. Trotzdem kann man heute natürlichsprachig mit Chatbots kommunizieren.

[8] Bühler, Kai: Schön – schnell – schlau: Online Marketing mit Avataren. In: Lindner, Christian [Hrsg.]: Avatare: digitale Sprecher für Business und Marketing. Berlin [u.a.], Springer, 2003, 117

[9] Nach Stellas Online-Gang erschienen in der Lokalpresse mehrere Artikel, z.B. „Die Lara Croft der Staatsbibliothek" im Hamburger Abendblatt am 25.10.2004 und „Warum ziehen Sie sich nicht aus, Frau Uni-Roboter. Das erste virtuelle Interview in der Bild-Zeitung" in Bild Hamburg am 14.10.2004.

[10] Zum Beispiel bei Bendel, Oliver: Pädagogische Agenten im Corporate E-Learning. Sankt Gallen, Univ., Diss., 2003

In der Praxis ist das Kriterium für die Qualität eines Chatbots weniger, ob er an die menschliche Kommunikationsfähigkeit herankommt, sondern eher „ob er im Kontext seiner Anwendung befriedigende Ergebnisse liefert. Dies tut ein Bot dann, wenn er auf der einen Seite die Ziele des Betreibers realisiert und auf der anderen Seite die User zufrieden stellt.“[11] Deshalb braucht ein Chatbot eine klare Aufgabe und eine inhaltliche Ausrichtung auf ein bestimmtes Themengebiet. Mögliche Aufgaben von Chatbots reichen von der reinen Unterhaltung über Werbung bis hin zur Beratung. Die jeweils gewählte Aufgabenstellung entscheidet nicht nur über die Wissensinhalte des Bots, sondern auch über Ton und Art der Gesprächsführung und über den Charakter der Figur. Bei der Gesprächsführung kommt es besonders auf eine aktive Dialogführung an. Wenn der Bot passiv ist und ausschließlich reagiert statt zu agieren, wird der Gesprächsverlauf vollständig durch den User bestimmt. Möglicherweise werden die interessantesten Wissensinhalte des Bots dann gar nicht abgefragt. Bei einer aktiven Dialogführung kann der Bot dagegen zu seinen inhaltlichen Schwerpunkten hinführen.

Die Steuerung der Gespräche und die Strukturierung der Inhalte, die ein Chatbot bedient, werden technisch fast immer mit Hilfe einer Datenbank, der eingangs bereits erwähnten Wissensbasis, realisiert. Diese enthält alle Informationen, mit denen die Usereingaben erkannt und beantwortet werden. Damit eine natürlichsprachige Kommunikation möglich ist, müssen die Usereingaben vorhergesehen und in der Wissensbasis gespeichert werden, und zwar in einer Form, die auch verschiedene Formulierungsvarianten abdeckt. Dafür eignen sich am besten Erkennungsmuster nach dem Prinzip von regulären Ausdrücken. Reguläre Ausdrücke sind formalisierte Umschreibungen für Zeichenketten. Dabei können z.B. Platzhalter eingesetzt und Wortbestandteile, Wörter und Phrasen mit Hilfe von logischen Operatoren kombiniert werden. Den Erkennungsmustern werden die gewünschten Reaktionen des Bots zugeordnet. Im Dialog wird die Datenbank nach einem Erkennungsmuster durchsucht, zu dem die Eingabe des Users passt. Wird ein passendes Muster gefunden, reagiert der Bot entsprechend den diesem Muster zugeordneten Angaben. Andernfalls greifen so genannte Auffang-Erkennungen, die den Bot ausweichend antworten oder um eine andere Formulierung bitten lassen.

[11] Vetter, Michael: „Ich habe Ihre Eingabe leider nicht verstanden“: Qualitätskriterien für Online-Tests von Bots. In: Lindner, Christian [Hrsg.]: Avatare: digitale Sprecher für Business und Marketing. Berlin [u.a.], Springer, 2003, 75

2.2.2 Umsetzung bei Stella

Stella ist als Beratungsbot konzipiert. Ihr Spezialgebiet sind Bibliothek und Recherche, ihr Ziel die Vermittlung von Informationskompetenz. Beim bereits häufig genutzten OPAC der Bibliothek geht es z.B. darum, Recherchetechniken aufzuzeigen. Aber Stella soll auch darauf hinweisen, dass der OPAC nicht immer das geeignete Rechercheinstrument ist. Die Benutzerinnen und Benutzer sollen Fachdatenbanken und elektronische Volltextangebote kennen lernen. Wo die Volltexte nicht online zugänglich sind, soll Stella die verschiedenen Beschaffungsmöglichkeiten (Nutzung der lokalen bibliothekarischen Angebote, Fernleihe, Dokumentlieferdienste) aufzeigen.

Sprachlich muss Stella – im weitesten Sinne – bibliothekarische Auskunftsgespräche simulieren. Ziel ist dabei jedoch lediglich, dass die Benutzerinnen und Benutzer die Möglichkeit bekommen, ihre Fragen auf die einfachste Weise – nämlich natürlichsprachig – zu stellen und beantwortet zu bekommen. Dass Stella trotzdem keine Bibliothekarin, sondern eine Kunstfigur ist, kann und soll gar nicht verborgen werden. Im Gegenteil: Stella soll ihre eigenen Grenzen kennen und bei Bedarf an die reale Auskunft weiter verweisen.

Wo sie selbst antworten kann, muss der gestellten Frage zielgenau die richtige Antwort zugeordnet werden. Das ist bei beratenden Bots ungleich wichtiger als z.B. im Unterhaltungsbereich. Bei Unterhaltungsbots fällt die Originalität der Antworten stärker ins Gewicht als die hundertprozentig richtige Interpretation der Eingaben. Beratung setzt dagegen das richtige Verständnis der Eingaben voraus.[12] Trotzdem hat auch Stella Entertainment-Fähigkeiten. Das ist unerlässlich, wenn ein Bot zum Gespräch animieren soll.

Stella und ihre Wissensbasis laufen mit der Software novomind IQ™, die mit dem Novomind Composer ein Werkzeug für eine komfortable Bearbeitung von Stellas „Gehirn“ bereitstellt. Ein Blick in den Composer veranschaulicht Aufbau und Funktionsweise der Wissensbasis (s. Abb. 2).

Die Erkennungsmuster sind bei Stella nach dem Prinzip von regulären Ausdrücken aufgebaut. Damit ermöglichen sie viel flexiblere Formulierungen als ein exakter Stringvergleich. Ein Erkennungsmuster und die zugehörigen Reaktionsangaben bilden eine Einheit, die so genannte Regel. Die verschiedenen Regeln werden mit Hilfe von Kontexten und Subkontexten thematisch strukturiert gespeichert. Diese Struktur ermöglicht sogar ein begrenztes Kontextverständnis. Beispielsweise wird im laufenden Gespräch meist zuerst im aktuellen Kontext nach einer passenden Regel gesucht. Außerdem können Regeln definiert werden, die nur ansprechbar sind, wenn das Gespräch sich bereits im entsprechenden Kontext befindet. So können

[12] Vetter, 2003, 91–92

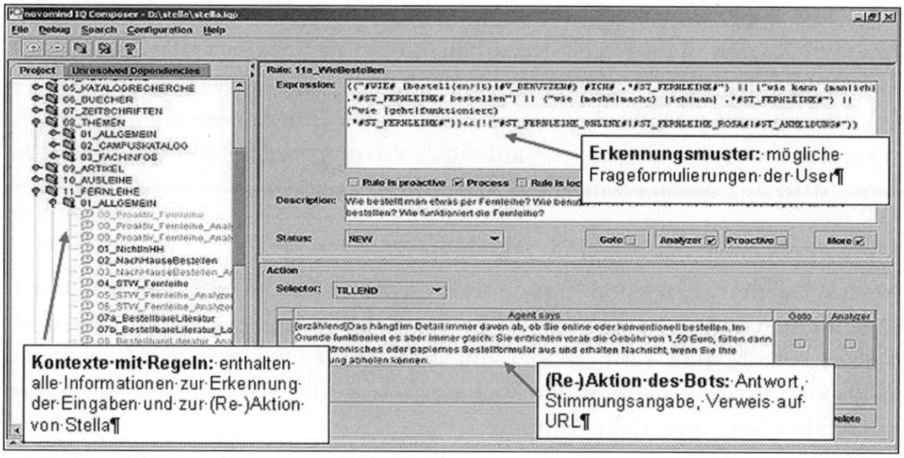

Abbildung 2: Novomind IQ Composer™

Pronomen wie in der Frage „Was kostet das?“ dem richtigen Zusammenhang zugeordnet werden.

Mehrere Regeln können miteinander zu einer Dialogabfolge verbunden werden. Wenn der User möchte, kann Stella so durch konkrete Nachfragen tiefer in das aktuelle Thema hineinführen. Damit wird eine aktive Dialogführung möglich. Außerdem kann Stella im Gespräch auch proaktiv auf wichtige Themen hinweisen.

Die Angaben für Stellas Reaktionen (Actions) bestehen aus einer Antwort, einem Code für die Stimmung und ggf. einem Verweis auf eine zu öffnende URL. Die Stimmungsangaben lassen die für Stella angezeigte Grafik wechseln und erzeugen Mimik und Gestik. Das Gespräch kann außerdem auch durch variable Antworten belebt werden: Für häufige Fragen können innerhalb einer Regel mehrere Antworten geschrieben werden, die dann bei mehrfachem Aufruf der Regel wechseln.

Für allgemeine Gesprächssituationen, z.B. Lob und Kritik, Dank, Gemütsäußerungen, Smalltalk etc., sind ca. 1.000 Standardregeln in der Software enthalten. Für Stellas spezifisches Wissen wurden im Rahmen des Projektes ca. 1.900 weitere Regeln entwickelt. Orientierung dafür boten die Inhalte der Website und die Ergebnisse eines Usability-Tests mit dieser Site. Außerdem gingen die Erfahrungen der bibliothekarischen Auskunft in die Entwicklung der Wissensbasis ein. Es wurden Themenblöcke gebildet, die sich in Form von Kontexten speichern ließen. Nach einer Gewichtung der Themen im Hinblick auf das Ziel, Informationskompetenz zu vermitteln, wurden die Kontexte unterschiedlich differenziert mit Regeln gefüllt.

Die Firma Kiwi leistete bei der Konzeption, besonders aber bei der Erstellung der Regeln und bei der sprachlichen Gestaltung von Stellas Antworten entscheidende Hilfe. Pro Antwort durften möglichst nicht mehr als 300 Zeichen verwendet werden. Außerdem musste im Stil der gesprochenen Sprache formuliert werden. Beides war anfangs sehr ungewohnt und erforderte die Unterstützung durch erfahrene Bot-Autoren.

2.2.3 Erfahrungen und Evaluation

Stellas Gespräche werden automatisch protokolliert. Die Gesprächsprotokolle dienen der Optimierung und Evaluation des Bots. Sie zeigen außerdem, welche Inhalte die User besonders interessieren. In der Anfangsphase waren noch viele Korrekturen in der Wissensbasis nötig, weil Stella viele Fragen noch falsch oder gar nicht verstand.

Der Grund für nicht verstandene Fragen lag nur selten darin, dass die entsprechenden Inhalte noch gar nicht in der Wissensbasis vorhanden waren. Meist waren zu eng formulierte Erkennungsmuster der Grund für Stellas Unverständnis:

User	Wie lange ist die Stabi geöffnet?
Stella	Entschuldigen Sie, was meinen Sie?

Abbildung 3: Dialogbeispiel für zu eng formulierte Erkennungsmuster

Stella fand hier die Regel für die Öffnungszeiten nicht, weil das zugehörige Muster nur Formulierungen wie „Sprechzeiten", „Bürozeiten", „Öffnungszeiten" umfasste. Sie musste um Phrasen wie „wann hat ... auf / geöffnet / offen / geschlossen / zu" erweitert werden.

Falsch verstandene Fragen beruhen dagegen meist auf zu weit formulierten Erkennungsmustern, wie das folgende Beispiel zeigt:

User	Wie sind die Öffnungszeiten in den Fachbibliotheken?
Stella	Die Öffnungszeiten der Stabi finden Sie hier – mich finden Sie hier immer. [Folgende URL wird geöffnet: http://www.sub.uni-hamburg.de/informationen/portrait/oeffnungszeiten.html]

Abbildung 4: Dialogbeispiel für zu weit formulierte Erkennungsmuster

Für die Öffnungszeiten in den Fachbibliotheken gibt es eine eigene Regel. Im obigen Beispiel gab Stella fälschlicherweise die allgemeine Antwort zu den Öffnungszeiten. Um das zu verhindern, musste der Begriff „Fachbibliotheken" aus dem Erkennungsmuster der allgemeineren Regel ausgeschlossen werden.

Gerade zu eng gefasste Erkennungsmuster können erst effektiv korrigiert werden, wenn der Bot im Live-Betrieb ist, denn die tatsächlichen Eingaben der User lassen sich nur begrenzt vorhersagen. Ein häufiges Problem war die Neigung der User, anstelle einer vollständigen Frage einzelne Stichwörter einzugeben – was auf die Erfahrungen mit Datenbankrecherchen zurückzuführen ist. Für einen differenzierten Dialog reichen aber Erkennungsmuster für Stichwörter nicht aus. Stella war daher anfangs sehr stark auf die Eingabe von Phrasen oder wenigstens mehreren Einzelwörtern ausgerichtet. Erkennungsmuster und Antworten wurden später so angepasst, dass Stella nun auch mit einzelnen Stichwörtern umgehen kann.

Eine weitere grundlegende Erfahrung war, dass bei Stella als Bot einer Universalbibliothek nahezu jede Eingabe das Thema einer Literaturrecherche sein kann. Einige von Stellas Standardantworten waren deshalb für das Verhalten eines Bibliotheks-Chatbots unpassend und mussten deaktiviert werden.

Viele User halten Stella für einen Katalog und erwarten, dass sie ihnen gleich eine Art Literaturliste zu ihrer Fragestellung anbietet. Eine Anbindung von Stella an den OPAC wäre technisch möglich, würde diesen jedoch weitaus stärker ins Zentrum des Angebotes setzen als erwünscht. Schließlich ist Hauptziel des Projektes das Aufzeigen der Vielfalt der bibliografischen Nachweisinstrumente. Derzeit wird allerdings über eine Lösung nachgedacht, die dem Bedürfnis der User nach schneller Einsicht in lokale Bestände sowie dem Bedürfnis der Bibliothek nach Vermarktung aller Informationsmittel gleichermaßen gerecht wird.

2.3 Einbindung auf der Website

Die Fragen nach Funktionalität und deutlicher Sichtbarkeit prägten die Diskussionen um die Einbindung von Stella in die Website der Bibliothek. Grundlage dafür bildeten die bereits umgesetzten Lösungen bei anderen Chatbots: Mit der virtuellen Immobilienberaterin Marie-Louise Neugebauer befindet sich beispielsweise ein Chatbot online, der das Zentrum der dazugehörigen Website bildet.[13] Eine solche Umsetzung hätte hier jedoch ein komplettes Redesign der Website erforderlich gemacht. Vielfach agieren die Chatbots aus Pop-Up-Fenstern heraus, was für das Aufrufen von neuen Seiten durch den Bot gewisse Vorteile hat, da eine Übersichtlichkeit gewahrt bleibt.[14] Pop-Ups

[13] http://www.falkenried-piazza.de

[14] Unter anderem bei Pia, der virtuellen Beraterin beim Einkauf auf der Seite des Bertelsmann Clubs: http://www.derclub.de

werden jedoch zunehmend standardmäßig von den aktuellen Browserversionen unterdrückt. Eine Einbindung von Chatbots in einem Frame ist derzeit wohl am weitesten verbreitet, zieht allerdings nach sich, dass das Setzen von Bookmarks erschwert wird. Barrierefrei im Sinne der aktuellen Anforderungen[15] ist keine der derzeit möglichen Lösungen.

Vor diesem Hintergrund schien die Einbindung über einen so genannten iFrame die beste Lösung. Dabei handelt es sich um einen „weichen“ Frame, der zwar auch eine Datei innerhalb einer Seite darstellt, auf die weiterhin ein Lesezeichen gesetzt werden kann. Diese Lösung ist aber zusätzlich mit der Anforderung verbunden, dass Stella sich beim Öffnen einer Seite aus dem Angebot der Stabi auf diese Seite transportiert und der Dialog von dort weitergeführt werden kann. Das hat umfangreiche Programmierungsarbeiten erforderlich gemacht, funktioniert jedoch reibungslos in allen gängigen Browsern.

Probleme haben sich vielmehr durch die zunehmende Verbreitung von Pop-Up-Blockern ergeben. Stella öffnet beispielsweise mit der „Elektronischen Zeitschriftenbibliothek“ oder dem Datenbankinformationssystem DBIS Seiten von zentraler Bedeutung in einem neuen Fenster, dessen ausbleibendes Erscheinen derzeit vielfach bemängelt wird. Mit einem neuen Release der Novomind-Software wird dieser Fehler jedoch behoben werden.

3. Fazit

Stella führt an einem Werktag durchschnittlich 350–400 Gespräche und erreicht damit einen Großteil der Benutzer der Website und damit vielfach Kunden, die die klassischen Auskunftsangebote nicht oder nur wenig in Anspruch nehmen. Allein diese Zahlen sind ein Erfolg des Projektes und belegen das enorme Potenzial, das Chatbots für den Einsatz im Bibliotheksbereich besitzen, zumal die Auslastung von Stella sich in gänzlich anderen Dimensionen bewegt als die der bibliothekarischen Livechats, die nach einer aktuellen Studie nur bis zu fünf Anfragen pro Tag vorweisen können.[16] Außerdem scheint es gelungen zu sein, sowohl die Hamburger als auch die bibliothekarische Öffentlichkeit mit Stella positiv zu überraschen, was an der Vielzahl der Artikel über Stella sowie der Einladungen zu einschlägigen

[15] Definiert in der Verordnung zur „Barrierefreien Informationstechnik-Versorgung (BITV)“ im Rahmen des Bundesgleichstellungsgesetztes vom 1. Mai 2002.

[16] Krauss, Gesa/Leibing, Isabell: „Fragen Sie uns online! – Vergleich der Chatauskunft im deutschen Bibliothekswesen und Konzept zur Einführung dieser Dienstleistung an der Bibliothek der Universität Konstanz“. Konstanz : Bibliothek der Universität, 2005, 10

Workshops und Fortbildungsveranstaltungen abzulesen ist. Der Chatbot hat sich also als erfolgreiches Marketinginstrument erwiesen, und zwar in weit höherem Maße als vermutet bzw. beabsichtigt.

Hauptziel des Projektes war aber nicht die werbewirksame Entlastung der Auskunft, vielmehr wurde die Vermittlung von Informationskompetenz angestrebt. Inwieweit dieses Ziel erreicht wurde, wurde durch die Lektüre der Gesprächsprotokolle, eine ausführliche qualitative Analyse von ca. 10 % der insgesamt geführten Gespräche sowie eine Befragung von 120 NutzerInnen mit einem Online-Fragebogen gemessen. In ca. 80 % der Gespräche ging es ausschließlich um bibliotheksbezogene Inhalte. Gerade in der Anfangsphase war Stellas Fehlerquote allerdings noch recht hoch, konnte aber durch kontinuierliche Arbeit an der Wissensbasis auf unter 20 % gesenkt werden. Ungefähr 60 Gespräche eines jeden Tages können als „Informationskompetenz-Gespräche" gewertet werden, weil eine systematische Beratung zur Auswahl und Benutzung von Katalogen und Datenbanken oder auch den Beschaffungswegen für auswärtige Literatur stattfand.

Stella gelingt es also vielfach, die elektronischen Medien ins Bewusstsein ihrer Gesprächspartner zu bringen und darauf neugierig zu machen. Eine individuelle Unterstützung bei der Auswahl passender Datenbanken bietet sie jedoch nicht, ebensowenig wie die konkrete Hilfe bei deren Benutzung. Beides wird zwar gelegentlich vermisst, wie erwähnt wird Stella selbst bisweilen für ein alternatives Katalog-Interface gehalten. Dass Stella jeweils nur die erste Orientierung erleichtern kann, kommuniziert sie aber mittlerweile deutlich und macht klar, dass sie eine ausführliche und individuelle Beratung durch die menschlichen Auskunftskolleginnen nicht ersetzen kann.

Eine entsprechende Aufgabenteilung zwischen virtueller Beraterin und realer Auskunft wird auch bei einem Blick auf die Statistikzahlen der Bibliothekarischen Auskunft deutlich. Für eine Analyse möglicher Wechselwirkungen zwischen Stella und der realen Auskunft ist es zum gegebenen Zeitpunkt noch zu früh, zumal vor dem Hintergrund der speziellen Projektziele bislang eher der Aspekt der Vermittlung von Informationskompetenz evaluiert wird. Allerdings weisen die Statistiken seit dem Online-Gang von Stella einen deutlicheren Abwärtstrend auf als den bereits seit Jahren beobachteten, während aber gleichzeitig die durchschnittliche Länge der Auskunftsgespräche vor Ort steigt. Chatbots könnten sich also für die Beantwortung von Standardfragen etablieren und den dadurch entlasteten Auskunftsabteilungen der Bibliotheken Raum geben für die Entwicklung und Ausweitung anderer Serviceangebote. Für deren Ausgestaltung mag manches Gesprächsprotokoll von Stella als Grundlage dienen – ein Chatbot kann sich mitunter als Benutzerforscher erweisen, weil ihm die Wünsche der Benutzer direkt mitgeteilt und daraus auch deren Defizite bei den Kenntnissen um Literaturrecherche und -beschaffung offenbar werden.

RITA ALBRECHT

Aufbau einer virtuellen Auskunft über Bibliotheksgrenzen hinweg

Einleitung: Ein Blick auf verschiedene kooperative Auskunftsdienste

Auf seiner viel beachteten Webseite „Collaborative Live Reference Services“[1] gibt Bernie Sloan einen Überblick über digitale Auskunftsdienste[2] in aller Welt, an denen mindestens zwei Bibliotheken beteiligt sind. Auch wenn die Liste keinen Anspruch auf Vollständigkeit erhebt, ist eine Tendenz dennoch klar ablesbar: Die weitaus überwiegende Anzahl solcher kooperativ organisierten Auskunftsdienste gibt es bisher in den USA. So existieren dort nach den Angaben von Sloan mindestens 60 vernetzte virtuelle Auskunftsprojekte, die entweder regional oder staatenweit ausgerichtet sind, wie zum Beispiel:

- *AskWisconsin*[3]: staatenweiter Verbund unter Beteiligung von insgesamt 25 öffentlichen und wissenschaftlichen Bibliotheken;
- *The Answer Zone*[4]: Zusammenschluss von 6 öffentlichen Bibliotheken in Texas;
- *AnswerXpress*[5]: regionaler Auskunftsdienst in Boise, Idaho, getragen von zwei öffentlichen und einer wissenschaftlichen Bibliothek.

Beispiele für solche kooperativen Dienste finden sich auch in Europa, allerdings in deutlich geringerer Zahl. Vorreiter sind hierbei die skandinavischen Länder und Großbritannien, Beispiele sind Projekte wie:

- *BiblioteksVagten*[6]: dänischer, landesweiter Auskunftsdienst unter Beteiligung von 39 öffentlichen und 13 wissenschaftlichen Bibliotheken;

[1] http://www.lis.uiuc.edu/%7Eb-sloan/collab.htm

[2] Der Begriff „Digitale Auskunft“ (auch „Virtuelle Auskunft“) wird in diesem Text verstanden als Informationsdienstleistung, die sich des Internets als synchrone oder asynchrone Kommunikationsplattform bedient.

[3] http://lepton.wils.wisc.edu/askwisconsin/

[4] http://www.answerzone.org/

[5] http://www.answerxpress.com/about.shtml

[6] http://www.biblioteksvagten.dk

- *Fråga Biblioteket*[7]: Zusammenschluss von 39 öffentlichen Bibliotheken in Schweden;
- *Curl*[8]: kooperativer Auskunftsdienst von acht der im „Consortium of Research Libraries in the British Isles“ zusammengeschlossenen Bibliotheken.

In Deutschland stecken digitale Auskunftsdienste generell eher noch in den Kinderschuhen. Einige Bibliotheken haben Vorreiterrollen übernommen und erste Gehversuche mit E-mail- oder Chat-Auskunftsdiensten erfolgreich absolviert. Von einer flächendeckenden Versorgung kann aber bei weitem noch nicht die Rede sein. Deshalb verwundert es auch nicht, dass sich in Deutschland bisher nur zwei kooperativ von mehreren Bibliotheken getragene Auskunftsprojekte finden lassen: Die E-Mail-Auskunft der *Deutschen Internetbibliothek*[9] als Zusammenschluss von aktuell 70 öffentlichen Bibliotheken und der Dienst *InfoPoint*, der als gemeinsame Dienstleistung von 5 Institutionen angeboten wird. An InfoPoint beteiligen sich:

- Die Deutsche Bibliothek[10]
- Stadtbücherei Frankfurt am Main[11]
- Universitätsbibliothek Johann Christian Senckenberg, Frankfurt am Main[12]
- USA-Bibliothek der Universitätsbibliothek Mainz[13]
- HeBIS-Verbundzentrale (als Koordinatorin des Konsortiums)[14]

InfoPoint ist die erste kooperative virtuelle Auskunft in Deutschland, an der Bibliotheken verschiedener Typen beteiligt sind: die Nationalbibliothek, eine Universitätsbibliothek, eine öffentliche Bücherei sowie eine Spezialbibliothek. Damit wurde zugleich eine Zusammenarbeit zwischen einer öffentlichen und wissenschaftlichen Bibliotheken erreicht, die in Deutschland leider immer noch nicht selbstverständlich ist. Die Initiative zur Kooperation ging dabei von den einzelnen Institutionen selber aus und unterscheidet dieses Projekt deutlich von der Deutschen Internetbibliothek, deren Ursprung auf eine Initiative der Bertelsmann-Stiftung[15] und des Deutschen Bibliotheksverbandes

7 http://www.fragabiblioteket.se
8 http://www.curl.ac.uk
9 http://www.internetbibliothek.de
10 http://www.ddb.de
11 http://www.stadtbuecherei.frankfurt.de
12 http://www.ub.uni-frankfurt.de
13 http://www.ub.uni-mainz.de/1745.php
14 http://www.hebis.de
15 http://www.bertelsmann-stiftung.de

(DBV)[16] zurückgeht[17] und mit Fördermitteln der Stiftung wesentlich unterstützt wurde.

Wie funktioniert InfoPoint?

Für den Auskunftsdienst InfoPoint wird als Auskunfts- und Verwaltungssoftware das Produkt *QuestionPoint*[18] eingesetzt. QuestionPoint wird von der Library of Congress in Washington[19] und dem amerikanischen Bibliotheksdienstleister Online Computer Library Center[20] (OCLC) gemeinsam entwickelt und gepflegt. Dabei zeichnet die LoC für das bibliothekarische KnowHow verantwortlich und definiert die Anforderungen an die Funktionalität der Software, während OCLC sich um die technische Realisierung kümmert und zugleich als Host die Rechner für den Dienst zur Verfügung stellt. Damit entfallen für QuestionPoint-Anwender[21] jegliche Investitionen in eigene Hardware. Die Software-Funktionen von QuestionPoint unterstützen den Geschäftsgang für alle Auskunftsvorgänge und das Management des gesamten Auskunftsbetriebes.

QuestionPoint stellt aber nicht nur ein mächtiges Verwaltungswerkzeug dar, sondern ist zugleich ein weltumspannendes Netzwerk von derzeit mehr als 800 Bibliotheken[22] von allen Kontinenten, die ihre verschiedenen Sammel- und Kompetenzschwerpunkte allen QuestionPoint-Teilnehmern zur Verfügung stellen. Die Bibliotheken des InfoPoint-Konsortiums haben sich als aktive Mitglieder dieses Welt-Netzwerkes registrieren lassen und beantworten in diesem Rahmen Fragen, die an anderen Bibliotheken nicht geklärt werden können. Dadurch sind sie zugleich berechtigt, selber Fragen in das globale Netzwerk zur Beantwortung überzuleiten und vom dort herrschenden Prinzip des Gebens und Nehmens zu profitieren.

Kern des InfoPoint-Dienstes ist die Schaffung einer virtuellen Auskunftstheke für die Benutzer[23] der einzelnen beteiligten Bibliotheken. Die

[16] http://www.bibliotheksverband.de

[17] Eine Beschreibung des Projektes steht zur Verfügung unter http://www.bertelsmann-stiftung.de/cps/rde/xbcr/SID-0A000F0A-E511F5EB/stiftung/Projektinformation_030407_thue05.pdf

[18] http.//www.questionpoint.org

[19] http://www.loc.gov

[20] http.//www.oclc.org

[21] Wegen der besseren Lesbarkeit werden in diesem Text für Personen und Personengruppen nur die männlichen Sprachformen gewählt; diese schließen aber ausdrücklich die weiblichen Formen mit ein.

[22] Stand: März 2005

[23] Es wurden keine technischen Vorkehrungen getroffen (z.B. durch Vorschaltung eines Authentifizierungs-Mechanismus), die es nur eingetragenen Benutzern der beteiligten Biblio-

Fragestellung erfolgt über ein Webformular[24], das inhaltlich unter den Partnerbibliotheken abgesprochen wurde, das sich ansonsten aber in das Web-Angebot der einzelnen Bibliothek einfügt und an deren Corporate Identity angepasst präsentiert wird. Gleichzeitig wird auf allen Seiten auch das gemeinsam entwickelte InfoPoint-Logo präsentiert. Um bei der Beantwortung der Fragen gezielt auf die Bedürfnisse der Fragenden eingehen zu können, wird über das Frageformular abgefragt, wofür die Antwort gebraucht wird und wo der Fragende selbst schon recherchiert hat. Für Kinder- und Jugendliche bietet die Stadtbücherei Frankfurt ein modifiziertes Frageformular[25] an, bei dem auch die Klassenstufe des Fragestellers abgefragt wird.

Nachdem der Benutzer seine Frage über das Webformular gestellt hat, läuft die weitere Kommunikation zwischen ihm und den Auskunftsbibliothekaren über E-Mail ab. Gleichzeitig wird für jeden Fragesteller bei der erstmaligen Nutzung von InfoPoint von der QuestionPoint-Software ein Benutzerkonto angelegt, in dem alle gestellten Fragen, der weitere Frageverlauf mit Rückfragen und Klärungen und schließlich die Antworten eingesehen werden können. Als weitere Kommunikationsplattform bietet QuestionPoint auch einen Chatdienst an; dieser wird aber vom InfoPoint-Konsortium noch nicht genutzt. Ein behutsamer Einstieg in diese Auskunftsform ist für das zweite Halbjahr 2005 vorgesehen und erfordert neben dem Austesten der Systemfunktionen auch die Schaffung geeigneter organisatorischer Voraussetzungen in den einzelnen Bibliotheken.

Besonderheiten der InfoPoint-Kooperative

QuestionPoint sieht explizit die Mitgliedschaft von Konsortien vor und stellt dafür besondere Systemfunktionen bereit. Diese umfassen beispielsweise das Weiterleiten von Fragen an einen Partner innerhalb des Konsortiums, die verteilte Abdeckung von Servicezeiten oder Statistiken für das gesamte Konsortium. Sind Konsortien Mitglieder im globalen Auskunftsnetzwerk von QuestionPoint, ergeben sich für sie und ihre Benutzer insgesamt drei Ebenen für die Beantwortung von Fragen:

theken ermöglichen würde, den InfoPoint-Dienst in Anspruch zu nehmen. Als Benutzer im virtuellen Raum sind alle willkommen, die die Internetangebote der Bibliotheken abrufen. Davon machen insbesondere an der UB Frankfurt viele auswärtige Benutzer regen Gebrauch.

[24] Als Beispiel findet sich unter http://www.ub.uni-frankfurt.de/questionpoint/question.html das Frageformular der UB Frankfurt.

[25] http://www.frankfurt.de/sixcms/media.php/1907/InfoPoint%20f%FCr%20Kids%20Frageformular.html

1. *Die lokale Ebene*: Die Frage wird von der Bibliothek bearbeitet und beantwortet, bei der sie eingegangen ist.
2. *Die Konsortialebene*: Die Frage wird an einen der Partner innerhalb des Konsortiums weitergeleitet und dort bearbeitet und beantwortet.
3. *Die globale Ebene*: Die Frage wird in das weltweite QuestionPoint-Netzwerk geleitet und von einer Mitgliedsbibliothek bearbeitet und beantwortet.

Jedes QuestionPoint-Mitglied kann innerhalb des Systems eine lokale Wissensdatenbank aufbauen, in der einmal recherchiertes Wissen dauerhaft gespeichert und wieder abgerufen werden kann. Damit lassen sich – soweit die Wissensdatenbank einen entsprechenden Umfang erreicht hat – Einspareffekte bei der Beantwortung besonders häufig gestellter oder nur mit großem Rechercheaufwand zu beantwortender Fragen erzielen. Für Konsortien wird auch diese Wissensdatenbank von QuestionPoint kooperativ angelegtund von allen Mitgliedern des Konsortiums gemeinsam mit dauerhaft speicherungswürdigen Fragen und Antworten bestückt. Damit entsteht eine Datenbank, die für jede einzelne Bibliothek über deren originäre Fach- und Sachkompetenz deutlich hinausgeht, insbesondere dann, wenn die einzelnen Partner des Konsortiums unterschiedliche Schwerpunkte und Spezialisierungen abdecken und einbringen. Es ist geplant, diese Wissensdatenbank auch für Benutzer zugänglich und recherchierbar zu machen; aktuell kann sie nur von den an InfoPoint beteiligten Auskunftsbibliothekaren genutzt werden.

Vorteile des kooperativen Modells

Die Erfahrungen des InfoPoint-Konsortiums nach einem halben Jahr offizieller Betriebszeit[26] sind durchweg positiv. Schien es nach einer Pressekonferenz im November 2004 zunächst so, als würden die beteiligten Bibliotheken mit Fragen überhäuft, so hat sich schon nach wenigen Tagen und dem Abklingen der ersten Euphorie und Neugier seitens der Benutzer das Frageaufkommen auf ein erträgliches und zu bewältigendes Maß eingependelt. In den Monaten Dezember 2004 bis Februar 2005 weist die Statistik über die eingegangenen Fragen einen Tagesschnitt von 6 bis 7 für das gesamte Konsortium auf. Das thematische Spektrum der gestellten Fragen ist weit gefasst und reicht von Fragen zu Öffnungszeiten und Benutzungsmodalitäten über Unsicherheiten

[26] Die Betriebsaufnahme erfolgte je nach individuellen Voraussetzungen der InfoPoint-Partnerbibliotheken (z.B. Stand der Schulungen und Schaffung von organisatorischen Voraussetzungen) im Laufe des Oktobers 2004, nicht zu einem einheitlichen Starttermin.

beim Umgang mit dem OPAC bis hin zu hoch spezialisierten Fachfragen. Dementsprechend fällt auch der Zeitaufwand für die Beantwortung unterschiedlich hoch aus.

Die ersten Betriebsmonate des Dienstes haben aufgezeigt, dass sowohl Bibliothekare wie auch Benutzer vom Modell einer kooperativ getragenen Auskunft profitieren. Durch die in InfoPoint zusammengeschlossenen Bibliotheken mit ihrer unterschiedlich ausgeprägten Fachkompetenz und Zielgruppenrelevanz können die Fragen verschiedener Nutzergruppen immer anforderungs- und sachgerecht von einer der beteiligten Partnerbibliotheken erledigt werden. Für den Fragenden bedeutet dies in jedem Fall eine individuell auf seine Bedürfnisse, seine Vorbildung und den Verwendungszweck der von ihm gesuchten Information zugeschnittene Antwort. Dabei kann sich ein Auskunftssuchender immer unabhängig von seiner Frage und deren Inhalt an die ihm vertraute oder eine Bibliothek seiner Wahl wenden, ohne Bibliothekstourismus betreiben zu müssen. Unabhängig davon, an welche Bibliothek die Frage gerichtet wurde, wird im Konsortium immer der für die Beantwortung am besten geeignete Partner ausgesucht und um Bearbeitung gebeten. So werden Fragen von Schülern, die sich an die Universitätsbibliothek gewandt haben, fast immer an die Stadtbücherei weitergegeben, weil man dort über besondere Erfahrung und Sachkompetenz im Umgang mit Kindern und Jugendlichen verfügt. Stellt aber ein Benutzer der Stadtbücherei eine sehr spezielle Frage, haben die Auskunftsbibliothekare dort jederzeit die Möglichkeit, die Experten in Der Deutschen Bibliothek oder in der Universitätsbibliothek um Unterstützung zu bitten.

Diese Vorgehensweise sowie die hohe Zahl der innerhalb des Konsortiums oder im globalen Auskunftsnetzwerk zur Verfügung stehenden fachkompetenten Spezialisten garantieren den Benutzern des InfoPoint-Dienstes einen gleich bleibend hohen Qualitätsstandard und relativ kurze Antwortzeiten, die zudem von den Benutzern nach deren Bedürfnissen noch vorgesteuert werden können.

Für die beteiligten Bibliothekare ergeben sich aus dem kooperativen Modell eines digitalen Auskunftsdienstes erhebliche Synergieeffekte. Diese entstehen im InfoPoint-Konsortium zum Beispiel durch verteiltes Arbeiten (Entwicklung eines gemeinsamen Schulungshandbuches, gemeinsame Aktionen zur Öffentlichkeitsarbeit) oder durch die gegenseitige Unterstützung bei der Systemparametrierung und bei akuten Problemen im laufenden Betrieb. Geschätzt wird zudem die Möglichkeit, Fragen innerhalb des Konsortiums weiter geben zu können, wenn das Aufkommen in einer Bibliothek zu groß wird und die eigenen Personalressourcen dafür nicht ausreichen (und der Inhalt der Frage selbst dies zulässt!).

Jede einzelne Teilnehmerbibliothek eines Auskunfts-Konsortiums erweitert die eigenen Fach- und Informationskompetenzen um die ihrer Partner, was im InfoPoint-Konsortium aufgrund der unterschiedlich ausgerichteten Bibliothekstypen besonders ausgeprägt ist: Beispielhaft sei hier noch einmal die bereits erwähnte spezielle Kompetenz der Stadtbücherei für junges Bibliothekspublikum erwähnt; neben dieser Zielgruppen-Ausrichtung gibt es in anderen Partnerbibliotheken starke fachliche Schwerpunkte, so in der UB Frankfurt, die insgesamt 11 Sondersammelgebiete im Auftrag der Deutschen Forschungsgemeinschaft (DFG) betreut. Die Deutsche Bibliothek ist der bevorzugte Partner für alle Fragen zu deutschen Publikationen inklusive Titelschutz. Sowohl die Universitätsbibliothek als auch die Stadtbücherei Frankfurt unterhalten eigene Musikabteilungen mit besonders qualifiziertem Personal. Die USA-Bibliothek positioniert sich als Spezialbibliothek ohnehin mit ihrer besonderen fachlichen Ausrichtung. Diese speziellen Kompetenzen kommen dem gesamten Konsortium und seinen Benutzern zu Gute.

Nicht zu unterschätzen ist die Wirkung eines solchen Konsortiums nach außen wie nach innen. Ein gemeinsamer Auftritt in der Öffentlichkeit und ein gemeinsames Marketing für die kooperativ getragene Dienstleistung führt insgesamt zu einer starken öffentlichen Wahrnehmung. Beleg hierfür ist die vom InfoPoint-Konsortium am 16. November 2004 veranstaltete Pressekonferenz, bei der der neue Service erstmals präsentiert wurde und ein bundesweites Presseecho fand. Erstaunlicherweise haben die konsortialen Strukturen aber auch zu einer stärkeren Wirkung nach innen in die beteiligten Bibliotheken geführt, wo sich jeder beteiligte Bibliothekar der gemeinsamen Sache stark verpflichtet fühlt und Entscheidungen des Konsortiums im Allgemeinen eine hohe Akzeptanz erfahren.

Der kooperative Betrieb der Dienstleistung InfoPoint hat neue bibliothekarische Kontakte und Arbeitsebenen geschaffen. Eine Arbeitsgruppe mit Vertretern aller beteiligten Bibliotheken wurde zunächst ausschließlich für eine Machbarkeitsuntersuchung und die Erarbeitung eines Konzepts für ein digitales Auskunftssystem eingesetzt, bei dem die Frage einer möglichen Kooperative noch offen war und untersucht werden musste. Inzwischen ist die Arbeitsgruppe zu einer dauerhaften Einrichtung geworden, die die Arbeit begleitet und die Aktivitäten innerhalb des Konsortiums koordiniert. Als Nebeneffekt dieser Arbeit entstand durch den intensiven Austausch der jeweiligen organisatorischen Rahmenbedingungen und Geschäftsgänge für alle Mitglieder dieser Arbeitsgruppe ein intensiver Blick über den eigenen Tellerrand hinaus. Alternative Blickwinkel der Partnerbibliotheken ermöglichen so eine kritische Auseinandersetzung mit den eigenen Arbeitsabläufen. Inwieweit sich dadurch in den einzelnen Bibliotheken vielleicht sogar Veränderungen ergeben, ist noch offen.

In gruppenbasierten Organisationsformen sind oft erhebliche Nachteile wie langwierige und zeitraubende Diskussionen, fehlende Kompromissbereitschaft bei Konflikten oder die Arbeit der Mitglieder lähmende Gruppenbeschlüsse zu beklagen. Keiner dieser Effekte war jedoch in nennenswerter Weise im InfoPoint-Konsortium zu beobachten. Der Zeitaufwand, der durch die Machbarkeitsuntersuchung zu Beginn des Projektes entstand und möglicherweise auf der Negativ-Seite zu verbuchen gewesen wäre, wurde nach Ansicht der Konsortialmitglieder durch die damit ideell geschaffene gemeinsame Grundlage und die bei der Einführung entstandenen Synergieeffekte bei weitem wieder wettgemacht.

Als Fazit ist festzuhalten: Der Auskunftsbereich ist ein idealer Anknüpfungspunkt für eine Zusammenarbeit verschiedener Bibliotheken unterschiedlichen Typs. Von einer solchen Zusammenarbeit profitieren Bibliotheksbenutzer und Bibliothekare gleichermaßen.

Ausblick

In Deutschland wären weitere kooperative digitale Auskunftsdienste in größeren regionalen Einheiten nach dem Prinzip des Gebens und Nehmens sicherlich wünschenswert. Auch wenn das Engagement einzelner Bibliotheken in diesem Bereich äußerst begrüßenswert ist, bieten kooperativ getragene Auskunftsdienste den immensen Vorteil der Bündelung von Sach- und Informationskompetenz, der in Zeiten knapper Kassen und sinkender Personalstände ein zusätzliches Gewicht erhält. Das InfoPoint-Konsortium bemüht sich sehr darum, weitere Mitglieder zu gewinnen, um seine Informationskompetenz noch einmal erheblich zu steigern, z.B. für die gesamte Technik, die in der gewünschten Tiefe bisher von keinem Partner abgedeckt werden kann.

Außerhalb Deutschlands geht die Entwicklung aber bereits weiter und hin zu internationaler Zusammenarbeit. Als eines der ersten Beispiele seien hier genannt der *Slavic Reference Service*[27], der von der University of Illinois at Urbana-Champaign angeboten wird. Dort wird nach Voranmeldung ein Chat-Service mit Bibliothekaren der russischen Nationalbibliothek in St. Petersburg[28] oder der Biblioteka Jagiellońska[29] in Krakau angeboten.

Ein neuer und wichtiger Aspekt solch internationaler Kooperationen ist

[27] http://www.library.uiuc.edu/spx/srs.htm
[28] http://www.nlr.ru/
[29] http://www.bj.uj.edu.pl/

die bewusste Ausnutzung der unterschiedlichen Zeitzonen weltweit. So wird gewährleistet, dass, wann immer eine Frage gestellt oder eine Information benötigt wird, irgendwo auf dem Erdball ein Bibliothekar im Dienst und damit zur Informationsbeschaffung verfügbar ist. Bei Projekten wie *Chasing the Sun*[30], einem von australischen und englischen medizinischen Bibliotheken gemeinsam getragenen Dienst, der ärztliches Klinikpersonal unmittelbar mit Informationen zur Behandlung von Patienten versorgt, kann dies sogar lebensrettend sein.

30 http://www.salus.sa.gov.au/cts/ctsmain.htm

VOLKER LENHARDT/FRANK LÜTZENKIRCHEN

e-university: Semesterapparate digital im automatisierten Bearbeitungsverfahren unter MILESS

Traditionell wird den Dozenten der Universität Duisburg-Essen die Möglichkeit gegeben, ausgewählte Literatur für die Dauer eines Semesters in den Räumen der Bibliothek gesondert aufstellen zu lassen: als Semesterapparat. Diese Bücher dürfen nur an Ort und Stelle benutzt und nicht weiter ausgeliehen werden.

Die Semesterapparate sind nummeriert. Den Nummern sind Ausleihkonten zugeordnet, die unabhängig von den jeweiligen Dozenten sind. Die Dozenten haben bisher bei Bedarf Ordner mit Kopiervorlagen hinzugestellt.

Seit dem Wintersemester 03/04 gibt es auf dem Campus Essen für jeden eingerichteten physischen Semesterapparat ein elektronisches Pendant im Dokumentenserver MILESS[1]. Er enthält neben der Auflistung der im Lesesaal verfügbaren Literatur noch Volltexte von Zeitschriftenaufsätzen und Buchkapiteln, Internetlinks und eigenes elektronisches Material des Dozenten.

Ordner mit Kopiervorlagen sind nicht mehr erforderlich, da die Bibliothek einen Digitalisierungsservice bietet.

Auch auf dem Campus Duisburg werden erfolgreich Online-Semesterapparate angeboten, dort allerdings auf Basis von HTML-Vorlagen und Services der Bibliothek. Im Zuge der Fusion der Universitätsbibliothek auf den Campi Duisburg und Essen werden zum Wintersemester 05/06 die beiden noch getrennten Dokumentenserver MILESS und DueTt verschmelzen. Dann wird auch auf dem Campus Duisburg die bisher dort gepflegte Form der Semesterapparate durch die hier vorgestellte abgelöst.

Die Online-Semesterapparate sind als MILESS-Dokumente frei im Internet erreichbar, entweder über MILESS-eigene Strukturen wie Suchmasken oder Browsing im Bestand oder direkt über ihre URLs. Das gilt nicht nur für die Studenten im lesenden Zugriff, sondern auch für die Dozenten zur Bearbeitung der Inhalte.

Alle Vorgänge werden online über Formulare gesteuert, angefangen von der Einrichtung eines Semesterapparats mit Passwortvergabe, weiter über die Buchausleihe eines Exemplars für die Aufstellung im Lesesaal bis hin zum Einstellen der Volltexte und anderer Dateien. Bei Fragen zur Benutzung kann

[1] http://miless.uni-duisburg-essen.de/

der Dozent Antworten in Informationsseiten, in Erläuterungen auf den einzelnen Seiten und in kontextbezogenen Hilfetexten finden.

In MILESS sind die Zugriffsrechte nutzerorientiert gestaltet. Der Nutzer muss sich unter einer Kennung mit einem dazugehörenden Passwort anmelden, um Rechte zu erhalten, die der Normalnutzer „Gast“ nicht hat. Das ist zum einen für die Studenten das Recht, die Volltexte von Aufsätzen und Kapiteln aufzurufen, die aus urheberrechtlichen Gründen nicht frei veröffentlicht werden dürfen. Zum anderen benötigt der Dozent das Recht zur inhaltlichen Bearbeitung seiner Semesterapparate.

Die gewünschten Kennungen für das Schreib- und Leserecht gibt der Dozent im Online-Anmeldeformular an, neben seinen eigenen Kontaktinformationen und dem Titel des Semesterapparats.

Im MILESS-Menüsystem sind Semesterapparate in einem eigenen Untermenü vertreten. Es führt zu Informationsseiten, zum Anmeldeformular, zu einer Suchmaske, zu einem Beispielsemesterapparat und zur Gesamtliste aller aktuell vorhandenen Semesterapparate.

Der Benutzer kann die Gesamtliste nach Nummern, Dozenten oder Titel aufwärts oder abwärts sortieren, um schnell den gewünschten Semesterapparat zu finden, dessen Übersichtsseite dann durch einen Klick auf den Titel geladen wird.

Die MILESS-Suchdialoge bieten darüber hinaus spezifischere Abfragemöglichkeiten, zum Beispiel nach Wörtern in den Übersichtsseiten, das heißt aus den Titelbeschreibungen, den Überschriften und Kommentaren. Das Durchsuchen der hochgeladenen Volltexte kann derzeit nicht angeboten werden, da es sich in der Regel um gescanntes, d. h. nur als „digitales Bild“ vorliegendes Material handelt.

Die Dozenten können zwischen zwei Formen der Semesterapparats-Übersichtsseiten wählen.

In der Normalform sind alle Inhalte festen Überschriften zugeordnet:

- „Bücher“ (im Lesesaal zu benutzen, mit Link in den Bibliothekskatalog),
- „Artikel aus Zeitschriften“ (Titelbeschreibung mit Link auf den Volltext),
- „Kapitelauszüge aus Büchern“ (Titelbeschreibung mit Link auf den Volltext),
- „WWW-Links“,
- „MILESS-Dokumente“ (Dokumentbeschreibung von dort),
- „Eigenes Material“ (Kommentar als Link auf die Datei).

Neue Einträge werden in diesen Gruppen den vorhandenen Einträgen vorangestellt. Weitere Strukturierungen oder Formatierungen sind in diesem Modus nicht möglich. Die Normalform bietet die einfachste und schnellste Art, ohne jegliche Kenntnis der HTML-Syntax elektronische Inhalte einzufügen.

Wenn jedoch statt der Inhaltstypen eine sachlich-thematische Struktur erforderlich ist, so bietet sich ein Semesterapparat in individualisierter Form an. Der Dozent kann darin eigene Überschriften mit Erläuterungen definieren, beliebige HTML-Abschnitte einsetzen und die Reihenfolge der Einträge ändern.

Alle Bearbeitungsvorgänge kommen mit HTML-Strukturen und -Formularen aus, auf den Einsatz von Java Applets oder JavaScript wurde bewusst verzichtet. Die Online-Formulare führen nach der Eingabe zuerst eine formal-inhaltliche Prüfung durch und versenden anschließend automatisch E-Mails an die betreffenden Bibliotheksabteilungen zur weiteren Bearbeitung:

- Einrichtung des physischen Semesterapparats und des korrespondierenden MILESS-Dokuments,
- Pflege der Gesamtliste,
- Anlegen von MILESS-Nutzern und Rechtezuweisung,
- Ausleihe, bzw. Vormerkung von Büchern,
- Kontrolle der bibliographischen Beschreibungen,
- Digitalisierung von Papiervorlagen.

Die Titelbeschreibungen der für den Lesesaal ausgeliehenen Bücher werden über die Signaturen der entsprechenden Ausleihkonten automatisch aus den Aleph-Katalogdaten der Bibliothek erstellt und nach Rückbuchung auch wieder gelöscht. Manuelle Eingriffe sind nicht nötig und seitens der Dozenten auch nicht möglich. Tatsächlich muss der Dozent nicht einmal das Formular ausfüllen, es genügt, wenn er das Buch aus dem Regal direkt zur Ausleihe bringt.

Volltexte, seien es Zeitschriftenaufsätze, Kapitelauszüge oder eigene Materialien, kann der Dozent jederzeit aus dem jeweiligen Formular heraus über den Dateiauswahldialog des Betriebssystems direkt hochladen. Alternativ kann er über die Formulare den Service der Bibliothek nutzen, seine eigenen Papiervorlagen zu digitalisieren und in den Semesterapparat einzustellen.

Semesterapparate sind für die Dauer des laufenden Semesters terminiert. Danach werden sie aufgelöst: Die Bücher werden in den Normalbestand zurückgebucht und das Online-Dokument wird mit dem letzten inhaltlichen Stand als nicht aktuelles MILESS-Dokument schreibgeschützt gespeichert, aus urheberrechtlichen Gründen jedoch ohne die Volltexte der Aufsätze und Kapitelauszüge. Es ist weiterhin in MILESS erreichbar und kann in einem späteren Semester als Grundlage für einen neuen Semesterapparat dienen.

Grundlage für die Online-Semesterapparate ist der in Essen seit 1998 entwickelte Dokumentenserver MILESS. Dieser basiert auf Java- und XML-Technologien und steht kostenlos als Open Source zur Nachnutzung zur Verfügung. Eine aktive Gemeinschaft aus derzeit einem Dutzend anderer Universitäten entwickelt den Nachfolger MyCoRe[2] gemeinsam weiter. Besonders für die Semesterapparate wurden viele MyCoRe-Komponenten verwendet, um die Formularverarbeitung, den Versand von E-Mails und die XML-Verarbeitung zu realisieren. Inzwischen können MILESS und MyCoRe alternativ zum kommerziellen Dokumentenmanagementsystem IBM Content Manager auch auf Basis reiner Open Source Produkte wie MySQL oder Apache Lucene ohne jegliche Softwarekosten betrieben werden. Auch die Implementierung der Semesterapparate ist offen und frei nachnutzbar.

Serverseitig werden die Semesterapparate in Form von XML-Dateien in MILESS-Dokumenten gepflegt. Das XML-Format bietet sich durch einfache automatisierte Verarbeitbarkeit, Plattform- und Programmiersprachenunabhängigkeit und Zukunftssicherheit an. Für den Nutzer ist dies alles transparent, da die XML-Dateien serverseitig (statt im Browser des Nutzers) über XSL Stylesheets in gewöhnliche HTML-Seiten transformiert werden. So können Inhalt, Layout und Verarbeitungslogik der Semesterapparate getrennt werden. Anpassungen des Layout sind so z. B. unmittelbar an zentraler Stelle für alle Semesterapparate machbar.

Die Synchronisation der im Aleph-System auf den Semesterapparat verbuchten Buchexemplare mit den Einträgen in der XML-Datei in MILESS erfolgt über eine eigenentwickelte Schnittstelle zur Oracle-Datenbank von Aleph. Über ein Java-Programm werden einmal täglich die Konten der Semesterapparate in Aleph abgefragt, bibliographische Daten aus dem Katalog extrahiert und in die XML-Dateien übernommen.

Im aktuellen Sommersemester 2005 werden über 300 Semesterapparate aktiv genutzt. Das bedeutet einen Zuwachs von nahezu 50 Prozent gegenüber den Zeiten ohne die Online-Komponente. Diese Semesterapparate enthalten derzeit mehr als 4000 Bucheinträge und über 2000 Dateien, die sich je zu etwa einem Drittel aus digitalisierten Kapitelauszügen aus Büchern, Zeitschriftenartikeln und eigenen Dateien der Dozenten zusammensetzen. Der Bearbeitungsaufwand – elektronische Verwaltung, Dozentenbetreuung, physischer Bestand, Digitalisierung – kann mit etwa zwei Vollzeitstellen bewältigt werden, wobei die Arbeitsanteile Einrichtung, Digitalisierung und Auflösung über das Semester gesehen sehr unterschiedlich gewichtet sind.

[2] http://www.mycore.de/

Für die Mehrheit der Dozenten steht die einfache Handhabung der Bearbeitungsschritte mit ihren direkten Ergebnissen im Vordergrund, so dass bisher nur circa 10 Prozent von ihnen die Möglichkeiten der individualisierten Form genutzt haben. Gegenüber einem komplexen, wenn auch mächtigeren Lern-Management-System schätzen viele Dozenten die Möglichkeit, ohne großen Einarbeitungsaufwand schnell und unmittelbar eigenes Begleitmaterial in Form von Folien und Skripten sowie Links auf WWW-Seiten bereitstellen zu können. Besondere Attraktivität wird durch den Digitalisierungsdienst der Bibliothek geschaffen, da der Dozent etwa nach Eingabe bibliographischer Angaben eines gewünschten Zeitschriftenartikels aus dem Bestand diesen automatisch durch die Bibliothek digitalisiert bekommt und im Semesterapparat als PDF-Datei vorfindet. Durch den automatisierten Abgleich mit dem Aleph-System konnte ein leichter Übergang vom bisherigen Angebot auf die Online-Erweiterung erreicht werden, der den Dozenten neue Möglichkeiten bietet, aber nicht aufzwingt. Nach wie vor ist es auch möglich, ohne Nutzung der Online-Formulare seinen Semesterapparat mit bereitgestellter Literatur nur durch Verbuchung an der Ausleihtheke zu pflegen.

Zukünftig werden die Online-Semesterapparate beider Campi Duisburg und Essen zu einem Angebot verschmelzen und dabei gute Ansätze beider Lösungen integrieren. So sollen etwa weitere Typen von Eintragungen hinzukommen wie Seminarpläne oder Verweise auf das künftige Online-Vorlesungsverzeichnis der Hochschule in HIS LSF. Angesichts der weiter zunehmenden Nutzung des Angebotes ist eine Automatisierung und Unterstützung bisher manueller Schritte erforderlich und in Arbeit, etwa durch Übernahme weiterer Daten aus Katalogen, wodurch der Arbeitsaufwand seitens des Bibliothekspersonals in einem realisierbaren Rahmen gehalten werden kann.

EVELINDE HUTZLER

Das Datenbank-Infosystem – ein kooperativ organisierter Bibliotheksservice

1. Was ist das Datenbank-Infosystem?

Das Datenbank-Infosystem (DBIS) ist ein kooperativer Service zur Nutzung wissenschaftlich relevanter Datenbanken für die Literatur- bzw. Informationsrecherche[1]. Dieses System gibt strukturierte und nutzerorientierte Auskunft über das gesamte Datenbankangebot (Fachdatenbanken, Fakten- und Volltextdatenbanken u.ä.) der beteiligten Bibliotheken. Im Internet frei zugängliche können zusammen mit lizenzierten Datenbanken in einer einheitlichen Benutzeroberfläche präsentiert werden. Detaillierte inhaltliche Beschreibungen helfen, jene Datenbanken auszuwählen, die für ein spezifisches Informationsbedürfnis geeignet sind. Darüber hinaus bietet DBIS lokale Lizenz- und Zugangsinformationen, die die Nutzer gezielt darüber informieren, wie sie die einzelnen Datenbanken nutzen können.

Entstanden ist das Datenbank-Infosystem im Jahr 2002 im Rahmen des Projekts „Virtuelle Bibliothek Bayern", das vom Bayerischen Staatsministerium für Wissenschaft, Forschung und Kunst gefördert wird. Die Universitätsbibliothek Regensburg hat DBIS entwickelt und technisch realisiert. Die Ausgangsbasis war ein lokales Informationssystem für Datenbanken, das nach dem Vorbild der Elektronischen Zeitschriftenbibliothek (EZB) mit analoger Technik zu einem kooperativ geführten Dienst ausgebaut wurde. An der inhaltlichen Konzeption dieses arbeitsteilig organisierten Services waren von Anfang an neben der Universitätsbibliothek Regensburg vor allem die Bayerische Staatsbibliothek sowie die Universitätsbibliothek Würzburg, die als Pilotanwender fungierten, beteiligt. Im März 2005 wird DBIS in 46 Anwenderbibliotheken eingesetzt[2].

[1] Vgl. auch: Hutzler, Evelinde: Das Datenbank-Infosystem – eine Dienstleistung kooperierender Bibliotheken, in: Bibliotheksforum Bayern, München, 31. Jg., 2003, H. 3, 253–260

[2] Nähere Informationen zum DBIS mit einer Liste aller Teilnehmerbibliotheken unter: http://www.bibliothek.uni-regensburg.de/dbinfo/about.phtml

2. *Inhalt des Datenbank-Infosystems*

Im DBIS werden wissenschaftlich relevante Datenbanken, die der Literatur- und Informationsrecherche dienen, nachgewiesen. Aufgenommen werden folgende Typen von Datenbanken:

- Adress- und Firmenverzeichnis
- Allgemeines Auskunftsmittel
- Aufsatzdatenbank
- Bestandsverzeichnis
- Biographische Datenbank
- Buchhandelsverzeichnis
- Dissertationsverzeichnis
- Fachbibliographie
- National- / Regionalbibliographie
- Portal
- Volltext- / Faktendatenbank
- Wörterbuch / Enzyklopädie / Nachschlagewerk
- Zeitungs- / Zeitschriftenbibliographie

Bei dieser Liste der Datenbanktypen ist anzumerken, dass manche Typen, wie etwa die allgemeinen Auskunftsmittel oder Buchhandelsverzeichnisse, primär für allgemeine oder fachübergreifende Informationsbedürfnisse relevant sind, während sie im Bereich der Fachinformation keine oder nur eine untergeordnete Rolle spielen. Die Zuordnung der Datenbanken zu den verschiedenen formalen Typen eröffnet die Möglichkeit, den Nutzern ein gezieltes Auffinden von speziellen Informationsmitteln zu ermöglichen (siehe Abschnitt 3).

Im März 2005 sind im DBIS etwa 4.500 Datenbanken verzeichnet, wovon ca. 1.500 kostenfrei im Internet genutzt werden können.

3. *Nutzerfunktionen des Datenbank-Infosystems*

Die nachgewiesenen Datenbanken werden durch verschiedene Browsing- und Suchfunktionen auffindbar bzw. zugänglich gemacht.

In Fachlisten blättern

Die Titel werden in alphabetischen und fachlichen Listen präsentiert. Abbildung 1 zeigt einen Ausschnitt der Fachliste Biologie mit der lokalen DBIS-Sicht der UB Regensburg.

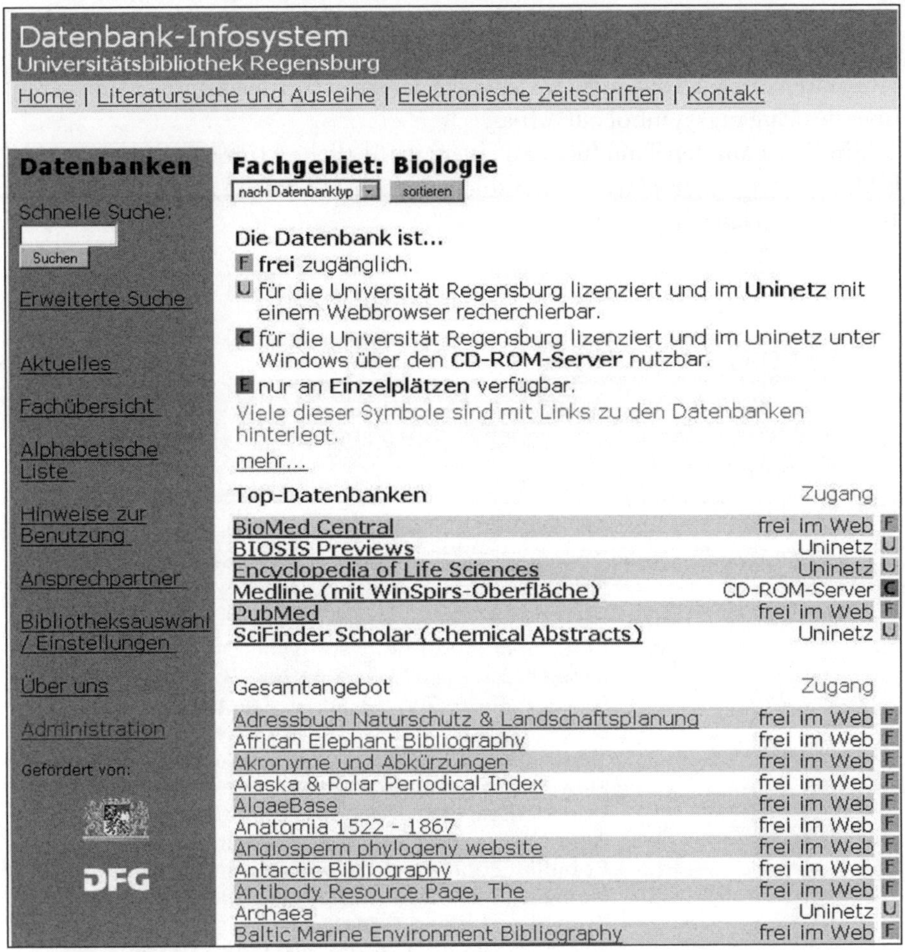

Abbildung 1

Jede DBIS-Anwenderbibliothek hat die Möglichkeit, in den einzelnen Fächern sog. Topdatenbanken zu definieren und diese ausgewählten Titel zu Beginn einer Fachliste anzubieten. Dadurch können Nutzer auf fachlich besonders einschlägige Informationsmittel aufmerksam gemacht werden.

DBIS gibt gezielte Information über die Zugänglichkeit der einzelnen Datenbanken. Die verschiedenen Zugangsarten werden mit Symbolen gekennzeichnet. Die Universitätsbibliothek Regensburg unterscheidet vier Zugangsarten. Neben den frei im Internet zugänglichen Datenbanken gibt es dort Datenbanken, die im Netz der Universität mit einer Weboberfläche genutzt werden können oder unter einer Windows-Oberfläche zur Verfügung stehen, andere sind nur auf Einzelplätzen in verschiedenen Lesesälen benutzbar. Datenbanken, die via Link aus DBIS heraus gestartet werden können, sind direkt über das Zugangssymbol aufrufbar.

Ein Klick auf den Titel führt zu einer ausführlichen Informationsseite. Abbildung 2 zeigt exemplarisch eine solche Informationsseite für die Datenbank BIOSIS Previews.

BIOSIS Previews

Weitere Titel:	Biological Abstracts
Recherche starten:	http://web5.silverplatter.com/webspirs/start....
Weitere lizenzierte Zugänge:	mit deutscher Benutzeroberfläche
Verfügbar:	im Netz der Universität Regensburg
Fachgebiet(e):	Biologie Medizin
Inhalt:	BIOSIS Previews ist die weltweit größte und umfassendste bibliographische Datenbank im Bereich der Biowissenschaften. Sie kombiniert den Inhalt der Biological Abstracts, der Biological Abstracts / RRM (Reports, Reviews, Meetings) und BioResearch Index. Enthalten sind Original-Forschungsbeiträge und Übersichtsartikel aus der Biologie und der Biomedizin. Inhaltliche Schwerpunkte sind Botanik, Zoologie, Mikrobiologie/Parasitologie, Medizin (Tier- und Humanmedizin, Krebsforschung), Genetik und Molekularbiologie, Biotechnologie, Biochemie, Biophysik, Pharmakologie, Toxikologie, Umweltforschung, Land- und Forstwirtschaft sowie Ernährungswissenschaften.
Schlagwörter:	Biologie
Erscheinungsform:	WWW (Online-Datenbank)
Datenbank-Typ:	Fachbibliographie
Signatur:	300/WA 11520
Lizenz:	Campus

Abbildung 2

Auf dieser Informationsseite sind vielfältige Hinweise zum Zugang und zur Benutzung sowie eine inhaltliche Beschreibung der Datenbank verfügbar. Sofern die Datenbank durch einen Link gestartet werden kann, wird ein entsprechender Link eingeblendet, der direkt zur Suchmaske der Datenbank führt. Darüber hinaus können hilfreiche Links, z.B. zu einer Anleitung oder weiteren ausführlicheren Hilfeseiten, angeboten werden. Vor allem die Informationen zum Inhalt sind nützlich, da sie helfen, die für einen Themenbereich geeigneten Datenbanken zu finden.

Sortierung nach Datenbanktypen und Zugangsart
Eine weitere Möglichkeit, taugliche Informationsmittel möglichst rasch aufzufinden besteht darin, die fachlich aufgelisteten Datenbanken nach verschiedenen Kriterien zu sortieren. Der Benutzer hat dabei drei Sortiermöglichkeiten:

- Alphabetische Sortierung
- Anzeige nach Datenbanktyp
- Sortierung nach Zugangsart

Besonders die Option, sich die Datenbanken nach den in Abschnitt 2 aufgeführten Datenbanktypen anzeigen zu lassen, bietet eine zusätzliche Möglichkeit, relevante Titel rasch aufzufinden. So kann sich der Benutzer durch die Sortierfunktionen z.B. in einem bestimmten Fach einen Überblick verschaffen, welche Datenbanken biographische Informationen bieten oder welche Nachschlagewerke zur Verfügung stehen.

Nach Datenbanken suchen
Neben Blätterfunktionen bietet DBIS auch Suchmöglichkeiten. Bei der schnellen Suche wird nicht nur im Titel, sondern auch in der Inhaltsbeschreibung recherchiert. Die Suche in der Inhaltsbeschreibung ist nützlich, da sie dem Nutzer hilft, die für einen Themenbereich geeigneten Datenbanken zu finden. Eine erfolgreiche Suche setzt dabei selbstverständlich ausführliche und präzise Beschreibung des Inhalts voraus. Diese sollen im DBIS daher ständig verbessert und laufend aktualisiert werden. Die erweiterte Suche bietet eine gezielte Recherche nach diversen Suchkriterien, die miteinander kombiniert werden können. Suchbegriffe können z.B. in Verbindung mit einer Fächerauswahl recherchiert werden. Gesucht werden kann auch nach Datenbanken mit einem inhaltlich regionalen Bezug oder nach bestimmten Datenbanktypen.

Präsentation von speziellen Sammlungen
Eine Besonderheit des Datenbank-Infosystems besteht darin, dass jede Anwenderbibliothek spezielle Sammlungen von Datenbanken zusammenstellen und präsentieren kann. Dafür stehen in der Administration vom DBIS entsprechende Funktionen zur Verfügung. Jede Teilnehmerbibliothek kann eine oder mehrere Sammlungen erstellen, indem sie aus dem Gesamtbestand der im DBIS verzeichneten Datenbanken jene Titel auswählt, die in einer Sammlung präsentiert werden sollen. Zugleich kann die Teilnehmerbibliothek festlegen, ob eine Sammlung wie ein Fach oder wie ein zusätzliches Angebot behandelt werden soll. Als Fach gekennzeichnete Sammlungen werden in die allgemeine Fächerliste vom DBIS einsortiert. Die Bayerische Staatsbibliothek hat z.B. die Rubrik Bavarica in ihr Fächerangebot integriert. Die UB der Helmut-Schmidt-Universität in Hamburg bietet zusätzlich zu den allgemeinen DBIS-Fächern Militärwesen oder die UB Bamberg zusätzlich Orientalistik an. Durch die spezielle Funktion, Sammlungen zu erstellen und zu verwalten, ist es somit möglich, lokale fachliche Erfordernisse flexibel abzudecken. Sammlungen müssen jedoch nicht wie ein Fach erscheinen. Man kann auch Sammlungen generieren, die neben den Fächern als zusätzliches Angebot innerhalb aber auch außerhalb vom DBIS per Link angeboten werden. So bietet beispielsweise die UB Stuttgart die Sammlung „Normen und Regelwerke“ auf der linken Funktionsleiste im DBIS an. Es wäre aber auch möglich, z.B. biographische Datenbanken in einer Sammlung zusammenzufassen und außerhalb vom DBIS auf einer Webseite der Bibliothek via Link für die Nutzer bereitzustellen. Das Konzept der Sammlungen bietet somit eine flexible Möglichkeit, thematisch zusammen gehörige Datenbanken zu bündeln und in verschiedenen inhaltlichen Kontexten anzubieten.

4. Kooperative Struktur und lokale Anpassung des Datenbank-Infosystems

Das Datenbank-Infosystem ist kooperativ strukturiert, d.h. es arbeiten mehrere Bibliotheken zusammen. Im März 2005 kooperieren im DBIS 46 Anwenderbibliotheken.

Die beteiligten Bibliotheken sammeln gemeinsam die Datenbanken und beschreiben diese nach formalen und inhaltlichen Kriterien. In einer zentral in Regensburg geführten Datenbank sind alle Daten vom DBIS gespeichert. Eingegeben und gepflegt werden die Daten jedoch mit Hilfe von Webformularen dezentral von den beteiligten Partnern. Zusätzlich zu den gemeinsam gepflegten Daten können die Anwenderbibliotheken lokale Zugangs- und Benutzerinformationen im DBIS verwalten.

Durch die Zusammenarbeit kann Mehrfacharbeit vermieden, Fachkompetenz gebündelt und die Attraktivität vom DBIS bei den Nutzern gesteigert werden. Besonders die gemeinsame Sammlung der frei zugänglichen Datenbanken als auch die Zusammenarbeit bei der zeitaufwändigen Beschreibung der Datenbanken bringt eine erhebliche Arbeitsersparnis mit sich. Zugleich entsteht ein attraktiver Nutzerservice mit einem fachkompetent ausgewählten, umfangreichen und gut gepflegten Angebot, das laufend aktualisiert wird. Die Kooperation bietet somit eine gute Voraussetzung dafür, die Qualität vom DBIS zu steigern und langfristig zu sichern und dadurch die Zufriedenheit der Nutzer mit diesem Service zu erhöhen.

Damit DBIS als lokale Dienstleistung der beteiligten Bibliotheken angeboten werden kann, muss das System auf lokale Bedürfnisse zugeschnitten werden können. Dies bedeutet, dass DBIS trotz seiner kooperativen Struktur flexibel auf lokale Anforderungen anpassbar sein muss. Dafür sind folgende Funktionen vorhanden:

- Integration von lokaler Zugangs-, Lizenz- und Benutzerinformation
- Individuelle titelbezogene Auswahl der Datenbanken
- Lokale Definition von Topdatenbanken in den einzelnen Fächern
- Lokale Erstellung von Sammlungen

Jede Teilnehmerbibliothek kann lokale Zugangsarten definieren und lokale Lizenz- und Benutzerinformationen integrieren. Darüber hinaus kann sie ein lokales Datenbankprofil generieren, da sie bei jeder im DBIS verzeichneten Datenbank entscheiden kann, ob dieser Titel in der lokalen Sicht angeboten werden soll oder nicht. Auf diese Weise kann sichergestellt werden, dass von den lizenzpflichtigen Datenbanken nur jene angeboten werden, für die vor Ort Zugriffsrechte vorhanden sind. Bei den frei zugänglichen Datenbanken hat jeder DBIS-Anwender die Wahl, alle Titel automatisch in das lokale Angebot zu übernehmen oder jede Datenbank einzeln für die eigene lokale Sicht auszuwählen. Es ist auch jederzeit möglich, eine automatisch übernommene Datenbank im Nachhinein in der lokalen Sicht wieder auszublenden. Sobald eine neue frei zugängliche Datenbank von einem Partner im DBIS eingebracht wird, wird automatisch eine E-Mail an die DBIS-Mailingliste versandt, so dass die DBIS-Anwender laufend aktiv über solche Neuzugänge informiert sind und jeweils im Einzelnen prüfen können, ob sie diese Titel lokal anbieten möchten. Diese Möglichkeit, jede einzelne im DBIS verzeichnete Datenbank zu jeder Zeit lokal ein- bzw. auszublenden, bringt eine hohe Flexibilität des Systems mit sich. Der Titelbestand jedes Anwenders ist daher sowohl im

Hinblick auf die Quantität als auch in Bezug auf die Titelauswahl variabel. Lokal einstellbar sind auch die Topdatenbanken, d.h. jede Teilnehmerbibliothek entscheidet selbst in jedem Fach, ob und welche Topdatenbanken sie anbieten will. Und schließlich gibt es die Möglichkeit, durch Sammlungen fachliche Anpassungen vorzunehmen bzw. lokale Informationsbedürfnisse abzudecken (siehe hierzu Abschnitt 3).

Die beschriebene Flexibilität vom DBIS schafft die Voraussetzung dafür, dass das System als lokale Dienstleistung angeboten werden kann. Nutzungsstatistiken belegen, dass DBIS nicht nur bei Bibliotheken, sondern auch bei den Nutzern Anklang findet. Seit Februar 2004 wird im DBIS die Nutzung protokolliert. Gezählt werden dabei nur die Klicks auf Links, die eine im DBIS verzeichnete Datenbank starten. Insgesamt konnten von Februar bis Dezember 2004 etwa 800.000 solcher Nutzungsfälle gezählt werden. In der UB Regensburg waren es im gleichen Zeitraum etwa 60.000 Nutzungen.

5. Integration des Datenbank-Infosystems in Virtuelle Fachbibliotheken

Gegenwärtig arbeitet die UB Regensburg im Rahmen von vascoda[3] in einem von der Deutschen Forschungsgemeinschaft geförderten Projekt[4] daran, DBIS dahingehend weiterzuentwickeln, dass es als ein Modul für die Verzeichnung und Erschließung von Datenbanken in Virtuellen Fachbibliotheken eingesetzt werden kann. Zur Zeit kann DBIS durch eine Verlinkung auf einen Fachausschnitt in Virtuelle Fachbibliotheken eingebunden werden. Als Pilotanwender für die Virtuellen Fachbibliotheken hat sich die Staats- und Universitätsbibliothek Hamburg schon relativ kurze Zeit nach der Inbetriebnahme am DBIS beteiligt und das System in die Virtuelle Fachbibliothek Politikwissenschaft (ViFaPol)[5] eingebunden (siehe Abbildung 3).

Die ViFaPol verlinkt dabei auf das Fach Politologie mit dem Gesamtbestand vom DBIS. In der DBIS-Gesamtsicht werden nur zwei Zugangsarten für frei im Web zugängliche und lizenzpflichtige Datenbanken unterschieden. Frei verfügbare Datenbanken erhalten einen Start-Link, der direkt auf die Rechercheoberfläche führt. Bei den lizenzpflichtigen Titeln kann sich der Nutzer per Knopfdruck eine Übersicht verschaffen, welche DBIS-Anwender eine Lizenz besitzen und gezielt zu den lokalen DBIS-Sichten dieser Biblio-

[3] URL von vascoda: http://www.vascoda.de/

[4] Nähere Informationen zu dem Projekt „vascoda: Integration von Virtuellen Fachbibliotheken, Informationsverbünden und Elektronischer Zeitschriftenbibliothek in ein gemeinsames Portal" unter: http://www.bibliothek.uni-regensburg.de/projekte/vascoda/vascoda.htm

[5] URL der ViFaPol: http://www.vifapol.de/

Abbildung 3

theken wechseln, um nähere Lizenz- und Benutzerinformationen abzurufen. In Zukunft ist geplant, Nutzern der ViFaPol auch in der Gesamtsicht vom DBIS IP-Adressen-gesteuert möglichst die für sie lokal gültigen Informationen anzuzeigen.

6. Ausblick auf Weiterentwicklungen

Damit Virtuelle Fachbibliotheken oder auch andere Dienste, wie etwa Bibliotheksportale, DBIS zukünftig besser in ihr Angebot integrieren können, ist vorgesehen, für DBIS ein XML-Ausgabeformat zu entwickeln, so dass das

Erscheinungsbild vom DBIS stärker an das eigene Layout angeglichen werden kann. Darüber hinaus ist die Universitätsbibliothek Regensburg mit den Virtuellen Fachbibliotheken im Gespräch, inwieweit DBIS über das Konzept der Sammlungen hinaus inhaltlich bzw. fachlich an deren Bedürfnisse angepasst werden soll. Generell ist die Weiterentwicklung des DBIS stets an dem Ziel ausgerichtet, die Nutzerfreundlichkeit des Services zu verbessern. Die Zusammenarbeit der DBIS-Teilnehmerbibliotheken bietet dabei eine gute Basis, dieses Ziel zu erreichen.

Die Adresse des Datenbank-Infosystems lautet:
http://www.bibliothek.uni-regensburg.de/dbinfo/

ELEKTRONISCHES PUBLIZIEREN

JÜRGEN HEEG

Zur Neuausrichtung des Informations- und Publikationssystems der deutschen Hochschulen: Die Position der KMK aus politischer Sicht

Die erfolgreiche Profilbildung der Hochschulen wird sich zukünftig noch stärker als bislang an ihren Informationsinfrastrukturen erkennen lassen. Die Quantität und Qualität digitaler Informationsmöglichkeiten tritt als Gradmesser neben die Informationsversorgung mit Printmedien und wird zu einem wichtigen Maßstab für die nationale und internationale Konkurrenzfähigkeit. Der elektronischen Bereitstellung von Forschungsergebnissen kommt hierbei eine wachsende Bedeutung zu. Eine wichtige Voraussetzung ist der offene Zugang zu wissenschaftlichen Forschungsergebnissen. Der durch elektronische Publikationsmöglichkeiten hervorgerufene Wandel in der Publikationspraxis darf nicht zu digitalen Barrieren führen, die den Zugang zu wissenschaftlichen Publikationen be- oder verhindern. Mit der „Berliner Erklärung über offenen Zugang zu wissenschaftlichem Wissen" vom 22. Oktober 2003[1] haben alle großen deutschen Wissenschafts- und Forschungsorganisationen nachhaltig den uneingeschränkten öffentlichen Zugang zu elektronischen wissenschaftlichen Publikationen gefordert und im Rahmen ihres Verantwortungsbereiches aktive Unterstützung zur Verwirklichung des „Open Access" zugesichert. Diese Position wurde in der „Göttinger Erklärung" des Urheberrechtsbündnisses vom 5. Juli 2004[2] bekräftigt und es wurde konkret gefordert, die Möglichkeiten für elektronische Archive zu verbessern sowie zuzulassen, dass öffentlich geförderte wissenschaftliche Einrichtungen digitale Dokumente für den internen Gebrauch elektronisch archivieren dürfen. Die verbreitete Praxis der Wissenschaftsverlage und die Bereitschaft der Wissenschaftler, die exklusive Rechteüber-

[1] Berliner Erklärung über offenen Zugang zu wissenschaftlichem Wissen vom 22. Oktober 2003: http://www.zim.mpg.de/openaccess-berlin/BerlinDeclaration_dt.pdf

[2] Göttinger Erklärung zum Urheberrecht für Bildung und Wissenschaft vom 5. Juli 2004, Aktionsbündnis „Urheberrecht für Bildung und Wissenschaft":
http://www.urheberrechtsbuendnis.de/index.html

tragung einzufordern und einzuräumen, sind mit „Open Access“ nicht zu vereinbaren.

Von großer Bedeutung ist zudem, dass das elektronische Publizieren von Forschungsergebnissen nicht länger den gedruckten Formen gegenüber benachteiligt wird. Bei der Begutachtung von Forschungsleistungen und für die wissenschaftliche Karriere von Autoren müssen elektronische Publikationen ohne Einschränkung anerkannt werden.

Ein stärkeres Bewusstsein der Hochschulleitungen für die Bedeutung der Informationsinfrastrukturen und eine engere Zusammenarbeit zwischen Wissenschaftlern, Bibliothekaren und Vertretern von Rechenzentren sind zentrale Voraussetzungen für die konsequente Nutzung elektronischer Kommunikations- und Publikationsmöglichkeiten. Die hohe Eigendynamik des Prozesses zu einer Neuausrichtung des Informations- und Publikationswesens wird durch die Vielzahl der mitwirkenden Partner noch verstärkt. Für die Hochschulen gilt es, sich in der Wertschöpfungskette des wissenschaftlichen Publizierens neu zu positionieren.[3]

Globale Vernetzung der Hochschulschriftenserver und Integration in die lokalen, regionalen und fachlichen Informationsangebote werden entscheidend für die Akzeptanz dieser Informationsangebote sein. Dabei muss der Wissenschaftler im Mittelpunkt der Überlegungen stehen, ob als Autor, der einen Mehrwert erkennen will, wenn er auf dem eigenen institutionellen Server publiziert oder der Wissenschaftler als Nutzer, der das neue Informationsangebot als gleichberechtigte Informationsquelle annimmt. Kooperationen zwischen Hochschulen und ihren Bibliotheken auf nationaler und internationaler Ebene können einen wesentlichen Schritt dazu leisten, diese Publikationsserver im jeweiligen lokalen Angebot zu integrieren und damit sichtbar zu machen. Bibliotheken können so eine wesentliche Rolle beim „Vermarkten“ der wissenschaftlichen Erzeugnisse ihrer Universitäten spielen.

Im Bereich des wissenschaftlichen Publikationswesens sind Fehlentwicklungen entstanden. In Verbindung mit dem derzeitigen Bewertungssystem (Impact Factor) können Verlage für Zeitschriften mit hohem Renommee praktisch jeden Preis fordern. Die Autoren sind durch die herrschende Evaluationspraxis im wissenschaftlichen Umfeld gezwungen, immer mehr zu publizieren und dies in möglichst renommierten Zeitschriften: Junge Wissenschaftler sind im Interesse ihrer weiteren Entwicklung gezwungen, in hoch bewerteten Zeitschriften zu veröffentlichen, für renommierte Wissenschaftler ist die Mitarbeit im Herausgebergremium eine Angelegenheit des

[3] Zur Neuausrichtung des Informations- und Publikationssystems der deutschen Hochschulen. Empfehlungen des 198. Plenums der Hochschulrektorenkonferenz (HRK) vom 5. November 2002: http://www.hrk.de/downloads/Empfehlung_Bibliothek.pdf

Prestiges. Die Universitäten und ihre Bibliotheken wiederum sind aufgrund der stetig sinkenden Finanzierungsmöglichkeiten der Unterhaltsträger mit eingefrorenen Budgets konfrontiert. Und nicht nur das: Die finanzielle Unterversorgung des deutschen Bibliothekswesens ist als durchgängige Struktur festzustellen.

Damit entsteht die Situation, dass einerseits vom Staat finanzierte Wissenschaftler ihre Verwertungsrechte an Verleger abgeben und Verleger darüber hinaus das von der Wissenschaft kostenlos zur Verfügung gestellte Refereesystem nutzen, aber andererseits die Bibliotheken diese Veröffentlichungen zu hohen Preisen erwerben müssen. Die Wissenschaftler sind sich der Problematik dieses Veränderungsprozesses nur teilweise bewusst und finden sich in einer zwiespältigen Rolle. Sie sind auf das Publizieren in renommierten Zeitschriften für ihre Karriereplanung angewiesen. Die Preissteigerungen der Zeitschriften bemerken sie in der Regel nur an den konsekutiven Abbestellungen in den Bibliotheken, zumal die Preispolitik vieler Verlage die wirkliche Preisentwicklung verschleiert. Zudem finden sich die Bibliotheken derzeit in der unangenehmen Situation, dass sie durch ihre Zeitschriftenabonnements den Verlagen die Mittel beschaffen, die diese benutzen, um die Bibliotheken im elektronischen Publikationsprozess zu eliminieren.

Für Hochschulschriftenserver ist es daher wichtig, die Nutzung der enthaltenen Dokumente zu verbessern. Möglichst alle Wissenschaftler der Hochschulen sollten ihre zur Veröffentlichung anstehenden Beiträge auf dem Server ihrer Hochschule zugänglich machen. Dazu sind Anreize für die Wissenschaftler zu schaffen, damit Veröffentlichungen auf den Hochschulschriftenservern an Attraktivität gewinnen.

Die KMK-Arbeitsgruppe Bibliotheken hat 2003 auf der Basis der HRK-Empfehlung von 2002 zentrale Empfehlungen zur Neuausrichtung des Informations- und Publikationswesens ausgesprochen, die die Zustimmung des Ausschusses für Hochschule und Forschung der KMK gefunden haben:

- Umsetzung der „Berliner Erklärung über offenen Zugang zu wissenschaftlichem Wissen“
- Nationale und internationale Vernetzung von Hochschulschriftenservern unter Verwendung anerkannter Daten- und Protokollstandards (z. B. OAI) sowie ggf. durch den neuen Einsatz leistungsfähiger Suchtechnologien
- Aktives Promoting von Hochschulschriftenservern im In- und Ausland, beispielsweise durch geeignete Kooperationen zwischen Hochschulen und ihren Bibliotheken
- Neue Strukturen zur Bewertung von Forschungsleistungen (Peer Reviewing)

- Unterstützung neuer Publikationsformen (z. B. GAP-Projekt: http://www.ubka.uni-karlsruhe.de/gap-c/index_de.html)
- Schaffung geeigneter rechtlicher Rahmenbedingungen für den Einsatz elektronischer Publikationen im Rahmen des 2. Korbs zum Urheberrecht in der Informationsgesellschaft (u. a. Aufhebung der Befristung und Pflicht zur Evaluation des § 52a)
- Förderung der Erstellung von Leitfäden / Handreichungen für die konkrete Umsetzung der Neuorientierung wissenschaftlicher Publikationsprozesse an den Hochschulen; Bereitstellung von Vorlagen für Autoren-, Lizenz-, Konsortial- und Kooperationsverträge

Die Empfehlungen der KMK[4] richten sich im Wesentlichen an die Betreiber von Hochschulschriftenservern. Deren Aktivität sollte jedoch vom Gesetzgeber, von Hochschulverwaltungen und von Fördereinrichtungen unterstützt werden. Die Deutsche Forschungsgemeinschaft sollte bei allen geförderten Forschungsprojekten die Publikation auf einem Hochschulschriftenserver bzw. einem fachlich ausgerichteten Server zur Bedingung machen. Die Hochschulen sollten ihrerseits die Vergabe von Druckkostenzuschüssen überprüfen. Die Ministerien sollten den Ausbau von Hochschulschriftenservern in Zielvereinbarungen mit Hochschulen übernehmen bzw. entsprechende rechtliche Grundlagen hierfür schaffen. Ein Beispiel ist das neue Hochschulgesetz des Landes Sachsen-Anhalt von 2004[5]. Es sieht vor, dass Publikationen der Hochschulen und ihrer Mitarbeiterinnen und Mitarbeiter in geeigneter Weise auch in elektronischer Form über das Internet (Hochschulschriften-Server) zu präsentieren sind. Damit sind erstmals Empfehlungen der HRK umgesetzt worden. Weiterhin enthält das Hochschulgesetz Sachsen-Anhalts konkrete Bestimmungen zur Arbeit der wissenschaftlichen Bibliotheken. In § 100 werden die Hochschulen angehalten, ein koordiniertes Bibliotheks- und Informationsmanagement sicherzustellen. Somit sollen innerhalb der vorgegebenen übergreifenden gesetzlichen Regelungen die Rahmenbedingungen für eine umfassende Informationsversorgung gewährleistet werden.

Die Hochschulbibliotheken können bei der Vermittlung und Wahrnehmung der genannten Mehrwerte neuer Publikationsstrukturen nur unterstützend tätig werden. Entscheidend ist die Akzeptanz durch die Wissenschaftler

[4] Zur Neuausrichtung des Informations- und Publikationssystems der deutschen Hochschulen – Empfehlung des 198. Plenums der HRK vom 05.11.2002 – Stellungnahme der Arbeitsgruppe Bibliotheken der KMK vom 04.12.2003, in: ZfBB, 2/2004, 97ff. Als elektronische Publikation unter: http://www.bibliotheksverband.de/s4/KMK041203.pdf und http://www.uni-bielefeld.de/ub/wp/docs/AG_Bibliotheken_Stellungnahme_HRK_04_12_2003.pdf

[5] Hochschulgesetz des Landes Sachsen-Anhalt (HSG LSA) v. 5.5.2004, in: GVBl. LSA 15 (2004) 255ff; http://www.mk-intern.bildung-lsa.de/Wissenschaft/ge-hsg.pdf

und die Tragfähigkeit der eingesetzten Modelle. Nur mit der Unterstützung seitens der Hochschulen und des Engagements der Wissenschaftler selbst sind Veränderungen zu erreichen. Je mehr Wissen und die Nutzung von Informationen an gesellschaftspolitischer Bedeutung gewinnen, um so lauter wird die Politik aufgerufen, eine flächendeckende Infrastruktur sicherzustellen, da hierdurch lebenslanges Lernen sowie Medien- und Informationskompetenz nachhaltig implementiert werden können. Die moderne Bibliothek und ihre zukünftigen Aufgaben stellt eine Herausforderung für alle mittelbar und unmittelbar Beteiligten dar. Sie ist strategischer Teil des Wissenschaftsmanagements der Hochschulen, der gemeinschaftlich von Wissenschaftlern, Verwaltungen, Experten in Bibliothek und Rechenzentrum in Partnerschaft mit Verlagen und Wirtschaft geschaffen werden kann und muss. Es gilt also, sowohl auf regionaler als auch auf übergreifender Ebene für einen längeren Zeitraum massive Überzeugungsarbeit für die neuen Formen des elektronischen Publizierens zu leisten.

Die viel zitierte finanzielle Krise im wissenschaftlichen Publikationswesen ist ein erstrangiges und drängendes hochschul- und wissenschaftspolitisches Problem. Da die zum Erwerb von wissenschaftlichen Publikationen erforderlichen Finanzmittel weitgehend aus der öffentlichen Hand stammen, sind sie begrenzt. Die bisherigen Korrekturmechanismen versagen immer mehr. Dieses Versagen äußert sich zunächst als Preissteigerung. Die Gegenreaktion kann nur über Abbestellungen erfolgen, was dann zu weiteren Preissteigerungen führen muss, solange, bis die bisherige Praxis der Informationsverteilung nicht mehr finanzierbar ist. Nur die finanziell besser ausgestatteten Hochschulen können ihren Mitgliedern – wenn überhaupt noch – den Zugang zu den wissenschaftlichen Erkenntnissen ermöglichen. Für die Wissenschaft bedeutet dies eine Verlangsamung bzw. Reduzierung des Erkenntnisgewinns dadurch, dass bereits erworbenes Wissen verloren gehen wird, weil es nicht mehr genutzt werden darf. Geht man davon aus, dass das kommerzielle Verlagswesen die Möglichkeiten, die ihm ein neues Urheberrecht bieten wird, auch nutzen wird, so ist für die Wissenschaft ein Ausbruch aus dem kommerziellen Publikationswesen zwingend, damit der Fortschritt nicht gefährdet wird. Das traditionelle Publikationswesen hat so sein Profil gewandelt: Die klassischen Zeitschriften dienen damit nur noch zur Qualitätssicherung und zur Archivierung der Ergebnisse in den Bibliotheken.

Die dargestellten Fehlentwicklungen im wissenschaftlichen Publikationswesen zu Lasten der öffentlichen Haushalte lassen sich durchaus korrigieren. Der Schlüssel liegt bei der Wissenschaft selbst, die es in der Hand hat, den zentralen Fehler nicht permanent zu wiederholen, der bereits einmal gemacht wurde: Urheberrecht und Verwertungsrecht wurden als Synonym angesehen und unwiderruflich den Verlagen übertragen. Damit hat die Wissenschaft den Besitz an den von ihr selbst erarbeiteten Erkenntnissen verloren. Es ist jedoch sicherzustellen, dass Verlage nur noch ein zeitlich befristetes Verwertungsrecht erhalten und das Urheberrecht beim Autor verbleibt. Ein zeitlich befristetes Verwertungsrecht ist für die wirtschaftliche Kalkulation eines Verlages sicherlich notwendig. Durch die Hinterlegung auf einem anerkannten Archivserver, der die Möglichkeit zur Zugriffssperre während der Laufzeit des Verwertungsrechts bietet, wird gleichzeitig die langfristige und von Behinderungen freie Verfügbarkeit der Ergebnisse sichergestellt.

Die KMK schlägt deshalb vor, durch Ergänzung des § 43 Urheberrechtsgesetz den Hochschulen und Forschungseinrichtungen zu ermöglichen, die im Rahmen ihrer Lehr- und Forschungstätigkeit entstandenen und zur Veröffentlichung vorgesehenen wissenschaftlichen Publikationen der dort Beschäftigten im Wege der Zweitveröffentlichung, etwa zur Einstellung in den eigenen Hochschulserver, nicht kommerziell im Rahmen eines nicht ausschließlichen Nutzungsrechtes zu nutzen.[6]

Die aufgezeigten Bedrohungsszenarien, die sich für die Wissenschaft auf Grund eines rein verwertungszentrierten Urheberrechts ergeben, gehen weit über die bisher wahrgenommene so genannte Bibliothekskrise hinaus und erzwingen daher ein Handeln von Seiten der Wissenschaft und der Politik. Die öffentlichen Träger der wissenschaftlichen Bibliotheken haben inzwischen unter dem Eindruck leerer Kassen erkannt, dass es sich lohnt, über neue Publikationsformen nachzudenken. In der Tat ist es so, dass die Universitäten und Forschungseinrichtungen durch Abbestellungen von Zeitschriften an ihren Bibliotheken den Verlagen relativ einfach die wirtschaftliche Grundlage entziehen und so die Kosten für die Informationsversorgung deutlich senken könnten. Dies funktioniert aber nur, wenn sie den Wissenschaftlern Alternativen bieten.

Bisherige Gespräche zwischen Rektorat, Bibliothek und Verlagen haben noch nicht sehr weit geführt. Immerhin haben einige Universitätsleitungen die Problematik der Preisentwicklung bei der Informationsversorgung er-

[6] Thomas Pflüger/Dietmar Ertmann, E-Publishing und Open Access – Konsequenzen für das Urheberrecht im Hochschulbereich, in: ZUM 6/2004, 436ff.; s. auch: Stellungnahme der Kultusministerkonferenz zum Referentenentwurf eines Zweiten Gesetzes zur Regelung des Urheberrechts in der Informationsgesellschaft in der Fassung vom 27.09.2004, in: Urheberrecht für Bildung und Wissenschaft – Anforderungen an das Zweite Gesetz zur Regelung des Urheberrechts in der Informationsgesellschaft, hrsg. von Ulrich Sieber und Thomas Hoeren, Bonn: Hochschulrektorenkonferenz 2005 (Beiträge zur Hochschulpolitik 2/2005), 88ff. Als elektronische Publikation unter: http://www.hrk.de/de/download/dateien/HRK%20-%20Reader%20Urheberrecht%202005.pdf und http://www.isn-oldenburg.de/~hilf/urhg/urhg-Stellungnahme_KMK_UrhG_11_11_2004.pdf

kannt und sehen nun die Notwendigkeit zur Schaffung alternativer Publikationsformen. Die Gründung eines Universitätsverlags ist ein möglicher Ansatzpunkt, um den Kreislauf aus steigenden Abonnementkosten und sinkenden Universitätsetats zu durchbrechen – vorausgesetzt, dass er auf Basis von Open Access elektronisch publiziert. Wenn genügend Universitäten diesem Modell folgen, so können langfristig Kosten gesenkt werden. Bereits in der jetzigen Ausbaustufe der Hochschul-Verlage mit einem hohen Anteil an Dissertationen und Forschungsberichten im Verlagsspektrum ist erhebliches Einsparungspotential vorhanden. Innerhalb der Universität bietet der Verlag die Chance, die Repräsentation der eigenen Forschungsergebnisse zu verbessern und zugleich Ressourcen zu bündeln.

Der Erfolg dieser neuen Strukturen hängt auch sehr stark von der Bereitschaft der Wissenschaftler ab, diese neuen Entwicklungen mit zu tragen und zu unterstützen. Einen wichtigen Beitrag müssen hier die politische Seite und die Unterhaltsträger der Hochschulen liefern. Erst gesetzliche Änderungen, die eine (parallele) Publikationsverpflichtung von Universitätsmitgliedern in hochschulinternen Verlagen regeln, helfen, die neuen Strukturen zum Erfolg zu führen. Der einzelne Wissenschaftler ist angesichts des Drucks, in hoch renommierten Zeitschriften für seine wissenschaftliche Karriere zu publizieren, machtlos, den Teufelskreis aus Preissteigerungen und Abbestellaktionen von Bibliotheken zu durchbrechen. Dies gilt umso mehr für die Bibliotheken.

Folgerungen

- Die Bibliotheken haben weder auf die Wissenschaftler als Autoren, noch auf die Anbieter am Informationsmarkt, noch auf die Wissenschaftler als Nutzer der wissenschaftlichen Information einen nennenswerten Einfluss. Sie können darauf hinweisen, welche Informationsanbieter die von der wissenschaftlichen Gemeinschaft erarbeiteten Inhalte kostengünstig der Wissenschaftsgemeinschaft zur Verfügung stellen.
- Fördermittel sollen so eingesetzt werden, dass die mit diesen erworbenen Inhalte auf Dauer der Wissenschaft zur Verfügung stehen.
- Die alleinige Forderung nach und die Bereitstellung von „mehr Geld“ löst die Bibliothekskrise nicht. Sie ändert nicht das Publikationsverhalten der Autoren, die Vertriebsstrategien der Verlage, das Nachfrageverhalten der Nutzer oder die Informationsvermittlungsusancen der Bibliotheken.
- Der Monopolisierung im Verlagsbereich ist durch den Aufbau alternativer Publikationsmodelle und die Werbung für deren Akzeptanz gegenzusteuern.

- Die Hochschulen bzw. die Gesetzgeber müssen Regelungen schaffen, dass die von ihren Mitarbeitern erarbeiteten Inhalte der wissenschaftlichen Gemeinschaft kostengünstig zur Verfügung gestellt werden können.
- Auf der Ebene der Produzenten von Wissenschaft, der Autoren also, sind über rechtliche Regelungen Verfahren zu entwickeln, die es verhindern, die Nutzungsrechte wissenschaftlicher Arbeiten von vornherein dauerhaft den Verlagen zu übereignen. Die Verfahren zur Bewertung der Qualität von Wissenschaft über den Impact Factor von Zeitschriften ist zu verändern. Der Status- und Prestigewert der Publikationsform ‚Zeitschrift' ist durch neue, andere und gleichwertige, aber in geringere Finanzzwänge führende Statussymbole abzulösen.
- Die Neuausrichtung des Informations- und Publikationswesens der deutschen Hochschulen ist nur durch Einbindung aller Beteiligten und nur in einem mittel- und langfristig angelegten Prozess zu erreichen, der auf Verhaltensänderung zielt und hängt entscheidend von der Innovationsbereitschaft und -intensität der Hochschulen ab.

JOHANNES ROGGENHOFER

Elektronisches Publizieren aus der Sicht eines Geisteswissenschaftlers

Zwei weit verbreitete Eindrücke über das Verhältnis von Geisteswissenschaftlerinnen und Geisteswissenschaftlern zum elektronischen Publizieren seien vorangestellt: Zum einen soll das elektronische Publizieren in den Geisteswissenschaften ganz allgemein noch nicht so weit verbreitet sein wie in den Naturwissenschaften, zum anderen gibt es Segmente elektronischer Publikationen, die in den Geisteswissenschaften außerordentlich stark genutzt werden, nämlich der Bereich der Speziallexika, Wörterbücher, Quellensammlungen, Textausgaben und Konkordanzen.

Der erstere Eindruck hält aber selbst einer kursorischen empirischen Überprüfung kaum stand: Im Directory of Open Access Journals (DOAJ) werden z. B. (Stand 2004) im Bereich Biologie 63 Zeitschriften aufgeführt, im Bereich Physik 28, in Philosophie 23, in Psychologie 27, in Soziologie 27, in Linguistik 23, in Mathematik 56. Rein numerisch betrachtet schneiden die Geistes- und Sozialwissenschaften nicht schlechter ab als die Naturwissenschaften und auch die jährlichen Zuwachsraten neu aufgenommener Titel unterscheiden sich nicht grundsätzlich voneinander. Die Durchsicht der Titel und der Redaktionsorte der gelisteten Zeitschriften lässt zudem auch keine signifikanten Unterschiede hinsichtlich des Anteils fachübergreifend prominenter Journale oder der geographischen Streuung erkennen. Wie für relativ junge Medien nicht anders zu erwarten, haben die meisten Journale noch eher Insidercharakter. Ebenso wenig überrascht das starke Engagement von Universitäten in Ländern, die nicht zur „Ersten Welt" zählen, bei dieser neuen Publikationsform. Der Grund für den Eindruck einer geringeren Verbreitung des elektronischen Publizierens bei den Geisteswissenschaften kann also nicht anhand der faktisch auffindbaren Medien expliziert werden, sondern ist offenkundig eher in der Wahrnehmung der potentiellen Autoren und Nutzer zu suchen.

Führt man sich die beiden eingangs bereits angesprochenen, verschiedenen Typen elektronischer Publikationen im Bereich der Geisteswissenschaften nochmals vor Augen, so ergibt sich ein erster Lösungsansatz für die Frage dieser jedenfalls im direkten Vergleich zu den Naturwissenschaften kontrafaktischen Wahrnehmung. Das elektronische Publizieren erscheint bei den Geisteswissenschaften in einer spezifischen Doppelperspektive:

Einerseits fungiert das elektronische Publizieren als Medium für Primärautoren von Sekundärliteratur, andererseits wird das elektronische Publizieren als Medium für Sekundäreditoren von Primärtexten eingesetzt. Letztere Funktion findet sich aber in aller Regel bei einer Beschränkung der Untersuchung auf das Vorkommen geisteswissenschaftlicher Texte in Open-Access-Zeitschriften nicht widergespiegelt. Bezieht man die digitalen Editionen und Nachschlagewerke in die Betrachtung ein, so ist auch beim heutigen Stand der Nutzung klar, dass die Vorhaltung digitaler Texte und Texteditionen jetzt und in Zukunft nicht nur eine wesentliche Aufgabe für die Bibliotheken im allgemeinen, sondern insbesondere auch ein unverzichtbarer Infrastrukturdienst für geisteswissenschaftliche Forschung und Lehre sein wird. Die Akzeptanz des Mediums für diese Zwecke steht bereits heute außer Frage.

Die als unterrepräsentiert wahrgenommene Nutzung des elektronischen Publizierens in den Geisteswissenschaften beruht im Wesentlichen auf der Wahrnehmung des Mediums als Publikationsform für Forschungsergebnisse („Sekundärliteratur"). Ein spezifischer Grund im Bereich der Geisteswissenschaften sei zunächst kurz behandelt, bevor die allgemein geltenden Faktoren für die Akzeptanz bzw. Nichtakzeptanz des elektronischen Publizierens betrachtet werden. Im Unterschied zu den Naturwissenschaften spielt die Monographie, d. h. die in sich geschlossene, umfängliche Abhandlung eines bestimmten Themas, in den Geisteswissenschaften auch heute noch eine zentrale Rolle, die sich nicht in der Zwangsveröffentlichung von Dissertation und Habilitationsschrift oder in Lehrbüchern erschöpft. „Das Buch" als Darstellung eines Themas aus der gesammelten Erfahrung und der intersubjektiv abgesicherten, aber zugleich persönlich getragenen Interpretation einer einzelnen Forscherpersönlichkeit ist nach wie vor ein wesentlicher Bestandteil des Selbstverständnisses geisteswissenschaftlichen Arbeitens und geisteswissenschaftlichen Fortschritts. Gerade da, wo die Geisteswissenschaften nicht kleinteiligen, materiellen Erkenntnisfortschritt (wie z. B. genauere Datierung von Ereignissen oder Fundstücken, Textemendationen, Zuschreibungen an Autoren und Nachweis einzelner Abhängigkeiten mehrerer Autoren voneinander) verfolgt, sondern wo es um die Synthese einer einheitlichen Interpretation eines größeren Phänomenbereichs geht, also da, wo die Geisteswissenschaften sich als geschichtlich oder gesellschaftlich begründende Deutungswissenschaften positionieren, führt kein Weg an der Synthese einer solchen Interpretation im Kopf einer einzelnen Person und ihrer Externalisierung in einem einzelnen größeren Text vorbei. „Das Buch" genießt infolgedessen in den Geisteswissenschaften aus inhärenten Gründen sowohl hohes Informationsprestige als auch hohes Sozialprestige. Im Gegensatz zu Zeitschriftenartikeln ist aber die Rezeption von Monographien per

Bildschirm nach wie vor schlecht zu leisten. Die Schlüsselrolle des Lesens als primärer Rezeptionsform für geisteswissenschaftliche Informationen wirkt hier der potentiell viel besseren Erreichbarkeit von Informationen in digitalen Medien entgegen.

Im Allgemeinen bietet das elektronische Publizieren für die Geisteswissenschaften ja genauso große Vorteile gegenüber den traditionellen Printmedien wie den Naturwissenschaften. Eine hohe Publikationsgeschwindigkeit, die leichte Auswertbarkeit der Inhalte durch andere, hervorragende internationale Verbreitungsmöglichkeiten und potentiell niedrige Kosten sprechen auch in den Geisteswissenschaften eindeutig für das elektronische Publizieren.

Die Nachteile, die sich in dem häufig geäußerten Vorurteil, elektronische Publikationen seien „Datensärge" ausdrücken, liegen nicht im Medium selbst begründet und sind vor allem nicht von der Situation bei den Printmedien verschieden. Sämtliche Studien über die tatsächliche Leserschaft wissenschaftlicher Publikationen lassen ja bei rein numerischer Betrachtung nur den Schluss zu, dass auch gedruckte Zeitschriften und Monographien – in der Regel hoch subventionierte – „Datensärge" sind.

Das Entscheidende bei wissenschaftlichen Veröffentlichungen ist ja, die Informationen nicht nur zu publizieren, sondern sie vor allem *auffindbar* zu machen, denn dies ist die Voraussetzung für ihre Wahrnehmung und Rezeption. Die Chancen für das elektronische Publizieren stehen dabei nicht schlecht. Grundsätzlich ist das *information retrieval* im elektronischen Medium einfacher und schneller zu leisten als im Printsektor. Dazu bedarf es allerdings einer wesentlich stärkeren systematischen Erschließung der Inhalte mit den Mitteln digitaler Recherchen. Die Beschlagwortung von Online-Publikationen muss mindestens so selbstverständlich standardisiert werden wie die von gedruckten Sammelbänden und Monographien. Einfache Sichtungsmöglichkeiten für die Inhaltsverzeichnisse einzelner Zeitschriftennummern müssen bereitgestellt werden. Es bedarf also einer verbesserten Organisation des elektronischen Publikationswesens. Da das elektronische Publizieren noch ganz im Aufbau begriffen ist, besteht jetzt vor allem die Chance, die Auffindbarkeit von Informationen viel besser als bei den gedruckten Medien in das System selbst einzubauen, wenn es einen internationalen und institutionellen Konsens über anzustrebende Standards gibt.

Als Zwischenbilanz der bisherigen Überlegungen lässt sich festhalten, dass das elektronische Publizieren auch für die Geisteswissenschaften ein künftig zentrales Medium wissenschaftlicher Kommunikation sein wird. Die Vorteile dieses Mediums werden aber autoren- und nutzerseitig nur dann optimal genutzt werden können, wenn schon jetzt und unter maßgeblicher Beteiligung der wissenschaftlichen Bibliotheken die erforderlichen Rahmenbedingungen geschaffen werden:

1. Der Organisationsgrad des elektronischen Publizierens muss erhöht und standardisiert werden, um gerade auch in den nicht-techniknahen Wissenschaften einen leichten Zugang für Produzenten und Rezipienten sicherzustellen. Die Universitäten und die wissenschaftlichen Bibliotheken sollten bei diesem Prozess eine hervorgehobene Rolle spielen und die Redaktion bzw. Gründung von qualitätsorientierten elektronischen Journalen aktiv unterstützen, dabei zugleich auf die Einhaltung von Minimalstandards der Identifizierbarkeit, Auswertbarkeit, Konservierung und Bereitstellung der Daten / Texte achten. Zudem muss Rechtssicherheit im Hinblick auf Urheberschaft, Verwertung und Zitation erreicht werden.
2. Die Unterstützung der Autoren und Nutzer erfordert angesichts der breiten Palette zugrunde liegender Formate und der in den verschiedensten Oberflächen dargestellten Zugriffsmöglichkeiten geschultes Personal, insbesondere an den wissenschaftlichen Bibliotheken. Zugleich gilt es, ein effizientes Schulungssystem für die Nutzer (Studierende ebenso wie Wissenschaftlerinnen und Wissenschaftler) zu etablieren.
3. Der Ausbau des elektronischen Publizierens muss von Anfang an die Möglichkeiten des Print-on-demand integrieren, um dem spezifischen Bedürfnis der Geisteswissenschaften nach den Möglichkeiten herkömmlichen analogen Lesens Rechnung zu tragen.
4. Das Buch – insbesondere im Bereich der Monographien – wird durch das elektronische Publizieren als Medium nicht ersetzt, sondern die beiden Medien werden künftig parallel zueinander die Informationswelt der Geisteswissenschaften bestimmen. Die wissenschaftlichen Bibliotheken müssen diesem Umstand auch in ihrer Beschaffungspolitik gerecht werden. Die physische Zugänglichkeit systematisch aufgestellter Literatur ist genauso wichtig wie der digitale Zugang zu Informationen und die damit verbundenen Recherchemöglichkeiten.

Mit diesen Forderungen ist die Nahperspektive für das geisteswissenschaftliche Publizieren umrissen; die digitale Revolution, die auch für diesen Bereich unumkehrbar eingeläutet ist, eröffnet aber eine derartige Fülle von Möglichkeiten gerade auch für die Geisteswissenschaften, die es rechtfertigt, zusätzlich noch einige Optionen für die längerfristige Entwicklung – in zugegebenermaßen hochspekulativer Weise – anzuskizzieren.

Bereits im Prediger Salomo (12,12) steht zu lesen, dass des vielen Büchermachens kein Ende sei und das viele Studieren den Leib ermüde. Trotz dieser seit mehr als 2000 Jahren kolportierten Warnung hat es bislang nicht an Geisteswissenschaftlerinnen und Geisteswissenschaftlern gemangelt, die sich unverdrossen der physischen und psychischen Anstrengung, ihr Denken in Publikationen umzusetzen, unterzogen haben. Weder der Übergang von der Rolle zum gebundenen Buch, vom Manuskript zur Inkunabel, noch von der Inkunabel zum Druck mit beweglichen Lettern, vom Bleisatz zu Offset-Druck und Fotosatz haben zu Einbrüchen in der wissenschaftlichen Produktionstätigkeit geführt, sondern im Gegenteil sogar stets eine höhere Produktion begünstigt. An dieser Entwicklungslinie wird sich auch durch das Medium des elektronischen Publizierens wohl kaum etwas ändern, so dass die Prognose einer auch künftig großen Zahl von jährlichen Neuerscheinungen wenig riskant erscheint.

Was sich aber verändert, ist die Erscheinungsform der *Wissensspeicher*, vom einzelnen Medium bis zum gesamten Erscheinungsbild der Bibliotheken, die sich zu integrierten Medienzentren wandeln. Was sich auch verändert, ist die Erscheinungsform der „*Texte*“ selbst. Die digitalen Medien gestatten es in einfacher Weise, Daten unterschiedlichster Wahrnehmungsmodi (Bilder, Graphiken, Filmaufzeichnungen, 2D- und 3D-Animationen, geschriebener Text, gesprochene Sprache, Musik und Geräusche) miteinander zu kombinieren und Querverbindungen zu schaffen (*Hypertexte*). Für die Geisteswissenschaften bietet sich damit die Möglichkeit, die Fülle kultureller Phänomene, die ja ihren wesentlichen Reflexionsgegenstand darstellen, anschaulich in die Präsentation ihrer Forschungsergebnisse einzubinden. In dieser Hinsicht bietet das elektronische Publizieren nicht nur kurzfristige Vorteile bei Publikationsdauer, Verbreitung und Recherchierbarkeit, sondern gibt die Option auf eine Re-Ästhetisierung des wissenschaftlichen Arbeitens frei. Überdies wird die Zahl der digital gespeicherten audiovisuellen Daten zunehmen und auch für die Geisteswissenschaften bedeutsam werden. Bedenkt man die wichtige Rolle performativer Aspekte bei wissenschaftlicher Kommunikation, aber auch bei der Produktion und Rezeption kultureller Artikulationen, so muss die geisteswissenschaftliche Forschung künftig in erheblich stärkerem Maße auch Medien, die nicht auf geschriebenem Text beruhen, berücksichtigen: Filme, Hörbücher, Vortragsaufzeichnungen. Es wird eine besondere Herausforderung für die wissenschaftlichen Bibliotheken bedeuten, diese Medien für künftige Nutzergenerationen zu erschließen, sie zu konservieren und bei Bedarf bereitzustellen. Dabei werden digitale Formate eine Schlüsselrolle spielen.

Wenn ich mir eine wissenschaftliche Bibliothek und darin die Geisteswissenschaftlerin oder den Geisteswissenschaftler in einiger Zukunft vorstelle – und ich bin sicher, nicht bis ins Jahr 802 701 in die Zukunft springen zu müssen wie H. G. Wells' namenloser Zeitreisender, um eine die Gegenwart klärende Differenz zum jetzigen Stand der Entwicklung zu bekommen – so sehe ich eine Person (übrigens nach wie vor als einzelne eindeutigen Geschlechts), die nicht mehr wie Montaigne in einem Bibliotheksturm sitzt und die Bücher – Medium und Befestigungswerk der Welterfahrung zugleich – als sesshafter *Librikultor* bestellt, sondern eine wiedererstandene informationelle Jägerin und Sammlerin, die im Internet genauso wie im Bücherregal ihre Beute – Erkenntnis und Vergnügen – sucht und – als einzelnes Medium – speichert. Das *Netz* – die metaphorisch genommene Bezeichnung des Internets wird so ungemein sprechend – ist in dieser Vorstellung nicht mehr nur ein neutrales Gespinst von Knoten und Verbindungen, sondern ein hochorganisierbares Jagd- und Transportgerät für das Abenteuer Geisteswissenschaften im Dschungel der Kulturen.

Und auch für die Bibliothekarin oder den Bibliothekar dieser Zukunft ergibt sich ein neues Bild: Nicht länger schreckt der blinde Jorge von Burgos aus Umberto Ecos „Der Name der Rose“, der vorrangige Hüter und Verwahrer der ihm selbst unheimlichen und doch begehrenswerten Daten und Texte, sondern eine andere, aber trotzdem gar nicht so neue Rolle entfaltet sich, in der die Bibliothekarinnen und Bibliothekare die Experten für das Auffinden der Medien sind, aber auch die Experten für die technischen und organisatorischen Aspekte ihrer Erzeugung und Bereitstellung, Experten, die den Geisteswissenschaftlern dabei helfen, ihre je eigenen Netze zu knüpfen und an den richtigen Stellen des Dschungels auszulegen.

ALEXANDER BERGS/ANETTE ROSENBACH/DIETER STEIN

Neue Formen der netzgestützten kooperativen Informationsversorgung: Zwei Beispiele für „digital peer publishing"

Dieser Beitrag befasst sich mit den spezifischen Bedingungen, die den Erfolg von E-Journals allgemein beeinflussen und im speziellen Fall der Sprachwissenschaft determinieren können. Aus der „bottom-up"-Perspektive sollen eine Reihe akzeptanzsteuernder Faktoren in einem geisteswissenschaftlichen Fach diskutiert werden, das in seinem Wissenschaftsstil zu den in medialer Sicht „Progressiveren" zählt.

1. Einführung

Als vor rund anderthalb Jahren das Ministerium für Wissenschaft und Forschung des Landes Nordrhein-Westfalen das Förderprogramm Digital Peer Publishing (DIPP) ausgeschrieben hat, war in der Abteilung für englische Sprachwissenschaft an der Heinrich-Heine-Universität sehr schnell klar, dass man hier einen Vorstoß wagen und einen Antrag in Zusammenarbeit mit der hiesigen Universitäts- und Landesbibliothek einreichen sollte. Dieser schnelle Entschluss war nichtsdestotrotz begleitet von nicht geringen Zweifeln. Diese Zweifel betrafen nicht so sehr die Erfolgsaussichten des Antrags, sondern viel eher die Erfolgsaussichten des bzw. der zu gründenden E-Journals: *Constructions* und *language@internet*. Allzu oft bereits hatte man bei teilweise recht namhaften Kollegen aus der eigenen und auch aus anderen Disziplinen im In- und Ausland beobachten können, wie ambitionierte elektronische Zeitschriftenprojekte lanciert wurden, um binnen kürzester Zeit aus den unterschiedlichsten Gründen wieder von der elektronischen Bildfläche zu verschwinden. Zu den Gründen, so konnte man im Gespräch erfahren, zählten unter anderem:

- mangelnde Quantität und Qualität eingereichter Beiträge
- mangelnde Bekanntheit, Akzeptanz und Zitationshäufigkeit
- erheblich höherer Arbeitsaufwand als geplant

– mangelnde finanzielle und personelle Ressourcen
– mangelndes technisches Know-how

Trotz dieser Zweifel wurde der Antrag erfolgreich gestellt, die Förderung durch das Ministerium wurde gewährt, und die beiden E-Journals konnten im Tandem gegründet werden. Diese werden seit nun mehr bald einem Jahr mit großem Erfolg betrieben. Wie lässt sich dieser – teilweise überraschende – Erfolg trotz offenbar eher negativer Ausgangsbedingungen erklären? Im Folgenden sollen einige Faktoren beschrieben und untersucht werden, die mehr oder weniger große Bedeutung beim Erfolg oder Misserfolg neuer Formen der netzgestützten kooperativen Informationsversorgung zu haben scheinen. Sie sollen im Wesentlichen in einem bottom-up Ansatz, also aus der konkreten Nutzerperspektive, aber auch aus der Sicht der angewandten und theoretischen Sprachwissenschaft beschrieben werden, da sich beide Perspektiven in diesem Fall recht gut zu ergänzen scheinen.

2. Bedingungen des Erfolgs

2.1 Sprachmediale Faktoren

Die Gründung und Etablierung von E-Journals allgemein ist notwendig verknüpft mit der Frage sprachlicher Medialität. Selbst wenn E-Journals nicht die gesamte Bandbreite des Mediums Internet ausnutzen und im Grunde nur vormals schriftsprachliche Texte über das Internet verbreiten, so lässt sich dennoch behaupten, dass sie sich durch ihre mediale Ontologie bereits in einem neuen Spannungsfeld zwischen konzeptuell mündlicher und konzeptuell schriftlicher Sprache bewegen. Das digitale Medium ist neben der Schrift und der gesprochenen Sprache die dritte und mit Abstand jüngste mediale Ausdrucksmöglichkeit menschlicher Sprache. Somit muss sich digitale Sprache in das lang etablierte und äußerst komplexe Gefüge von schriftlicher und gesprochener Sprache einfügen. Die Rollen waren bislang, vor der Einführung des Digitalen, klar verteilt: Mündliche Kommunikation, phylogenetisch und ontogenetisch dem Menschen am nächsten, ist informationell ‚flüchtig' und daher primär direkt und weniger verbindlich. Sie unterliegt sprachlich-kognitiv anderen Beschränkungen als die geschriebene Sprache und ist durch ihre ‚online'-Verarbeitung strukturell in der Regel einfacher und daher auch eher für informelle Zwecke geeignet bzw. reserviert. Schriftliche Sprache hingegen ist weniger flüchtig, ihre Produkte sind potentiell permanent, können leichter ‚offline' editiert, archiviert und zeitlich sowie räumlich getrennt produziert bzw. rezipiert werden. Dadurch werden schriftliche Aussagen oft mit einem höheren Grad an Verbindlichkeit in Verbindung gebracht. Gleichzeitig erlaubt das Medium der Schrift eine höhere Plan- und Editierbarkeit des Geäußerten, was Schrifterzeugnisse oft sprachstrukturell komplexer erscheinen lässt und sie primär mit formaleren Kontexten in Verbindung bringt. Dabei ist klar, dass es sich hier nur um sehr grobe Verallgemeinerungen handeln kann: In detaillierten Analysen muss natürlich unterschieden werden zwischen unterschiedlichen Registern und Stilen, zwischen konzeptueller Mündlichkeit und konzeptueller Schriftlichkeit, zwischen geplantem und spontanem Diskurs, um nur einige Faktoren zu nennen (siehe, u.a., Koch & Oesterreicher 1985; Ong 1995). Dennoch sollte aus dem Vorangegangenen klar geworden sein, dass viele Wissenschaften sich in ihren Wertungen den allgemein gesellschaftlichen Bewertungen bewusst oder unbewusst angeschlossen haben oder von diesen bedingt werden und mündliche wie schriftliche Texte unterschiedlichen Funktionen zugeordnet haben und diese auch entsprechend bewerten. Dem Schriftsprachlichen kommt dabei in der Regel die formale, offizielle, verbindliche Funktion zu, der mündlichen Kommunikation die informelle, schnelle, etwas weniger verbindliche, quasi provisorische. Innerhalb schriftsprachlicher Kommunikation wiederum finden wir eine fach- und kulturspezifische Aufgliederung und Bewertung einzelner Genres: Dem traditionellen Buch etwa wird in den Philologien in Deutschland ein sehr hoher Stellenwert zugeschrieben, die Naturwissenschaften tendieren eher zum Zeitschriftenartikel. Die Philologen in den anglophonen Ländern hingegen schätzen den Zeitschriftenartikel in der Regel wesentlich höher ein in seiner Bedeutung als die Kollegen in Deutschland (natürlich in Abhängigkeit vom Renommee der Zeitschrift; die Unterschiede scheinen auf unterschiedliche historisch gewachsene Differenzen in den Publikationsverfahren hinzudeuten). Als Faustregel darf aber gelten: Je höher der Grad der Philologizität (der Sprachbasiertheit im klassischen Sinne), desto höher die Bedeutung des klassischen, gedruckten Buches.

Wo ordnet sich hier nun die digitale Sprache ein? Sie ist gekennzeichnet zum einen durch Merkmale der beiden anderen medialen Varietäten: Ihre Produktion und Rezeption ähnelt der Schriftsprache, ihre Strukturen sind häufig – aber wohlgemerkt nicht immer und nicht zwangsläufig – weniger komplex, also eher mündlich. Dies trifft jedoch nur in bedingtem Maße, wenn überhaupt, auf E-Journals per se zu. Hier findet man aus diesem Blickwinkel in der Regel schriftsprachliche Strukturen. Aber: Obwohl elektronische, digitale Daten heutzutage eine ähnliche Sicherheit und Haltbarkeit haben wie klassisch schriftsprachliche, so haftet dem Medium immer noch das Stigma des Flüchtigen, Provisorischen, Unverbindlichen an. Wer etwas mit Stift und Papier schreibt, hat es nachher schwarz auf weiß vor sich. Goethe schon ließ den Mephisto, wenn auch zynisch, formulieren: „Denn was man schwarz auf weiß besitzt, kann man getrost nach Hause tragen". Bestes Beispiel hierfür findet sich in den Problemen der modernen Rechtssprechung bezüglich der Authentizität und Verbindlichkeit von elektronischen Dokumenten bzw. dem Streit um die digitale, elektronische Unterschrift. Will man sich sicher sein, so greift man gerne noch auf Tinte und Papier zurück. Elektronische Dokumente sind zwar heute ähnlich permanent wie traditionell schriftliche – in manchen Fällen wahrscheinlich sogar haltbarer – aber sie werden als solche nicht wahrgenommen, da sie nun einmal nicht physisch präsent und begreifbar sind – im Gegensatz zu Erzeugnissen der Schriftkultur.

Diese Gemengelage hat nun Auswirkungen auf die Bewertung von elektronischen Publikationsformen, sei es nun eine elektronische Dissertation oder auch ein E-Journal. In Disziplinen mit einem geringen Grad an Philologizität, bei denen es also auf Schnelligkeit und Präzision der Darstellung ankommt und nicht so sehr auf Permanenz und sprachliche Gestalt, finden E-Journals in der Regel schneller und besser den Weg zur Akzeptanz der Fachgemeinschaft, insbesondere wenn sich diese E-Journals in ihren übrigen Merkmalen nicht von herkömmlichen Publikationen unterscheiden – aber hierauf wird noch einzugehen sein. Bei den Philologien hingegen steht häufig nicht die Geschwindigkeit der Publikation im Vordergrund: Ein Aufsatz über die Ästhetik des Shakespeare Sonnets 110 oder über die Entwicklung des Futurs im Englischen gewinnt und verliert nicht an Wert nur weil er einen Monat oder auch ein Jahr früher oder später publiziert wird – ein Aufsatz über eine neue Technik in der Hirnchirurgie schon. Ebenso ist eine Wissenschaftskultur, die die wissenschaftliche Zeitschrift hoch einschätzt – ein Beispiel sind die USA –, wahrscheinlich empfänglicher für ein E-Journal als eine Buchkultur. Es sei am Rande hinzugefügt, dass der deutschsprachige Raum weltweit nahezu der einzige zu sein scheint, der dem gedruckten Buch noch eine solch hohe Schlüsselrolle im Wissenschaftsbetrieb einräumt.

Was dabei jedoch auf der positiven Seite – also zugunsten der neuen Informationsmedien – (noch) nicht ins Gewicht fällt (zumindest für die Philologien) ist der beachtliche zusätzliche Nutzen, der durch das digitale Medium erst entsteht. Sicherlich bleibt das gedruckte Wort, insbesondere in Buchform, ein einmaliger Designerfolg und das gedruckte Wort ist und bleibt gerade bei längeren Passagen enorm leserfreundlich. Die Permanenz des Gedruckten hat hier große praktische Vorteile. Das digitale Medium hingegen erlaubt eine (geographisch) wesentlich schnellere und auch – nach dem „Open-Access"-Prinzip – demokratischere Verbreitung der Informationen. Ebenso öffnet das Medium völlig neue Darstellungsmöglichkeiten: Zu denken ist hier etwa an komplexe Abbildungen, die herangezoomt und sogar gedreht werden können, farbige Illustrationen, die in gedruckter Form einen hohen Kostenfaktor bedeuten, komplexe Suchfunktionen, Hyperlinks zu zusätzlichen Materialien, die Verbindung von Audio- und Videodaten, um nur einige Beispiele zu nennen. All dies sind Möglichkeiten, die erst mit dem digitalen Medium für wissenschaftliche Veröffentlichungen zur Verfügung stehen und deren Nutzen a priori offensichtlich ist. Aber, wie bei jeder neuen Technik, müssen diese Möglichkeiten erst einmal erkannt, sinnvoll genutzt und von den „Gatekeepern" der Disziplinen positiv bewertet werden, bevor sie letztlich Einzug in den täglichen Fachdiskurs halten können.

Zusätzliche sprachmediale Faktoren, die hier nur am Rande behandelt werden können sind u.a. auch die scheinbare Mehrbelastung der Autoren, die ihre Beiträge nun nicht mehr einfach im nahezu beliebigen Format abgeben können, sondern sich an neue, durch das Medium vorgegebene Bedingungen gewöhnen müssen – Stichworte: xml, pdf und GAP. Auch die subjektive Wahrnehmung der gesamten Ästhetik und des Schrift- bzw. Erscheinungsbildes des jeweiligen E-Journals im Vergleich zur gedruckten Konkurrenz und die (unbegründete) Angst vor der Verdrängung alter, liebgewordener Formen scheinen eine Rolle zu spielen (vgl. Crystal 2001: 121–122 mit überraschenden, wenn auch anekdotenhaften Berichten). Letztgenannte Bedenken sind jedoch zum Beispiel nachweislich unbegründet und beruhen auf der generellen menschlichen Disposition, Wandel mit Misstrauen zu begegnen. Ähnliche Ängste ließen sich bis dato bei jeder medialen Neuerung diagnostizieren: Die Einführung des stillen Lesens im Mittelalter wurde als Eitelkeit verdammt, die Erfindung des Telefons, des Faxes, später der E-Mail und der SMS galten jeweils als das Ende des persönlichen Briefes, das E-Book stand im Ruf das gedruckte Buch zu verdrängen (siehe Kesseler & Bergs 2002; Bergs in Vorb.). Keine dieser Verdrängungen hat tatsächlich stattgefunden. Die neuen Medien haben stets entweder vorhandene Lücken gefüllt oder zusätzliche, ergänzende Funktionen übernommen (aber vgl. auch Baron 2000 mit einer eher pessimistischen Einschätzung der Lage und einigen populären „Kulturverlustjeremiaden"). Es ist somit nicht zu erwarten, dass die E-Journals mittelfristig zur vollständigen Verdrängung der gedruckten Zeitschriften führen werden; stattdessen ist eine zunächst ergänzende Funktion zu prognostizieren.

2.2 Fachtraditionen und Zuschreibung von Status und Exzellenz

Aus dem zuvor Geschilderten leiten sich wie schon angedeutet in der Regel gewisse fachspezifische Traditionen und auch die Zuschreibung von Status und Exzellenz im einzelnen Fach ab. Dies heißt, dass je nach Fach und wissenschaftlicher Kultur der digitalen Publikation ein unterschiedlicher Wert zugemessen wird. Disziplinen mit einem hohen Grad an Philologizität, wie etwa die Philologien in Europa, insbesondere in Deutschland, neigen dazu, gewisse (Qualifikations-)Funktionen, wie etwa die Promotion, Habilitation und Berufung nach wie vor von gedruckten Publikationen abhängig zu machen (siehe Stein 2002). Hier findet sich auch die bereits erwähnte Genrespezifik wieder. Selbst wenn der Aufsatz in einer bestimmten Fachzeitschrift – als ein Beispiel sei *Language* genannt – international weit höher bewertet wird als die Buchpublikation in einem kleinen, druckkostenzuschussorientierten Privatverlag, so zählt in diesen Verfahren in den Philologien die Monographie in der Regel mehr und wird höher bewertet. Andere Disziplinen, ebenso wie andere Kulturräume, haben hier andere Regeln und Bewertungsmaßstäbe. Die Naturwissenschaften neigen eher zum Aufsatz und inzwischen sogar zur elektronischen Publikation – nicht zuletzt aus Gründen der Geschwindigkeit – ebenso sind die USA eher geneigt, dem einfachen „impact-factor" Glauben zu schenken, ganz gleich, ob dieser elektronisch oder gedruckt zustande kam. Hauptsache, das Werk wurde im Fach wahrgenommen.

Welche spezifischen Faktoren lassen sich nun aber ausmachen, die für die Sprachwissenschaft in Deutschland das Blatt wenden und zu einer aus Sicht der E-Journals notwendigen Neuorientierung der Fachkultur führen könnten? Hier hat zu gelten, dass E-Journals per se besser sein müssen als die gedruckte Konkurrenz, d.h. sie müssen alle qualitätssichernden Merkmale der gedruckten Zeitschriften aufweisen und darüber hinaus noch einen zusätzlichen Nutzen bringen. Was sind diese qualitätssichernden Merkmale – abgesehen von der „Illusion" des gedruckten Wortes? Hier wären zu nennen: das strenge, doppelblinde Begutachtungsverfahren für alle Beiträge. Die beiden E-Journals *Constructions* und *language@internet* haben derzeit zwar nur eine Akzeptanzquote von ca. 30 %, liegen damit aber in der qualitativen Spitze der Zeitschriftenlandschaft. Ein weiteres Merkmal ist ein internationaler, renommierter Gutachterrat der Zeitschriften. Dieses Gremium bildet, zusammen mit renommierten Autoren, die für die E-Journals angeworben werden sollten, klassische und enorm wichtige Multiplikatoren. Diese Multiplikatoren und ihre Aktivitäten werden in der Fachgemeinschaft wahrgenommen. Publiziert der berühmte Kollege X in einer bestimmten Zeitschrift oder arbeitet er dort im Gutachterrat, so ist dies gleichsam eine implizite Bewertung oder Veredlung eben jener Zeitschrift und zieht dort weitere Publikationen und ein positives Image nach sich. Ein professionelles Handling der eingereichten Beiträge und aller Vorgänge ist selbstverständlich.

Welche Vorteile kann ein E-Journal aber darüber hinaus anbieten? An erster Stelle ist hier die Geschwindigkeit der redaktionellen Entscheidungen und der Publikation zu nennen. Durch die Aufgabe des „Band-und-Ausgabe"-Formats können Beiträge direkt online publiziert werden, sobald sie das Begutachtungsverfahren bestanden haben. Außerdem spart man die Zeit für die Drucksetzung im Verlag. Dies ermöglicht Publikationszeiten von weniger als sechs Monaten. Zum Vergleich: Printzeitschriften in der Sprachwissenschaft publizieren in der Regel eingereichte Beiträge erst nach 1,5 bis 2 Jahren, teilweise sogar noch später. Zwar ist die Geschwindigkeit der Publikation in der Sprachwissenschaft kein so entscheidender Faktor wie in der Genomik oder der Nuklearphysik, dennoch sind Verzögerungen von zwei und mehr Jahren zwischen Forschung und Publikation der Ergebnisse nicht gerade förderlich für den wissenschaftlichen Diskurs und sollten – hier ist sich die Fachgemeinschaft inzwischen einig – deutlich verbessert werden. Es soll ja auch nicht wenige Fälle geben, in denen man während dieser Wartezeit bereits die eigene Meinung aufgrund neuer Informationen korrigieren oder revidieren möchte.

Bei E-Journals ist der Beitrag zudem sofort weltweit und im Open-Access-Verfahren für jedermann mit Internetzugang frei zugänglich. Kontribuenten haben somit weit größere Chancen, vom Fach rezipiert zu werden. Wenn dann die Zeitschriften auch noch in einer Art Dachverband wie dem DIPP-Projekt und in Zusammenarbeit mit etablierten Informationsprofis wie den örtlichen Bibliotheken und dem HBZ betrieben werden, so erhalten sie auch auf dieser Seite implizit oder explizit ein Gütesiegel, das Einzelprojekten auf halb-privater Basis oft verwehrt bleibt.

Hinzu kommen die bereits erwähnten technischen Vorteile des digitalen Mediums: Es können umfangreiche und komplexe Illustrationen eingebunden werden, Audio- und Videodaten stellen kein Problem mehr da. Hyperlinks erlauben die Verknüpfung relevanter Dokumente im Netz, und eine Volltextsuche erlaubt den bequemen Umgang mit solchen Dokumenten. Hier wird es noch einige Zeit brauchen, bis diese Möglichkeiten wahrgenommen werden; es besteht jedoch kaum ein Zweifel, dass dieses in Zukunft der Fall sein wird.

3. Ausblick

Sind also die E-Journals *Constructions* und *language@internet* gleichwertig mit gedruckten Zeitschriften? Nein, noch nicht, wie es scheint. Aber sie hatten einen sehr guten Start und sie haben die besten Chancen sich dauerhaft zu etablieren. Hierzu aber gehört der Kampf an mindestens zwei Fronten: Die Technik der E-Journals und ihrer Herstellung muss weiter vorangetrieben werden. Hier stecken wir noch in den Kinderschuhen und vieles kann und muss noch verbessert, vor allem effizienter und autorenfreundlicher werden.

Gleichzeitig gilt es Fachkultur(en) langfristig zu verändern. Die Wahrnehmung der E-Journals muss sich wandeln: weg von einer B- oder gar C-Publikation hin zum Medium der ersten Wahl. Hier sind bereits alle Weichen gestellt, es bleibt nur, weiter zu werben und abzuwarten. Aber auch Autoren müssen langfristig umerzogen werden. Die ersten Beiträge haben gezeigt, dass bisher übliche Einreichungen, wie etwa mehr oder weniger willkürlich formatierte Microsoft-Word-Dokumente, nur mit erheblichem Arbeitsaufwand in entsprechende Formate umzuwandeln sind. Hier müssen sich aus rein praktischen Gründen liebgewordene Schreibgewohnheiten ändern. Bis dieses geschehen ist – wir gehen derzeit optimistisch von mindestens zwei bis drei Jahren aus – ist der Betrieb der E-Journals sehr personal- und arbeits- und somit schliesslich auch kostenaufwändig.

Schlussendlich müssen langfristig aber auch neue Geschäftsmodelle gefunden werden, die die E-Journals finanziell zumindest über Wasser halten werden – denn kostenfrei heißt nicht kostenlos, wie sehr anschaulich in der jüngsten Ausgabe von ProLibris 01/05 dokumentiert wurde. Auch hier zeigen sich erhebliche Unterschiede in den einzelnen Fächern, nicht zuletzt aufgrund ganz anderer Wirtschaftskraft, Fachgröße und Fachkultur. Was für die Medizin wunderbar funktioniert, kann häufig nicht eins-zu-eins für die Philologien übernommen werden, wohl aber als interessantes Modell dienen. Die Vorschläge reichen bislang vom „author-pays"-Verfahren – was einen radikalen Bruch mit bisherigen Fachtraditionen bedeuten würde und das Gesamtprojekt in große Gefahr brächte – über Werbeeinnahmen, Fachgesellschaften als Träger, bis hin zu Spendenaufrufen und kommerziell verwertbaren Mehrwertfunktionen. Auch hier werden Weichen gestellt werden müssen, die mittel- und langfristig über Erfolg und Misserfolg der beiden E-Journals *constructions* und *language@internet* entscheiden werden.

Literatur

Baron, Naomi: Alphabet to email. How written english evolved and where it's heading, London 2000

Bergs, Alexander: (In Vorb.) The Linguistics of Text Messaging

Crystal, David: Language and the Internet. Cambridge 2001

Kesseler, Angela und Alexander Bergs: Literacy and the new media: Vita brevis – lingua brevis, in: New Media Language, hg. von Jean Aitchison & Diana Lewis, London 2003, 75–84

Koch, Peter und Wulf Oesterreicher: Sprache der Nähe – Sprache der Distanz, in: Romanisches Jahrbuch 36, 1985, 15–43

Ong, Walter: Orality and Literacy. The Technologizing of the Word. London 1995
Stein, Dieter und Michaela Zitzen: Internet Chat and Conversation: a case of transmedial stability?, in: Linguistics 42.5, 2004, 983–1021
Stein, Dieter: Sprache im Internet – Internet in Universität und Wirtschaft, in: Jahrbuch der Heinrich-Heine-Universität Düsseldorf 2002, 305–320

Autorenverzeichnis

Albrecht, Rita, HeBIS-Verbundzentrale, Universitätsbibliothek Johann Christian Senckenberg, Bockenheimer Landstr. 134–138, 60325 Frankfurt am Main, r.albrecht@ub.uni-frankfurt.de

Bachfeld, Sigrun, Staats- und Universitätsbibliothek Hamburg Carl von Ossietzky, Von Melle-Park 3, 20146 Hamburg, bachfeld@sub.uni-hamburg.de

Bergs, Dr. Alexander, Heinrich-Heine-Universität Düsseldorf, Anglistisches Institut – Anglistik III, Universitätsstr. 1, 40225 Düsseldorf, bergs@phil-fak.uni-duesseldorf.de

Bötte, Gerd-Josef, Staatsbibliothek zu Berlin – Preußischer Kulturbesitz, Unter den Linden 8, 10117 Berlin, gerd-josef.boette@sbb.spk-berlin.de

Böttger, Klaus-Peter, Stadtbücherei Mülheim/Ruhr, Friedrich-Ebert-Str. 47, 45468 Mülheim/Ruhr, Klaus-Peter.Boettger@stadt-mh.de

Bürger, Thomas, Sächsische Landesbibliothek – Staats- und Universitätsbibliothek Dresden, Zellescher Weg 18, 01069 Dresden, Postanschrift: 01054 Dresden, buerger@slub-dresden.de

Christensen, Anne, Staats- und Universitätsbibliothek Hamburg Carl von Ossietzky, Von Melle-Park 3, 20146 Hamburg, christen@sub.uni-hamburg.de

Christof, Jürgen, Staats- und Universitätsbibliothek Hamburg Carl von Ossietzky, Von Melle-Park 3, 20146 Hamburg, christof@sub.uni-hamburg.de

Dahm, Klaus, Landesfachstelle für das öffentliche Bibliothekswesen, Bayerische Staatsbibliothek, Kaulbachstr. 19, 80539 München, dahm@bsb-muenchen.de

Engelkenmeier, Ute, Universitätsbibliothek Dortmund, Vogelpothsweg 76, 44227 Dortmund, ute.engelkenmeier@ub.uni-dortmund.de

Garrett, Jeffrey, Northwestern University Library, 1970 Campus Drive, L 60208–2300 Evanston, Illinois/USA, jgarrett@northwestern.edu

Georgy, Prof. Dr. Ursula, Fachhochschule Köln, Fakultät für Informations- und Kommunikationswissenschaften, Claudiusstr. 1, 50678 Köln, ursula.georgy@fh-koeln.de

Gerlach, Dr. Annette, Zentral- und Landesbibliothek Berlin, Postfach 610179, 10961 Berlin, gerlach@zlb.de

Haller, Prof. Dr. Johann, Institut für angewandte Informationsforschung an der Universität des Saarlandes, Martin-Luther-Str. 14, 66111 Saarbrücken, hans@iai.uni-sb.de

Heeg, Dr. Jürgen, Universitätsbibliothek Rostock, Albert-Einstein-Str. 6, 18059 Rostock, juergen.heeg@uni-rostock.de

Hermelbracht, Antonia, Fakultät für Wirtschaftswissenschaften, Universität Bielefeld, Postfach 10 01 31, 33615 Bielefeld, ahermelbracht@wiwi.uni-bielefeld.de

Hutzler, Dr. Evelinde, Universitätsbibliothek Regensburg, 93042 Regensburg, evelinde.hutzler@bibliothek.uni-regensburg.de

Keller, Dr. Alice, Oxford University Library Services – Bodleian Library, Broad Street, Oxford OX1 3BG, England, alice.keller@ouls.ox.ac.uk

Koeper, Bettina, Universitätsbibliothek Bielefeld, Universitätsstr. 25, 33615 Bielefeld, bettina.koeper@uni-bielefeld.de

Lenhardt, Volker, Universitätsbibliothek Duisburg-Essen, Campus Essen, Universitätsstr. 9–11, 45141 Essen, lenhardt@bibl.uni-essen.de

Leschner, Martina, Stadtbüchereien Düsseldorf, Melanchthonstr. 21, 40597 Düsseldorf, martina.leschner@stadt.duesseldorf.de

Lülfing, Dr. Daniela, Staatsbibliothek zu Berlin – Preußischer Kulturbesitz, Potsdamer Straße 33, 10785 Berlin, daniela.luelfing@sbb.spk-berlin.de

Lützenkirchen, Frank, Universitätsbibliothek Duisburg-Essen, Campus Essen, Universitätsstr. 9–11, 45141 Essen, luetzenkirchen@bibl.uni-essen.de

Nilges, Dr. Annemarie, Universitäts- und Landesbibliothek Düsseldorf, Universitätsstr. 1, 40255 Düsseldorf, Annemarie.Nilges@ub.uni-duesseldorf.de

Plassmann, Dr. Max, Universitäts- und Landesbibliothek Düsseldorf, Universitätsstr. 1, 40255 Düsseldorf, plassman@ub.uni-duesseldorf.de

Reessing-Fidorra, Marianne, Universitätsbibliothek Duisburg-Essen, Campus Duisburg, Lotharstr. 65, 47048 Duisburg, m-re@duisburg.uni-duisburg.de

Reifenberg, Dr. Bernd, Universitätsbibliothek Marburg, Postfach 1920, 35008 Marburg, reifenbe@ub.uni-marburg.de

Roggenhofer, Dr. Johannes, ZiF – Zentrum für interdisziplinäre Forschung der Universität Bielefeld, Wellenberg 1, 33615 Bielefeld, j.roggenhofer@uni-bielefeld.de

Rosenbach, Dr. Anette, Heinrich-Heine-Universität Düsseldorf, Anglistisches Institut – Anglistik III, Universitätsstr. 1, 40225 Düsseldorf, ar@phil-fak.uni-duesseldorf.de

Saal, Hans-Peter, Kühne GmbH, Beratgerstr. 11, 44129 Dortmund, p.saal@kuehne-dms.de

Schmidt, Dr. Paul, Institut für angewandte Informationsforschung an der Universität des Saarlandes, Martin-Luther-Str. 14, 66111 Saarbrücken, paul@iai.uni-sb.de

Siebert, Dr. Irmgard, Universitäts- und Landesbibliothek Düsseldorf, Universitätsstr. 1, 40225 Düsseldorf, siebert@ub.uni-duesseldorf.de

Stein, Prof. Dr. Dieter, Heinrich-Heine-Universität Düsseldorf, Anglistisches Institut – Anglistik III, Universitätsstr. 1, 40225 Düsseldorf, stein@phil-fak.uni-duesseldorf.de

Vonhof, Prof. Cornelia, Hochschule der Medien Stuttgart, Fachbereich Information und Kommunikation, Wolframstr. 32, 70191 Stuttgart, vonhof@hdm-stuttgart.de

Wawra, Dr. Steffen, Universitätsbibliothek Passau, Innstr. 29, 94032 Passau, Steffen.Wawra@uni-passau.de